인공지능 · IoT 시대를 위한

병렬형 SW 개발 방법론 K-Method 원리

저자 유홍준

SoftQT (주)소프트웨어품질기술원

목 차

제 1 장 개요

제 2 장 K-Method 이해

제 3 장 단계별 K-Method 적용 가이드

부록

그림목차

그림목차

표 목 차

표목차

표목차

표 목 차

표 목 차

표 목 차

표 목 차

참고목차

머리말

개인적으로 오랜 기간 정부 각 부처 및 공공 기관의 정보시스템 감리를 수행했다. 감리를 수행하면서 일관적으로 느낀 것이 있다. 우리나라에서의 정보시스템 개발 방법론의 적용은 이론과 실제가 너무 다르다는 것이다.

제안할 때의 개발 방법론과 실제 수행하는 개발 방법론이 다른 경우가 너무 많아 헤아릴 수 없을 정도이다. 차라리 방법론 없이 수행하는 것이 낫지 않을까 하는 생각이 들 정도이다. 심지어 어떤 경우에는 제안서, 사업 수행 계획서, 방법론 테일러링 결과서, WBS, 실제 수행하는 프로젝트 형상 관리 대상 디렉토리 폴더 구조, 실제 수행 산출물이 모두 다른 경우도 꽤 많이 봤다. 왜 이런 현상이 발생하는 것일까?

지금 이 순간에도 제안할 때는 CBD(Component-Based Development) 방법론, 기민형(agile) 방법론 등 수많은 형태의 변형하거나 개선한 형태의 방법론을 제시하고 멋있게 포장한다. 하지만 정작 프로젝트를 수행할 때는 분석, 설계, 구현, 시험, 전개의 전형적인 폭포수형의 절차로 수행하는 경우가 거의 대부분이라고 단정적으로 이야기할 수 있다.

그 이유는 제안 시에는 평가 위원들이 대부분 현업에서 개발을 하기보다는 이론을 연구하는 교수님이나, 현업과는 상당히 거리가 있는 관리 계층의 임원급으로 구성하여, 폭포수형의 관리기법/1이나 정보공학 형태의 방법론을 제시하면 좋은 평가를 받기 어렵다. 새로운 방법론을 제시해야 인정을 받는 구조라고 볼 수 있다.

기술의 발전을 지향한다는 측면에서는 상당히 바람직할 수 있다. 하지만 현실적으로 사업의 효율적인 수행의 관점과는 거리가 있다는 데에 문제가 있다.

실제로 사업을 수행하는 단계로 들어가면, CBD 프로젝트에 적용하는 반복적이고 점진적인(iterative and incremental) 수행 절차를 가진 점증형 방법론이나, 짧은 시간에 분석부터 구현까지를 반복하는 기민형(agile) 방법론은 우리나라 SI(System Integration) 사업 구조에 맞지 않는다. 그대로 적용하면 오히려 사업의 성공적인 수행에 위험 요소로 작용하는 결과를 초래 할 수 있다. 대부분 1년 이내의 짧은 기간에 걸쳐 수행하는 프로젝트이기 때문에 점증형이나 기민형의 방법론을 적용해도 반복할 수 있는 시간 여유가 없다. 그렇기 때문에 그 특징을 살릴 수 없다. 그 특징을 살릴 수 없어지는 순간 그 방법론은 원래부터 반복이 없는 폭포수형 방법론에 비해 결함이 많은 방법론으로 전락한다.

그렇다면, 우리나라의 공공 정보화 사업에 가장 많이 적용하고 있는 폭포수형에 속하는 관리기법/1(METHOD/1)이나 정보공학 방법론은 과연 효율적일까?

결론부터 이야기하면, 상당히 오랜 기간 적용해오는 과정에서 현실에 맞도록 많은 테일러링이 이루어져 안정적이다. 일단 가장 적용이 무난한 방법론이라고 볼 수 있다. 그렇지만 적용상의 많은 문제점들을 해결하지 못한 상태이다.

예를 들어, 10개월의 사업 기간을 상정할 경우 산출물 작업에만 6개월 이상을 소요해야 한다. 작성한 산출물마저도 현행화를 보장하기 어려워 품질 유지가 힘든 것도 현실이다.

불필요하게 많은 산출물과 부적절한 테일러링, 그리고 각 산출물 양식에서 발견할 수 있는 많은 결함과 비표준화한 작성은 프로젝트 진행의 효율성을 저하시키는 요인으로 작용하고 있다.

이로 인해, 하나의 프로젝트를 완료하여 고도화 등의 연속 사업을 진행할 때, 이전의 사업에서 작성한 산출물을 신뢰할 수 없게된다. 연속 사업임에도 불구하고 기존 산출물의 미흡한 현행화로 인해 현행 시스템 분석을 다시 해야 하는 문제가 거의 매번 발생한다. 그러한 이전 사업의 문제를 해결하는데 시간을 빼앗겨 새로운 사업에서는 시간이 부족해진다. 또다시 산출물의 완벽을 기하기 어려운 상황에 빠지는 악순환을 초래하는 것이다.

뿐만 아니라, 모든 공정을 직렬로 수행한다. 그로 인해, 공정 단계별 작업을 진행해 나감에 있어 어느 특정 공정에서 지연이나 부실이 발생하면 해당 문제가 후공정 전체에 직접적으로 영향을 주는 위험을 해결하지 못하고 있는 상태이다.

K-Method는 이러한 우리나라의 정보시스템 개발 사업이나 소프트웨어 개발을 수행함에 있어 고질적으로 해결하지 못하고 있는 문제를 해소하기 위한 목적으로 만들었다.

자체 개발 여부, 규모, 사업 유형, 신규 개발 여부, DB 사용 여부 등 다양한 조건에 맞춰 적용할 수 있도록 하였다.

본 방법론은 인공 지능(AI : Artificial Intelligence)과 IoT(Internet of Things)로 대표되는 최신 소프트웨어 개발은 물론 현재 공공 정보화 사업에 적용하고 있는 폭포수형 공정과도 자연스럽게 접목하여 적용할 수 있도록 구성하였다. 더불어, 소프트웨어 개발의 생산성과 품질을 제고하기 위한 해결 방안을 강구하였다. 이제까지의 직렬형 공정과는 다른 병렬형 공정을 적용할 수 있도록 구성한 것이다. 또한, 이러한 병렬형 공정을 지원하는 각종 개발 도구와 품질 점검 도구의 개발도 병행하여 진행하였다.

앞으로, 우리나라에서 세계 최초로 개발한 병렬형 소프트웨어 개발 방법론인 K-Method를 실제 프로젝트에서 유용하게 사용할 수 있도록 최선을 다해 지원해드릴 것임을 다짐한다.

아울러, K-Method를 정립하여 세상에 내놓는 과정에서 헌신적인 지원을 해준 정민희, 김성현, 김류경 님을 비롯한 (주)소프트웨어품질기술원의 기술 개발과 적용에 지원을 아끼지 않은 감리원, 컨설턴트, 개발자 여러분에게 진심으로 감사드린다.

2017. 08. 15.
저자 유 홍 준 드림

시작하기 전에

새로운 방법론이 출현하여 이를 적용하려고 보면, 적응 기간이 상당히 많이 걸리고 시행착오를 겪게 된다. K-Method를 채택하여 프로젝트에 적용하고자 하는 분들에게 시행착오를 적게 겪을 수 있는 방법에 대해 몇 가지 조언을 드리고자 한다.

첫째, 기존에 관리기법/1이나 정보공학 방법론을 적용해왔던 분들은 아직 병렬형 개발 프로세스를 적용하기 위한 도구나 방법에 적응이 안되어 있을 수 있다. 이 경우 당분간 K-Method에서 적용하는 절차를 착수-분석-설계-구현-시험-전개 순의 직렬형으로 이해하여 적용해도 된다. 우선 직렬형으로 적용하는 것을 정착시킨 후, 차근차근 병렬형 프로세스를 이해하여 적용할 수 있다.

둘째, 방법론의 적용에 있어서는 공정 절차를 어떻게 선택하는가의 문제도 중요하지만, 공정 작업의 결과에 따른 산출물의 표준과 내용의 품질을 어떻게 유지하는가도 못지 않게 중요하다. 이런 점을 감안하여, K-Method에서 제시하는 산출물의 양식 표준과 내용을 참고하여 프로젝트에 반영할 것을 권고한다.

셋째, 병렬형 공정 작업의 진행에 있어서는 반드시 새틀(SETL : Software Engineering TooL)이나 새빛(SEVIT : Software Engineering Visualized Integration Tool)과 같은 도구의 지원을 받는 것이 중요하다. 따라서 이들 도구에 대한 학습을 철저히 할 것을 권고한다.

넷째, 각 공정 단계별로 품질 점검이 아주 중요하다. 이에 대해서는 회사 내부의 품질 보증 조직의 도움을 받거나, K-Method를 만든 (주)소프트웨어품질기술원에 품질 점검을 의뢰해 줄 것을 권고한다. 특히, 병렬 개발 구간의 경우에는 사업의 품질을 극대화함에 있어서 가장 중요한 구간이다. 그러므로 반드시 3회 이상의 품질 점검을 실시하여 보완 작업을 수행할 것을 권고한다.

딥 러닝(deep learning), 머신 러닝(machine learning)을 포함하는 인공 지능(AI: Artificial Intelligence)과 IoT(Internet of Things), 가상 현실 등의 융합이 대세가 되어가는 시점에서, 앞으로 K-Method 자체도 계속 진화할 것이다. K-Method를 지원하는 자동화 도구도 다양하게 개발되어 적용이 이루어질 것이다. K-Method와 연계하여 적용할 수 있는 도구를 개발하시는 분들은 (주)소프트웨어품질기술원에 연락을 주시기 바란다. (주)소프트웨어품질기술원은 당사 자체적으로 개발한 자동화 도구 이외에도 좋은 도구를 외부에서도 적극적으로 발굴하고자 한다. 이를 통해, 각 공정별로 자동화 도구를 적용할 수 있도록 협력 체계를 계속 확대하여 구축해 나갈 것임을 다짐드린다.

경고 및 저작권 안내

본 '병렬형 SW 개발 방법론 K-Method 원리'에 대한 저작권과 관련한 모든 권리는 저자가 가지고 있다. 따라서, 저자 소속의 (주)소프트웨어품질기술원의 서면 허가 없이는 무단 복사하여 배포하는 것을 불허한다.

본 '병렬형 SW 개발 방법론 K-Method 원리'의 무단 전재를 금한다. 가공·인용할 때에는 반드시 '(주)소프트웨어품질기술원, 병렬형 SW 개발 방법론 K-Method 원리'라고 밝혀야 한다. 가공·인용 범위에 대해서는 (주)소프트웨어품질기술원의 사전 서면 승인을 얻어야 한다.

기타 저작권 안내에서 특별히 명시한 사항을 제외하고는 어떠한 권리나 허가도 부여하지 않는다.

(주)소프트웨어품질기술원
주소 : 경기도 고양시 일산동구 호수로 358-39, 101-614
전화번호 : 031-819-2900

상세 변경 이력

◈ V1.0

일　　자 : 2017년 08월 15일

작성내용 : 병렬형 SW개발 방법론 K-Method 원리 V1.0 최초 작성

작 성 자 : 유홍준

제 1 장

개 요

1.1 목적

본 서는 인공 지능과 IoT로 대표되는 최신 기술까지 포함하는 SW 개발 사업 수행 시에 적용할 병렬형 SW 개발 방법론인 K-Method 원리의 이해를 돕는다. 또한, 단계별 표준 프로세스를 제공하고, 효과적인 도구와 표준화 산출물을 제시한다. 이를 통해, 소프트웨어 개발 프로젝트를 수행함에 있어 생산성과 품질을 확보할 수 있도록 하는 것이 목적이다.

1.2 적용 범위 및 유의점

K-Method의 적용 대상 및 범위와 K-Method를 적용할 때의 유의할 점을 생각해보자.

▶ 적용 대상 및 범위

K-Method는 소프트웨어를 개발하는 모든 사업이나 프로젝트를 대상으로 한다.

사업의 규모, 기간, 특성에 맞게 방법론 테일러링 작업을 수행하는 것이 바람직하다.

K-Method는 소프트웨어 개발을 수행함에 있어, 각 개발 구간(section)별로 단계(phase), 세그먼트(segment), 태스크(task)의 순서로 세분화하여 표준 프로세스와 단계별 표준 성과물을 제시한다.

본 서에서는 일정, 보고, 위험, 형상 등의 사업 관리 분야에 대한 표준 프로세스와 표준 성과물은 제시하지 않는다. 사업 관리를 위한 표준 프로세스, 표준 성과물과 관련한 가이드는 별도의 서적에서 제공한다.

(그림 1-2-1) K-Method 프레임워크

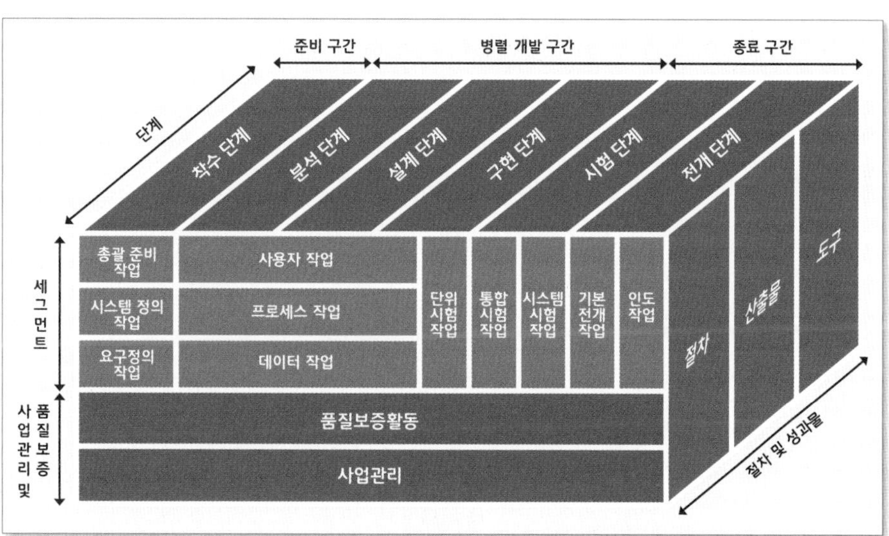

▶ K-Method 적용 시의 유의점

K-Method의 개발 구간은 준비(PR : PReparation) 구간, 병렬 개발(PD : Parallel Development) 구간, 종료(CC : Cycle Completion) 구간의 3개 구간으로 구분지어진다.

준비 구간과 종료 구간의 프로세스는 다른 방법론과 유사하게 직렬형으로 진행한다. 하지만 병렬 개발 구간은 분석 단계, 설계 단계, 구현 단계를 병행하여 진행할 수 있다. 따라서 반드시 표준 프로세스와 프로세스에 해당하는 도구 및 성과물을 숙지해야 효과적인 적용이 가능하다.

1.3 문서 구성 체계

'병렬형 SW 개발 방법론 K-Method 원리'가 포함하고 있는 내용의 구성 체계는 개요, K-Method 이해, 단계별 K-Method 적용 가이드의 3가지이다.

▶ 개요

K-Method의 작성 목적에 대하여 설명하고, 개발 방법론의 적용 가능 범위와 적용 시의 유의 사항을 설명한다. 또한 본 서의 문서 구성 체계와 코드 체계를 제시한다.

▶ K-Method 이해

K-Method의 전반적인 사항을 원리 측면에서 쉽게 접근하여 파악할 수 있도록 K-Method 개요, 특징, 표준 프로세스, 표준 산출물 및 도구 등에 대하여 설명한다.

▶ 단계별 K-Method 적용 가이드

K-Method의 전체 구성도와 준비 구간, 병렬 개발 구간, 종료 구간의 3개 구간에 걸쳐 포함하고 있는 6개의 단계(phase), 17개의 세그먼트(segment), 32개의 태스크(task)의 상세한 절차와 연관 관계를 설명한다.

또한 32개 태스크에 필요한 도구와 관련 산출물을 개발 사업에 쉽고 체계적으로 적용할 수 있는 방안을 제시한다.

 1.4 코드 체계

병렬형 SW 개발 방법론인 K-Method가 포함하고 있는 구간(section), 단계(phase), 세그먼트(segment), 태스크(task) 등에 적용하는 코드 체계를 제시한다. 그리고 작성하는 산출물에 대한 코드 부여 규칙을 제시하였다.

본 서에서 제시하는 코드 체계는 가이드를 위한 기본 코드 체계이다. 따라서 개발사에서 사용하는 코드 체계를 활용하거나 사업 특성을 고려하여 코드 체계를 일부 추가하는 형태로 보완할 수 있다.

다만, 병렬형 SW 개발 방법론인 K-Method의 구간(section), 단계(phase), 세그먼트(segment), 태스크(task)는 고유하게 식별 가능해야 한다. 그렇기 때문에 현 코드 체계에 추가로 붙이는 것은 허용되나, 현 코드 자체의 변경은 허용하지 않는다. 또한 추가의 경우에도 가급적 너무 길거나 복잡한 코드 체계를 피하는 것을 전제로 한다.

1.4.1 표준 프로세스 코드 체계

표준 프로세스가 포함하는 구간(section), 단계(phase), 세그먼트(segment), 태스크(task)로 이어지는 코드 체계를 예시로 들어 설명하였다.

▶ 구간(section) 코드 규칙

2자리의 영문 대문자를 사용하며, 2자리 영문은 구간(section)의 종류를 나타낸다.

(그림 1-4-1) 구간 코드 체계 정의 및 예시

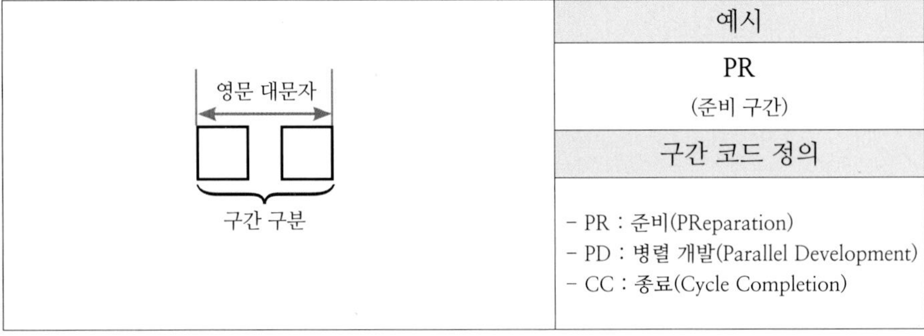

구간 코드는 독자적으로 사용하기보다는 단계 코드와 같은 하위 분류 코드와 병행하여 사용해주는 것을 원칙으로 한다.

▶ 단계(phase) 코드 규칙

2자리의 구간 구분 코드에 3자리 숫자를 붙여서 사용한다. 3자리 숫자는 단계(phase), 세그먼트(segment), 태스크(task)를 나타낸다.

단계(phase)의 구분은 3자리 숫자의 첫 번째 자릿수로 구분할 수 있다.

(그림 1-4-2) 단계 코드 체계 정의 및 예시

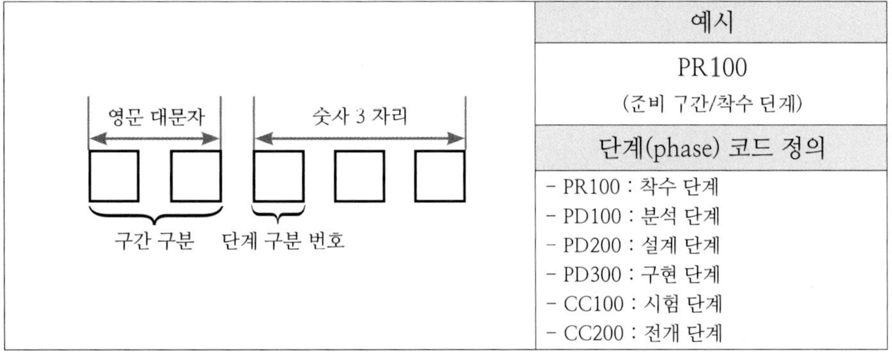

▶ 세그먼트(segment) 코드 규칙

2자리의 구간 구분 코드 옆의 3자리 숫자 중, 세그먼트(segment)는 3자리 숫자의 두 번째 자릿수로 구분할 수 있다.

(그림 1-4-3) 세그먼트 코드 체계 정의 및 예시

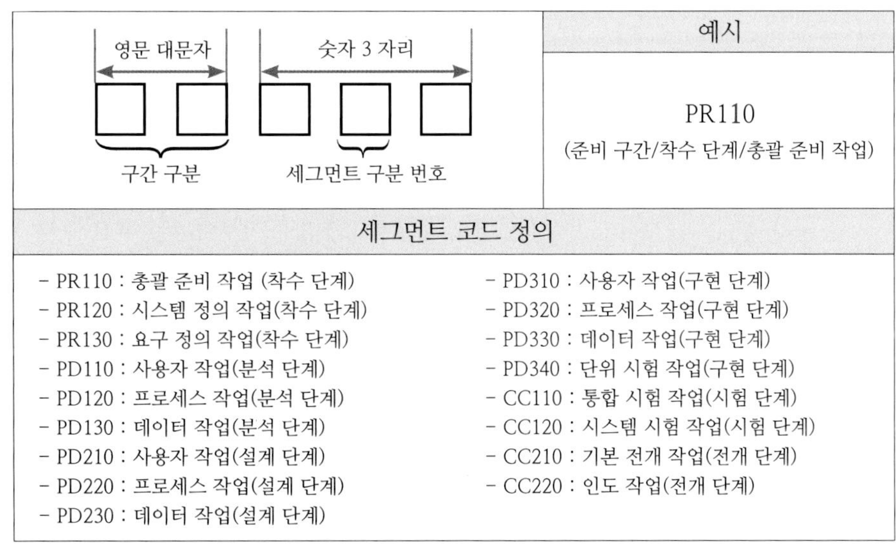

▶ 태스크(task) 코드 규칙

2자리의 구간 구분 코드 옆의 3자리 숫자 중, 태스크(task)는 3자리 숫자의 세 번째 자릿수로 구분할 수 있다.

(그림 1-4-4) 태스크 코드 체계 정의 및 예시

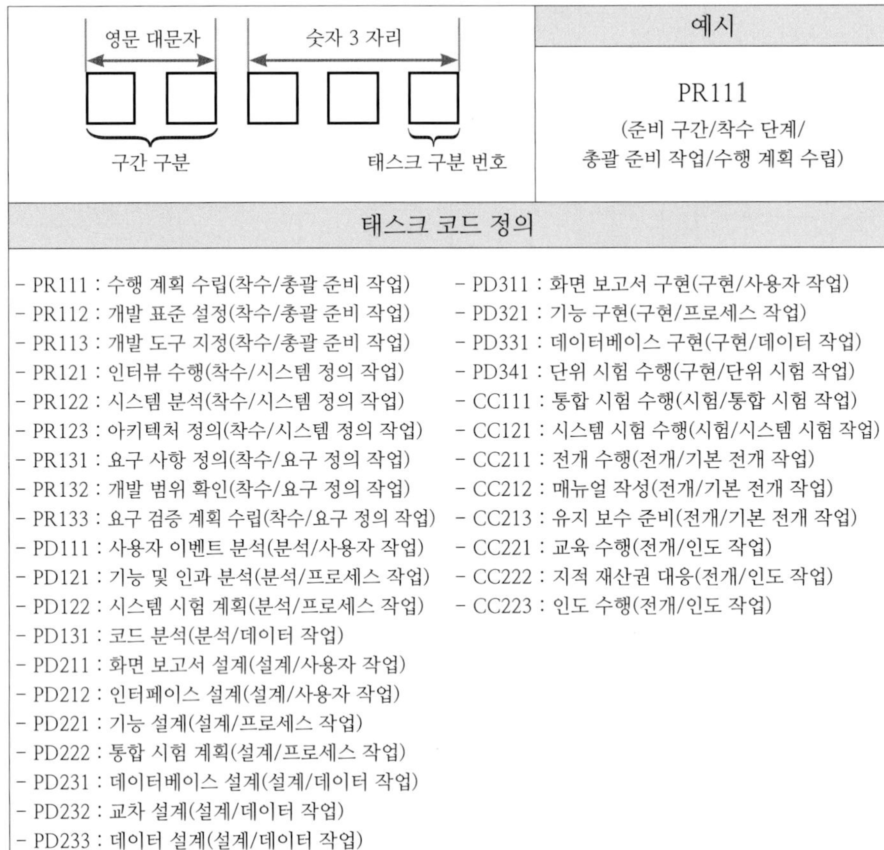

- PR111 : 수행 계획 수립(착수/총괄 준비 작업)
- PR112 : 개발 표준 설정(착수/총괄 준비 작업)
- PR113 : 개발 도구 지정(착수/총괄 준비 작업)
- PR121 : 인터뷰 수행(착수/시스템 정의 작업)
- PR122 : 시스템 분석(착수/시스템 정의 작업)
- PR123 : 아키텍처 정의(착수/시스템 정의 작업)
- PR131 : 요구 사항 정의(착수/요구 정의 작업)
- PR132 : 개발 범위 확인(착수/요구 정의 작업)
- PR133 : 요구 검증 계획 수립(착수/요구 정의 작업)
- PD111 : 사용자 이벤트 분석(분석/사용자 작업)
- PD121 : 기능 및 인과 분석(분석/프로세스 작업)
- PD122 : 시스템 시험 계획(분석/프로세스 작업)
- PD131 : 코드 분석(분석/데이터 작업)
- PD211 : 화면 보고서 설계(설계/사용자 작업)
- PD212 : 인터페이스 설계(설계/사용자 작업)
- PD221 : 기능 설계(설계/프로세스 작업)
- PD222 : 통합 시험 계획(설계/프로세스 작업)
- PD231 : 데이터베이스 설계(설계/데이터 작업)
- PD232 : 교차 설계(설계/데이터 작업)
- PD233 : 데이터 설계(설계/데이터 작업)
- PD311 : 화면 보고서 구현(구현/사용자 작업)
- PD321 : 기능 구현(구현/프로세스 작업)
- PD331 : 데이터베이스 구현(구현/데이터 작업)
- PD341 : 단위 시험 수행(구현/단위 시험 작업)
- CC111 : 통합 시험 수행(시험/통합 시험 작업)
- CC121 : 시스템 시험 수행(시험/시스템 시험 작업)
- CC211 : 전개 수행(전개/기본 전개 작업)
- CC212 : 매뉴얼 작성(전개/기본 전개 작업)
- CC213 : 유지 보수 준비(전개/기본 전개 작업)
- CC221 : 교육 수행(전개/인도 작업)
- CC222 : 지적 재산권 대응(전개/인도 작업)
- CC223 : 인도 수행(전개/인도 작업)

위와 같이, K-Method에서는 영문 대문자 2자리로 이루어지는 구간 구분 코드를 기반으로 세분류를 해준다. 즉, 구간 구분 코드의 우측의 3자리는 각각 단계, 세그먼트, 태스크를 나타내어주는 숫자로 구성한다.

통상적으로 일반적인 방법론은 단계(phase), 세그먼트(segment), 태스크(task)로 이어지는 2계층의 분류 방법을 쓰는 것이 일반적이다. 하지만, 병렬형 SW 개발 방법론인 K-Method에서는 최상위에 구간 구분 코드를 두어 보다 명확한 작업 공정 구분을 할 수 있도록 하였다. 이중 병렬 개발 구간은 병렬형 공정의 기반을 형성하는 코어라고 볼 수 있다.

▶ 산출물 문서 번호 부여 규칙

구간(section), 단계(phase), 세그먼트(segment), 태스크(task) 순서로 구분된 코드에 '-'를 붙이고 일련 번호 2자리 숫자를 붙여 산출물을 구분한다.

(그림 1-4-5) 산출물 문서 번호 부여 체계 정의 및 예시

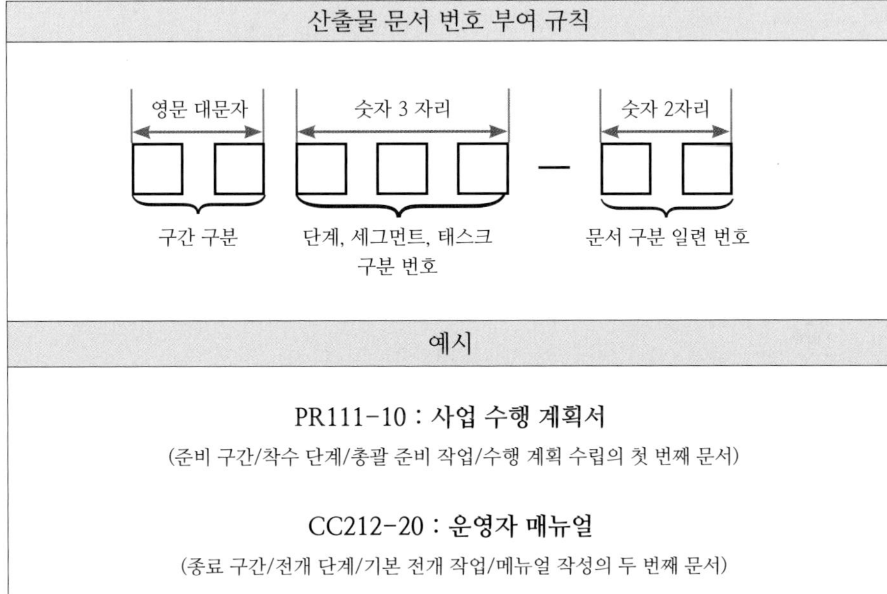

제 2 장

K-Method 이해

2.1 K-Method 개요

소프트웨어 위기에 대한 해법의 하나로 폭포수형(waterfall type) 방법론이 탄생한 이후, SW 개발 현장에서는 나선형(spiral), 점증형(iterative & incremental), 기민형(agile) 등 그동안 다양한 형태의 방법론이 출현하며 발전을 거듭해 왔다.

(그림 2-1-1) 기존 SW 개발 방법론의 공정 진행 방식 비교

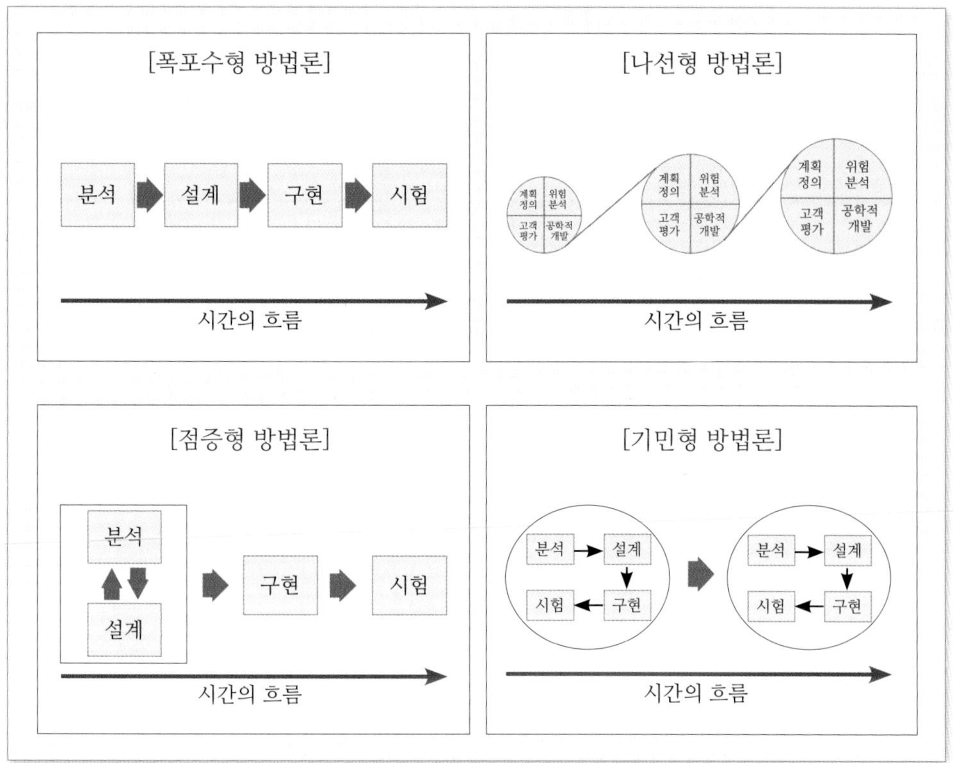

하지만 어떠한 방법론을 채택하더라도 실제 프로젝트를 진행할 때에는 폭포수형과 유사한 형태로 진행될 수밖에 없는 결과를 초래했다. 그 이유는 대부분의 프로젝트가 1년 미만의 단기성이라 반복을 허용하기 어려운 구조였기 때문이다. 또한, 지금까지 출현한 SW 개발 방법론은 모두 직렬형 공정 절차를 기반으로 수행하는 형태여서 짧은 프로젝트 기간을 효율적으로 사용하면서 반복을 수행하는 것이 거의 불가능했기 때문이다. 그로 인해 개발 효율성과 개발 품질을 향상시키는 것이 용이하지 않았다.

저자는 오랜 기간의 현장 정보시스템 감리 경험을 바탕으로 개발 공정이 직렬형으로 고착되어 있는 한 향후 어떤 방법의 개선이 있더라도 한계를 극복할 수 없음을 확신하게 되었다.

이러한 문제점을 해결하기 위해, 개발 공정 자체를 직렬형(serial type)에서 병렬형(parallel type)으로 발전시켜 작업의 효율성과 품질을 혁신적으로 제고할 수 있는 K-Method를 창안하여 세상에 내놓게 되었다.

(그림 2-1-2) 병렬형 SW 개발 방법론 K-Method의 공정 진행 방식

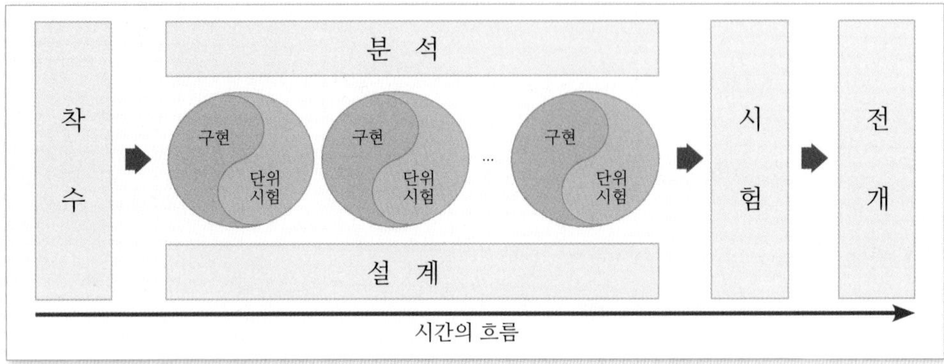

K-Method의 공정 절차를 보면 정보공학이나 관리기법/1 방법론과 같은 폭포수형과 유사하게 착수-분석-설계-구현-시험-전개의 공정 단계로 이루어져 있다.

그러면서도 확연히 다른 특징이 있다. K-Method는 착수와 시험, 전개의 3단계 공정을 제외하고, 분석-설계-구현 공정을 병렬적으로 진행할 수 있도록 하였다.

한 마디로 말하면, 그동안 1개의 차선으로만 작업해왔던 것을 여러 개의 차선을 동시에 이용하여 작업할 수 있는 것이다. 이처럼 대역폭을 확장시킨 다차선 병행 진행 형태를 선택한 것을 특징으로 한다. 또한, 시험 공정의 경우에도 단위 시험을 시험 공정이 아닌 구현 공정의 일부로 편입시켰다. 그렇게 하여, 구현과 단위 시험을 순환적으로 수행하면서 개발 작업을 진행하도록 하고 있다. K-Method와 다른 주요 방법론을 비교하면 〈표 2-1-1〉과 같다.

〈표 2-1-1〉 주요 SW 개발 방법론간의 공정 진행 형태 비교

구분	폭포수형	점증형	기민형	병렬형
주요 적용 방법론 사례	정보공학, 관리기법/1	RUP, 마르미III	XP, Lean, SCRUM, PP, FDD, DSDM, Kanban, ASD, CF, TTD, XM	K-Method
공정 진행 형태	폭포수처럼 단계적으로 순방향 진행	공정 단계의 일부 (분석-설계) 구간을 반복 진행	분석-설계-구현 공정을 직렬형으로 짧게 반복	분석-설계-구현 공정을 병렬형으로 진행
SI 실무 적용	현재까지 가장 많이 적용	현재는 제안 시에만 사용하고 실제로는 거의 미적용	현재는 제안 시에만 사용하고 실제로는 거의 미적용	400회 이상의 감리 실무 검증을 통해 새로 발표

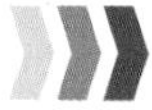 2.2 K-Method 특징

K-Method는 병렬형 기반의 SW 개발 방법론이다. 다양한 정보시스템 개발 사업의 수행을 위해 표준화한 프로세스와 산출물, 작업 지침을 제공한다.

병렬형 SW 개발 방법론인 K-Method의 특징을 요약하여 5가지로 나타내면 다음과 같다.

첫째, 인간의 특성을 반영한 병렬형 SW 개발 방법론이다. 기존의 방법론은 공정 단계를 거치는 과정에서 순방향으로 진행하는 직렬형 SW 개발 방법론이었다. 그러나 직렬형 SW 개발 방법론은 요구 사항의 변경이나 환경 변화 등에 적절한 대응이 용이하지 않았다. 이에 비해 K-Method는 분석-설계-구현 공정을 병렬적으로 진행한다. 그렇게 함으로써, 요구 사항의 변경이나 내·외부 환경의 변화에 즉각적으로 대처할 수 있다. 또한, 인간의 변화무쌍한 진화적 요구에 고품질로 신속하게 대응하는 것이 가능하다. 이를 통해, 인공지능과 IoT까지 포함한 스팩트럼 넓은 개발에 적용할 수 있다.

둘째, 프로젝트에 실제 적용이 용이하도록 최적화한 프로세스와 산출물을 제공한다. 국내 현실에 잘 맞지않는 외국의 이론적인 방법론을 그동안 국내 SW 개발 현장에 무분별하게 적용해왔다. 불필요한 절차와 산출물이 많았다. 결과적으로, 실제 적용이 어려워 방법론을 적용하지 않고 프로젝트를 수행하는 경우가 많았다. 이에 비해 K-Method는 프로젝트의 성공과 품질 제고에 필요한 최적화한 프로세스와 산출물을 제공한다. 이를 통해, 프로젝트의 규모와 성격에 따라 적용이 용이하도록 지원한다.

셋째, 기능 분할 및 인과 관계 추적을 명확히 구분하여 진행할 수 있도록 구조화하였다. 기존의 방법론에서는 주로 기능적인 요소 중심의 대응이었다. 그래서 프로젝트의 목표 달성과 작업 효율성 제고를 위한 기능과 기능간의 인과 관계를 명확히 파악하는 방안에의 철저한 대응이 미흡하였다. 이에 비해 K-Method는 기능과 인과 관계를 명확히 파악하여 구현하도록 구조화한 프로세스와 산출물을 제공한다.

넷째, 단순 작업을 줄이고 모델과 소스의 시각화를 지원하는 도구의 지원을 받는다. 시스템을 개발하다보면 산출물을 작성하는데 많은 시간을 소요한다. 또한, 복잡하게 얽힌 소스 및 이와 연관이 있는 모델의 작업에 어려움을 겪는다. 이에 비해 K-Method는 프로그램 개발에 집중할 수 있도록 단순하고 형식적인 산출물 작성의 자동화를 추구한다. 또한, 복잡한 소스 및 모델을 체계적으로 시각화하여 쉽게 분석할 수 있도록 하는 도구를 지원한다.

다섯째, 순수한 국내산의 방법론이다. 우리나라에서 개발한 세계 최초의 병렬형 SW 개발 방법론이다. 따라서, 로얄티 등의 부담 없이 지속적으로 기술 지원을 쉽게 받을 수 있다.

K-Method는 위와 같은 특징을 바탕으로 제반 공정의 효율적인 진행을 지원한다.

 2.3 K-Method 표준 프로세스

병렬형 SW 개발 방법론인 K-Method는 준비(PR) 구간, 병렬 개발(PD) 구간, 종료(CC) 구간의 3구간으로 나뉜다.

준비 구간은 착수 단계를 포함하고 있다. 세부적으로는 개발을 진행하기 위한 총괄 준비 작업, 시스템 정의 작업, 요구 정의 작업의 세그먼트로 이루어진다. 총괄 준비 작업 세그먼트는 3개의 태스트, 시스템 정의 작업 세그먼트는 3개의 태스크, 요구 정의 작업 세그먼트도 3개의 태스크를 포함한다.

병렬 개발 구간은 분석 단계, 설계 단계, 구현 단계의 3단계를 포함하고 있다. 세부적으로 3단계는 각각 사용자 작업, 프로세스 작업, 데이터 작업의 3가지 유형의 작업으로 나누어지는 세그먼트를 병렬적으로 수행한다. 또한 구현 단계의 사용자 작업, 프로세스 작업, 데이터 작업의 3가지 작업은 단위 시험 작업과 사이클을 형성하면서 개발을 수행한다.

이들 병렬 개발 구간의 분석 단계, 설계 단계, 구현 단계의 3단계는 단순히 계층이라기 보다는 (그림 2-3-1)에 나타낸 바와 같이, 마치 동축 케이블(coaxial cable)처럼 원형 튜브 속에 또 다른 튜브가 들어 있는 것과 같은 형태로 구성이 이루어진다. 그렇기 때문에 분석, 설계, 구현 단계는 각각이 별도로 있는 것이 아니라 외관상으로는 통합적으로 보인다. 내부적으로만 상호 소통하면서 공정을 병행적으로 진행한다.

(그림 2-3-1) 병렬 개발 구간의 다차선 공정 병행 진행 방식

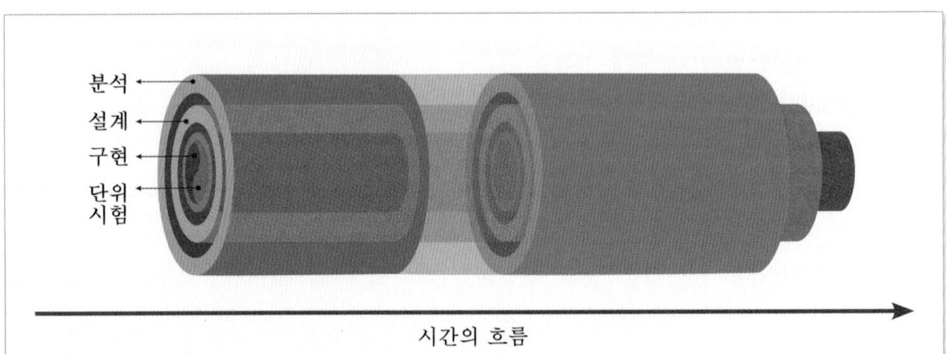

종료 구간은 시험 단계와 전개 단계를 포함한다. 세부적으로 시험 단계에서는 통합 시험 작업과 시스템 시험 작업을 행한다. 전개 단계에서는 기본 전개 작업과 인도 작업을 행한다.

병렬형 SW 개발 방법론인 K-Method의 표준 프로세스(standard process)는 6개의 단계(phase), 17개의 세그먼트(segment), 32개의 태스크(task)로 이루어진다. 또한, 46개의 산출물(product)을 생성한다. 단계, 세그먼트, 태스크, 산출물을 제시하면 〈표 2-3-1〉과 같다.

〈표 2-3-1〉 K-Method의 표준 프로세스와 산출물

단계 (phase)	세그먼트 (segment)	태스크 (task)	산출물 (product)
착수 단계 (PR100)	총괄 준비 작업 (PR110)	수행 계획 수립 (PR111)	사업 수행 계획서 (PR111-10)
			방법론 조정 결과서 (PR111-20)
		개발 표준 설정 (PR112)	개발 표준 정의서 (PR112-10)
			산출물 표준 양식 (PR112-20)
		개발 도구 지정 (PR113)	도구 적용 계획서 (PR113-10)
	시스템 정의 작업 (PR120)	인터뷰 수행 (PR121)	인터뷰 계획 결과서 (PR121-10)
		시스템 분석 (PR122)	현행 시스템 분석서 (PR122-10)
		아키텍처 정의 (PR123)	아키텍처 정의서 (PR123-10)
	요구 정의 작업 (PR130)	요구 사항 정의 (PR131)	요구 사항 정의서 (PR131-10)
		개발 범위 확인 (PR132)	범위 비교표 (PR132-10)
			요구 사항 추적표 (PR132-20)
		요구 검증 계획 수립 (PR133)	총괄 시험 계획서 (PR133-10)
분석 단계 (PD100)	사용자 작업 (PD110)	사용자 이벤트 분석 (PD111)	이벤트 정의서 (PD111-10)
	프로세스 작업 (PD120)	기능 및 인과 분석 (PD121)	기능 분해도 (PD121-10)
			비즈니스 융합도 (PD121-20)
		시스템 시험 계획 (PD122)	시스템 시험 계획서 (PD122-10)
	데이터 작업 (PD130)	코드 분석 (PD131)	코드 정의서 (PD131-10)

단계 (phase)	세그먼트 (segment)	태스크 (task)	산출물 (product)
설계 단계 (PD200)	사용자 작업 (PD210)	화면 보고서 설계 (PD211)	화면 설계서 (PD211-10)
			보고서 설계서 (PD211-20)
		인터페이스 설계 (PD212)	인터페이스 설계서 (PD212-10)
	프로세스 작업 (PD220)	기능 설계 (PD221)	프로그램 명세서 (PD221-10)
			프로그램 논리 설계서 (PD221-20)
		통합 시험 계획 (PD222)	통합 시험 계획서 (PD222-10)
	데이터 작업 (PD230)	데이터베이스 설계 (PD231)	논리 ERD (PD231-10)
			물리 ERD (PD231-20)
설계 단계 (PD200)	데이터 작업 (PD230)	데이터베이스 설계 (PD231)	테이블 정의서 (PD231-30)
		교차 설계 (PD232)	CRUD 매트릭스 (PD232-10)
		데이터 설계 (PD233)	데이터 구축 계획서 (PD233-10)
구현 단계 (PD300)	사용자 작업 (PD310)	화면 보고서 구현 (PD311)	구현 화면 (PD311-10)
			구현 보고서 (PD311-20)
	프로세스 작업 (PD320)	기능 구현 (PD321)	소스 코드 (PD321-10)
	데이터 작업 (PD330)	데이터베이스 구현 (PD331)	물리 DB (PD331-10)
	단위 시험 작업 (PD340)	단위 시험 수행 (PD341)	단위 시험 계획 결과서 (PD341-10)
			단위 오류 관리서 (PD341-20)

단계 (phase)	세그먼트 (segment)	태스크 (task)	산출물 (product)
시험 단계 (CC100)	통합 시험 작업 (CC110)	통합 시험 수행 (CC111)	통합 시험 결과서 (CC111-10)
			통합 오류 관리서 (CC111-20)
	시스템 시험 작업 (CC120)	시스템 시험 수행 (CC121)	시스템 시험 결과서 (CC121-10)
			시스템 오류 관리서 (CC121-20)
전개 단계 (CC200)	기본 전개 작업 (CC210)	전개 수행 (CC211)	전개 계획 결과서 (CC211-10)
			데이터 구축 결과서 (CC211-20)
		매뉴얼 작성 (CC212)	사용자 매뉴얼 (CC212-10)
			운영자 매뉴얼 (CC212-20)
전개 단계 (CC200)	기본 전개 작업 (CC210)	유지 보수 준비 (CC213)	유지 보수 계획서 (CC213-10)
	인도 작업 (CC220)	교육 수행 (CC221)	교육 계획 결과서 (CC221-10)
		지적 재산권 대응 (CC222)	지적 재산권 검토서 (CC222-10)
		인도 수행 (CC223)	개발 완료 보고서 (CC223-10)

SW 개발 사업의 종류, 사업 규모, 일정 등에 따라 표준 프로세스는 맞춤형으로 테일러링(tailoring)하여 대응하는 것이 가능하며, 표준 프로세스(standard process) 수행으로 작성하는 산출물도 조정할 수 있다.

그러나 다음 장에서 제시하는 필수 산출물은 반드시 작성하여 관리할 것을 권장한다. 산출물을 추가하거나 변경할 경우에는 전체 표준 프로세스에 부합하여야 한다.

전체 표준 프로세스에 부합하여야 한다는 의미는 추가하거나 변경하는 산출물이 상위 공정으로부터 영향을 받고 하위 공정에 영향을 줄 수 있어야 함을 뜻한다. 아울러, 추가하거나 변경하는 산출물에 대해서는 다른 산출물과의 연관 관계를 합리적으로 설정하여 정합성을 유지하여야 한다.

맞춤형으로 대응해야 하는 이유는 불필요한 산출물의 생성을 피하기 위해서이다.

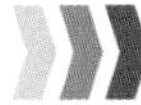

2.4 K-Method 산출물 및 도구

2.4.1 K-Method 산출물 연관도

K-Method의 준비 구간, 병렬 개발 구간, 종료 구간의 표준 프로세스를 중심으로 착수, 분석, 설계, 구현, 시험, 전개의 단계별 활동의 결과로 작성하는 주요 산출물은 (그림 2-4-1)과 같다.

(그림 2-4-1) K-Method의 표준 프로세스에 따른 주요 산출물 개관

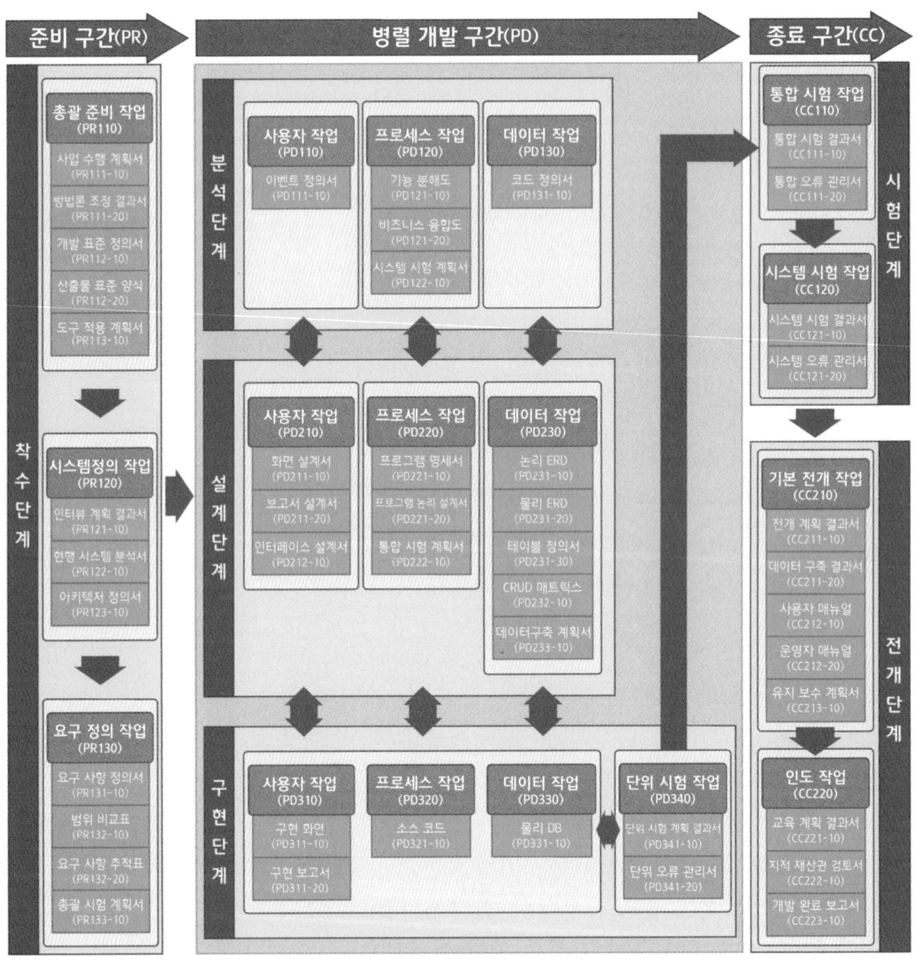

K-Method의 산출물은 요구 사항 ID, 기능 ID, 화면 ID 등의 식별 정보로 상호 연결이 이루어진다. 이를 바탕으로 착수, 분석, 설계, 구현, 시험, 전개 단계별로 요구 사항을 중심으로 하는 이벤트, 프로세스, 데이터 모델의 추적이 가능하다.

2.4.2 단계별 표준 프로세스 적용 자동화 도구

K-Method 기반의 병렬형 소프트웨어 개발에서는 각 공정 단계별로 자동화 도구의 적용이 이루어진다.

㈜소프트웨어품질기술원이 자체 보유하여 지원하는 자동화 도구를 각 공정 단계별로 정리하여 표로 제시하면 〈표 2-4-1〉과 같다.

〈표 2-4-1〉 K-Method의 각 공정 단계별로 적용하는 주요 자동화 도구

<table>
<tr><th colspan="2">구분</th><th>(주)소프트웨어품질기술원 지원도구</th><th>지원 도구 역할</th></tr>
<tr><td>준비 구간</td><td>착수 단계</td><td>새품, 새북</td><td rowspan="6">▶ 새벗: 새룰, 새틀, 새빛, 새북을 포함한 SW 융합 프레임 워크를 형성하여, 통합 운용 기능을 제공하는 도구
▶ 새빛: 복잡하고 어려운 소스를 체계적으로 시각화하고 자동화 하는 기능을 포함한 도구
▶ 새틀: 다양한 프로그램 언어로 구성된 소스를 쉽게 분석이 가능하도록 시각화하여 SW 품질을 개선하는 도구
▶ 새품: 사용자, 프로세스, 데이터의 품질을 점검하여 개선하는 도구
▶ 새룰: 새틀, 새빛에 정형화한 규칙을 제공하여 SW 품질을 확보하는 도구
▶ 새북: 동적 콘텐츠와 정적 콘텐츠의 쌍방향 연결 및 제어를 통해 개발 내용의 이해를 높이고 개발 시스템의 효율적 학습 능력 제고를 지원하는 도구</td></tr>
<tr><td rowspan="3">병렬 개발 구간</td><td>분석 단계</td><td rowspan="3">새벗, 새빛, 새틀, 새품, 새룰, 새북</td></tr>
<tr><td>설계 단계</td></tr>
<tr><td>구현 단계</td></tr>
<tr><td rowspan="2">종료 구간</td><td>시험 단계</td><td>새벗, 새빛, 새틀, 새품</td></tr>
<tr><td>전개 단계</td><td>새품, 새북</td></tr>
</table>

▶ 준비 구간(PR)

준비 구간에 적용하는 자동화 도구 상세 내역을 나타내면 (그림 2-4-2)와 같다.

(그림 2-4-2) 준비 구간에 적용하는 주요 자동화 도구 상세

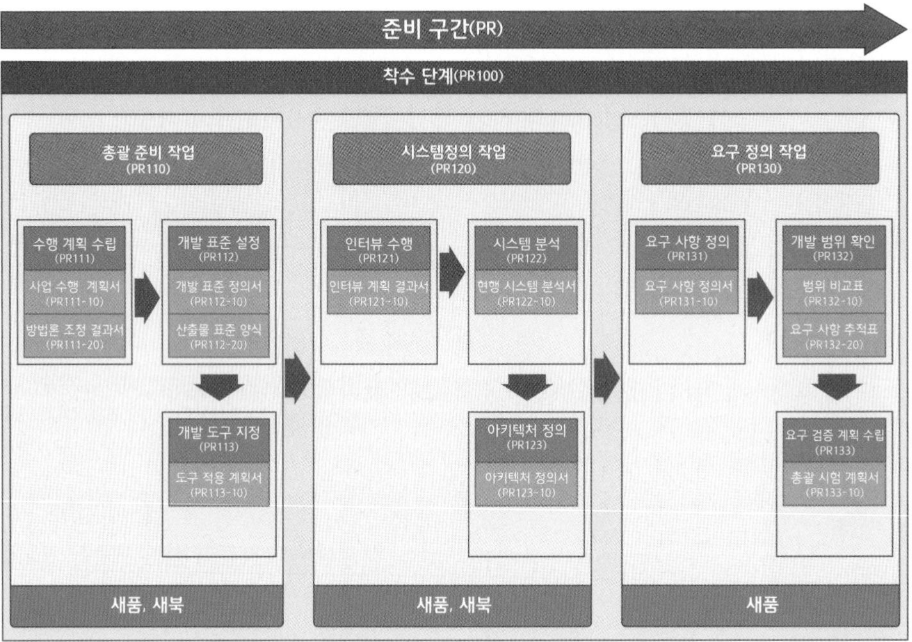

K-Method의 준비 구간에는 착수 단계 하나만 존재한다. 착수 단계라 함은 병렬 개발 구간의 본격적인 분석, 설계, 구현 단계로 진입하기 전에 사업을 착수하면서 사전에 준비해야 할 작업들을 수행하는 단계이다.

착수 단계는 총괄 준비 작업 세그먼트, 시스템 정의 작업 세그먼트, 요구 정의 작업 세그먼트의 총 3개 세그먼트가 존재한다.

3개 세그먼트 중에서 총괄 준비 작업과 시스템 정의 작업 세그먼트에는 새품과 새북의 2가지 자동화 도구를 사용하고, 요구 정의 작업 세그먼트에서는 새품만 사용한다.

착수 단계의 3개 세그먼트에 걸쳐 사용하는 새품은 착수 단계에서 주로 품질 기준에 의거한 체크리스트 기법을 사용한다. 이를 통해, 각 세그먼트의 작업이 적정 품질을 유지하고 있는지 점검한다. 다만, 요구 정의 작업 세그먼트 중 요구 사항 정의와 개발 범위 확인 태스크에서는 개발 범위 비교와 요구 사항 추적이 적절한 매핑을 통해 추적이 가능한지 비교 점검을 수행한다.

새북은 총괄 준비 작업과 시스템 정의 작업 세그먼트에서 사용한다. 새북은 개발 표준과 산출물 표준 양식에 관한 이해를 쉽게 하는 것을 지원한다. 새품과 새북의 사용을 통해 초기의 위험을 최소화할 수 있다.

▶ 병렬 개발 구간(PD)

병렬 개발 구간에 적용하는 자동화 도구 상세 내역을 나타내면 (그림 2-4-3)과 같다.

(그림 2-4-3) 병렬 개발 구간에 적용하는 주요 자동화 도구 상세

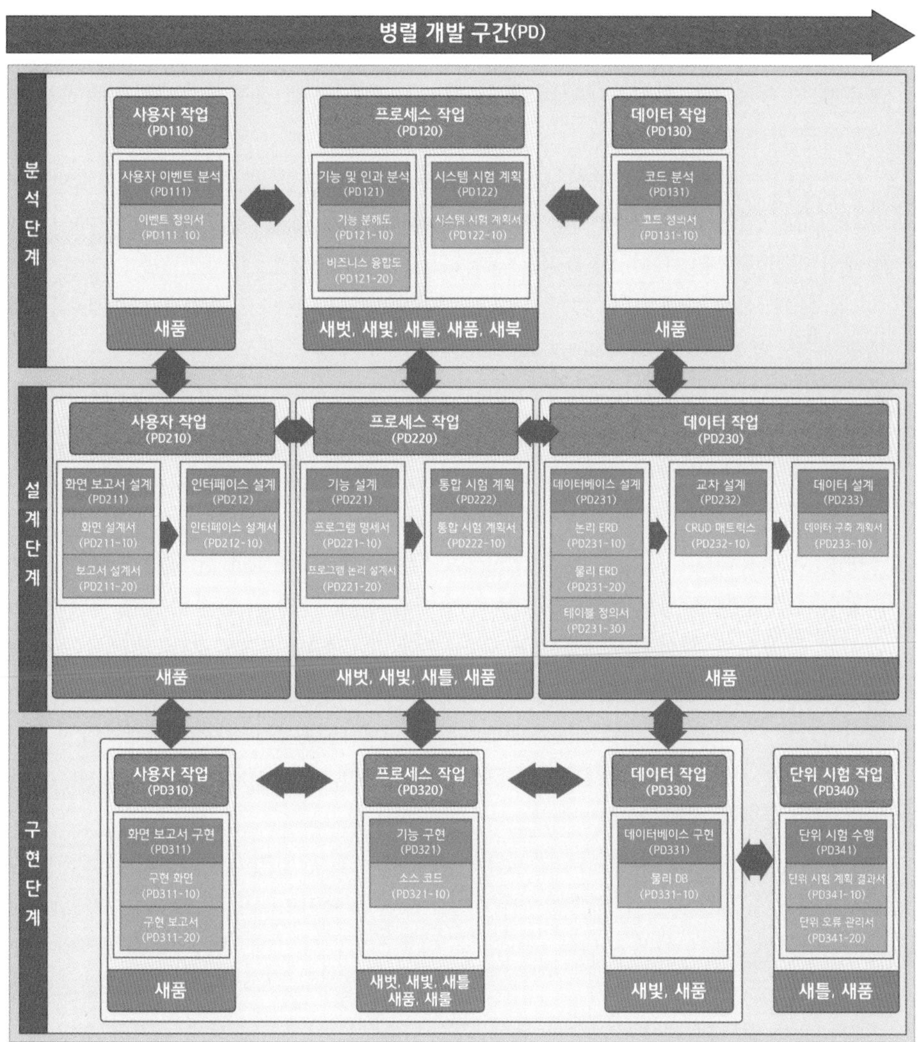

K-Method의 병렬 개발 구간에는 분석 단계, 설계 단계, 구현 단계의 3단계가 존재한다. 전통적인 방법론의 경우에는 분석 단계, 설계 단계, 구현 단계를 순방향으로만 진행한다. 그러나 K-Method에서는 분석 단계, 설계 단계, 구현 단계를 순방향으로 진행할 수도 있지만, 역방향으로 진행할 수도 있다. 그 이유는 무엇일까? K-Method에서는 분석 단계, 설계 단계, 구현 단계가 통합적으로 융합이 이루어져 병렬로 공정을 진행할 수 있기 때문이다.

분석 단계, 설계 단계, 구현 단계는 모두 내부에 사용자 작업 세그먼트, 프로세스 작업 세그먼트, 데이터 작업 세그먼트를 각각 가지고 있다. 이들 각각의 세그먼트들은 각 단계의 내부에 존재한다. 분석 단계, 설계 단계, 구현 단계는 서로 대등한 상태로 상호 연관 관계를 맺으며 병렬 형태로 공정을 진행한다.

구현 단계 내부에는 하나의 세그먼트가 더 존재한다. 그것은 단위 시험 작업 세그먼트이다. 이 단위 시험 작업 세그먼트는 구현 단계 내의 사용자 작업 세그먼트, 프로세스 작업 세그먼트, 데이터 작업 세그먼트를 모두 융합한 형태의 결과를 받아 시험하는 작업을 수행한다.

분석 단계, 설계 단계, 구현 단계의 상호 연관을 가진 사용자 작업 세그먼트에는 새품이라는 자동화 도구를 사용한다. 새품은 사용자 작업 세그먼트에서 체크리스트 형태의 점검 방법을 사용하여 품질을 점검하는 역할을 한다.

분석 단계, 설계 단계, 구현 단계의 상호 연관을 가진 프로세스 작업 세그먼트에는 새벗, 새빛, 새틀, 새품, 새룰, 새북의 6가지 자동화 도구를 사용한다.

새벗(SEVUT : Software Engineering Visualized Unification Tool)은 시각화한 통합 환경을 만들어주는 도구이다. 새벗을 기반으로 새빛, 새틀, 새북 등과 같은 다양한 자동화 도구를 통합하여 사용할 수 있도록 해줌으로써, 병렬 개발을 위한 통합 프레임워크 환경을 형성한다.

새빛(SEVIT : Software Engineering Visualized Integration Tool)은 구현 단계에서 역공학으로 추출한 정보를 가지고 분석 단계와 설계 단계를 병렬로 통합해준다. Java 언어에 특화시켜 작업할 수 있는 시각화 통합 도구이다. Java 소스 코드를 중심으로 분석과 설계 단계를 통합한다. 분석 및 설계 모델링에는 시스템 다이어그램, 패키지 다이어그램, 클래스 다이어그램, 시퀀스 다이어그램, 플로우 다이어그램의 5가지 모델링 표기 방법을 사용한다. 이들은 소스 코드에서 추출한 요소들을 자동적으로 시각화하여 병렬 개발 작업을 지원한다.

이들 5가지 다이어그램 중 시스템 다이어그램, 패키지 다이어그램, 클래스 다이어그램의 3가지 다이어그램은 분석 모델에 해당한다. 시퀀스 다이어그램과 플로우 다이어그램의 2가지 다이어그램은 설계 모델에 해당한다. 이들 5가지 다이어그램은 직접 코드와 연관을 맺으며 작업을 수행할 수 있다.

특히, 소스 코드의 복잡도 계산을 통해 코드의 품질을 적정 수준으로 유지할 수 있다.

새빛은 독자적인 사용뿐만 아니라 새벗이라는 융합 프레임 내에서도 작동한다. 또한, 새틀과 협력하여 조립식 설계 작업과 코딩 및 단위 시험과도 유기적으로 연계하여 작업을 수행할 수 있다. 다만, 현재는 Java 언어 기반의 프로젝트에서만 사용이 가능하다.

새틀(SETL : Software Engineering TooL)은 설계 단계를 중심으로 분석 단계와 구현 단계를 병렬로 통합해준다. Java, C, C++, Arduino(C의 변형) 등의 다양한 언어에 유연하게 대응하는 시각화 도구이다. 지원 언어도 계속 확대하고 있다.

새틀은 분석 단계의 기능 분해도 역할을 수행할 수 있고, 논리 설계를 조립식으로 수행할 수 있다. 설계 단계와 구현 단계를 자유자재로 오가며 병렬로 개발 작업을 수행하는 것을 지원한다. 아울러, 구현한 결과물을 단위 시험(부분적인 통합 시험 포함)하는 것을 통합적으로 지원한다.

분석과 설계 표기법은 TTAK.KO-11.0196 정보 통신 단체 표준인 '소프트웨어 논리 구조 표기 지침(Guidelines for Representing the Logic Structure of Software)'의 추상화 수준 분류 기능과 설계 패턴을 이용한다. 설계를 먼저 하거나, 구현을 먼저 하는 것에 상관 없이 순공학(forward engineering) 기능과 역공학(reverse engineering) 기능으로 대응한다. 설계한 것은 소스 코드로 구현하고, 소스 코드로 구현한 것은 자동적으로 설계로 변환하는 기능을 내장하고 있다. 그렇기 때문에 진정한 의미의 병렬 개발을 지원한다. 분석, 설계, 구현의 어느 단계에서도 바로 단위 시험으로 진입하고 실행까지도 시킬 수 있는 기능을 가지고 있다. 또한 설계 내역을 출력할 경우 긴 프로그램도 일관성 있게 추적할 수 있다. 이를 통해 최상의 논리 오류 점검 효율을 제공한다.

새품(SEPUM : Software Engineering Project-quality Unveiling Machine)은 병렬 개발 구간의 전체적인 작업 품질을 점검해 주는 자동화 도구이다. 분석 단계, 설계 단계, 구현 단계 전반에 걸쳐 요구 사항의 매핑 과정의 오류를 자동으로 점검한다.

프로세스 측면에서 소스 코드의 품질을 다양한 매트릭을 사용하여 점검하는 기능을 가지고 있다.

뿐만 아니라, 프로세스 모델과 데이터 모델간의 정합성도 점검한다.

기타 병렬 개발 구간에서 발생할 수 있는 제반 품질 문제를 체크리스트 형태로 점검함으로써 정량적·정성적 관점의 품질 점검 대응을 모두 지원한다.

새룰(SERULE : Software Engineering Rule)은 주로 소스 코드의 문제점을 점검해주는 자동화 도구이다. 코딩 가이드라인 준수를 기본으로 하고 있으며, 코드의 완전성 점검, 코드의 취약점 점검 등 부가적인 기능도 포함하고 있다.

새품, 새빛, 새틀 등과는 달리 새룰은 구현 단계의 소스 코드에 특화시켜 점검해주는 기능을 가진 것이 특징이다.

다만, 새룰은 현재 Java 언어를 사용하는 프로젝트만 지원한다.

새북(SEBOOK : Software Engineering BOOK)은 소프트웨어 개발 과정에서 필요한 교육이나, 자가 학습의 수행, 소프트웨어 개발 도구 활용 매뉴얼의 동적인 작성을 지원하는 자동화 도구이다. 이것은 학습자나 사용자 간의 제어 정보의 공유를 통해 소프트웨어 개발에 관한 지식을 집단 지성(collective intelligence)이라는 형태로 확산하여 쌓을 수 있도록 하는 기능을 가진 것이 특징이다.

분석 단계, 설계 단계, 구현 단계의 상호 연관을 가진 데이터 작업 세그먼트에는 새빛, 새품이라는 자동화 도구를 사용한다. 새빛은 Java 언어 기반으로 패키지와 클래스 다이어그램을 이용하여 정적 모델을 통합적인 시각에서 파악할 수 있도록 지원한다.

새품은 데이터 작업 세그먼트에서 체크리스트 및 직접 검사 형태의 점검 방법을 사용하여 품질을 점검하는 역할을 한다. 데이터 측면에서 DB의 논리 데이터 모델과 물리 데이터 모델은 물론 실제 물리 DB의 무결성을 포함한 통합적인 시각의 품질을 자동적으로 점검하는 기능을 가지고 있다.

구현 단계의 단위 시험 작업 세그먼트에서는 새틀, 새품이라는 자동화 도구를 사용한다.

새틀은 구현된 코드를 컴파일러와 직접 연결하여 빌드를 할 수 있도록 지원하여 단위 시험의 결과를 도구 내에서 확인하여 대처할 수 있도록 지원한다. 또한, 단위 시험 과정을 통해 소스 코드에 수정 사항이 있을 경우, 이를 바로 설계로 변환하는 것을 지원한다.

새품은 시험과 연관이 있는 점검 항목에 대한 세부적인 체크리스트 형태의 점검을 할 수 있도록 지원하여 시험의 품질을 제고해주는 역할을 수행한다.

이처럼, 새벗(SEVUT), 새빛(SEVIT), 새틀(SETL), 새품(SEPUM), 새룰(SERULE), 새북(SEBOOK)은 서로 유기적인 연관을 맺어가며 병렬 개발 구간의 품질을 높이고 개발 생산성 향상을 지원한다.

▶ 종료 구간(CC)

종료 구간에 적용하는 자동화 도구 상세 내역을 나타내면 (그림 2-4-4)와 같다.

(그림 2-4-4) 종료 구간에 적용하는 주요 자동화 도구 상세

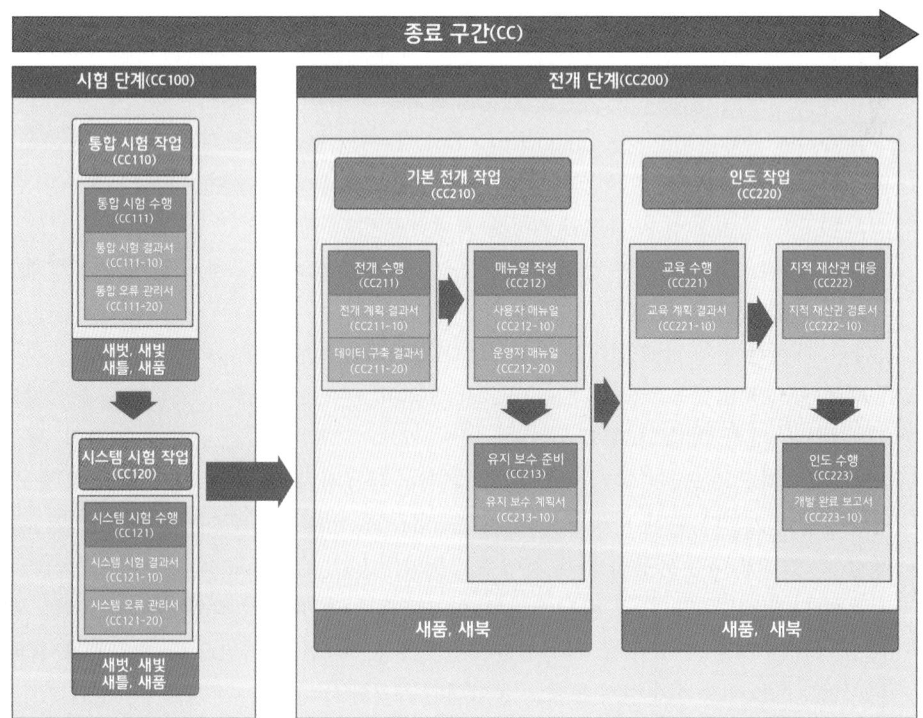

K-Method의 종료 구간에는 시험 단계와 전개 단계의 2단계가 존재한다. 종료 구간은 병렬 개발 구간과는 달리 전통적인 방법론과 유사한 형태로 순차적으로 진행한다.

시험 단계는 통합 시험 작업 세그먼트와 시스템 시험 작업 세그먼트를 포함한다. 통합 시험 작업 세그먼트 내에는 통합 시험 수행 태스크, 시스템 시험 작업 세그먼트 내에는 시스템 시험 수행 태스크가 존재한다.

시험 단계는 구현의 완료와 더불어 모든 단위 시험까지 마친 내역에 대해 시험을 하는 단계이다. 통합적인 차원에서 모든 기능과 인터페이스 연결 상태, 업무 프로세스의 적정한 동작을 시험하고, 모든 비기능 시험도 실시하는 단계이다.

통합 시험 작업 세그먼트에서는 모든 기능과 인터페이스를 구비한 상태에서의 통합적인 시험을 실시한다.

새벗, 새틀, 새빛은 융합적으로 작동하며 통합 시험을 지원한다. 그리고 새품은 체크리스트 형태로 품질 점검을 지원한다.

시스템 시험 작업 세그먼트에서는 통합 시험을 완료한 시스템에 대해 성능, 부하, 보안 등 제반 비기능 요구 사항의 시험을 실시한다.

새벗, 새틀, 새빛은 융합적으로 작동하며 시스템 시험을 지원한다. 그리고 새품은 체크리스트 형태로 품질 점검을 지원한다.

전개 단계는 시험을 완료한 시스템을 인도하기까지의 과정을 수행하는 단계이다.

전개 단계는 기본 전개 작업 세그먼트와 인도 작업 세그먼트의 2가지 세그먼트를 포함한다.

기본 전개 작업 세그먼트는 전개 수행 태스크, 매뉴얼 작성 태스크, 유지 보수 준비 태스크의 3개 태스크를 포함한다. 인도 작업 세그먼트는 교육 수행 태스크, 지적 재산권 대응 태스크, 인도 수행 태스크의 3개 태스크를 포함한다.

새품은 전개 단계의 기본 전개 작업 세그먼트와 인도 작업 세그먼트의 품질 점검을 지원한다.

전개 단계의 경우에는 데이터 전환을 위한 건수 및 내용의 양면적인 측면에서 데이터 전환의 완전성을 점검하기 위해 새품을 사용한다.

새품은 체크리스트 형태로 전개 단계의 기타 품질 점검을 지원한다

새북은 전개 단계의 지원을 '집단 지성(collective intelligence)'의 관점에서 지원하는 자동화 도구이다. 기본 전개 작업 세그먼트에서 매뉴얼 작성 태스크의 사용자 매뉴얼과 운영자 매뉴얼의 작업을 지원한다. 세부적으로는 스마트 러닝(smart learning) 형태의 쌍방향 소통을 실현하여 집단 지성의 구현을 지원한다. 또한, 교육 수행 태스크, 지적 재산권 대응 태스크, 인도 수행 태스크의 3개 태스크도 스마트 러닝 형태의 쌍방향 소통을 실현하여 집단 지성의 구현을 지원한다.

이들 도구는 (주)소프트웨어품질기술원에서 개발하여 적용하고 있는 것들이다. 아울러, K-Method는 각 공정의 목적에 맞는 어떠한 타사 도구도 유연하게 적용을 허용한다.

제 3 장

단계별 K-Method 적용 가이드

3.1 K-Method 개발 프로세스 설명

병렬형 SW 개발 방법론인 K-Method는 준비(PR), 병렬 개발(PD), 종료(CC)의 3구간으로 나뉘어 있다.

준비 구간에서는 개발 작업을 본격적으로 시작하기 전에 필요한 사항들의 준비를 행한다. 병렬 개발 구간에서는 분석, 설계, 구현 과정을 병렬적으로 융합하는 형태의 진화적인 개발을 행한다. 종료 구간에서는 개발된 시스템에 대한 시험 및 전개를 거쳐 성과물을 인도한다.

3.1.1 K-Method 전체 구성도

병렬형 SW 개발 방법론인 K-Method는 (그림 3-1-1)과 같이 준비, 병렬 개발, 종료의 3개 구간 속에 착수, 분석, 설계, 구현, 시험, 전개의 6개 단계(phase), 17개 세그먼트(segment), 32개 태스크(task)를 포함한다.

(그림 3-1-1) K-Method의 전체 구성도

준비 구간(PR)
착수 단계
총괄 준비 작업 (PR110)
수행 계획 수립 (PR111)
개발 표준 설정 (PR112)
개발 도구 지정 (PR113)
시스템정의 작업 (PR120)
인터뷰 수행 (PR121)
시스템 분석 (PR122)
아키텍처 정의 (PR123)
요구 정의 작업 (PR130)
요구 사항 정의 (PR131)
개발 범위 확인 (PR132)
요구 검증 계획 수립 (PR133)

병렬 개발 구간(PD)
분석 단계
사용자 작업 (PD110)
사용자 이벤트 분석 (PD111)
프로세스 작업 (PD120)
기능 및 인과 분석 (PD121)
시스템 시험 계획 (PD122)
데이터 작업 (PD130)
코드 분석 (PD131)
설계 단계
사용자 작업 (PD210)
화면 보고서 설계 (PD211)
인터페이스 설계 (PD212)
프로세스 작업 (PD220)
기능 설계 (PD221)
통합 시험 계획 (PD222)
데이터 작업 (PD230)
데이터베이스 설계 (PD231)
교차 설계 (PD232)
데이터 설계 (PD233)
구현 단계
사용자 작업 (PD310)
화면 보고서 구현 (PD311)
프로세스 작업 (PD320)
기능 구현 (PD321)
데이터 작업 (PD330)
데이터베이스 구현 (PD331)
단위 시험 작업 (PD340)
단위 시험 수행 (PD341)

종료 구간(CC)
시험 단계
통합 시험 작업 (CC110)
통합 시험 수행 (CC111)
시스템 시험 작업 (CC120)
시스템 시험 수행 (CC121)
전개 단계
기본 전개 작업 (CC210)
전개 수행 (CC211)
매뉴얼 작성 (CC212)
유지 보수 준비 (CC213)
인도 작업 (CC220)
교육 수행 (CC221)
지적 재산권 대응 (CC222)
인도 수행 (CC223)

SW 개발을 위해서는 준비 구간(PR section)이 포함하고 있는 착수 단계를 먼저 수행한다. 이어서, 병렬 개발 구간(PD section)이 포함하고 있는 분석, 설계, 구현 단계의 병행적 작업을 진화적으로 수행한다. 이런 식으로 SW를 병렬형 접근을 통해 개발한다. 이때 구현 단계에서는 사용자 작업, 프로세스 작업, 데이터 작업 세그먼트를 융합하여 단위 시험 작업 세그먼트와 순환적으로 연계 작업을 수행한다.

병렬 개발 구간에서의 작업을 마치면, 종료 구간(CC section)이 포함하고 있는 시험 단계와 전개 단계를 거쳐 SW의 인도 작업을 행한다. 이러한 과정을 거쳐 SW 개발 사업을 완료한다.

3.1.2 K-Method 표준 프로세스 및 산출물

K-Method의 각 구간별 단계 내의 세그먼트와 세부 태스크 간의 표준 프로세스 구성을 설명하고, 각 태스크를 수행하는 과정에서 생성하는 산출물을 제시하면 다음과 같다.

3.1.2.1 K-Method 표준 프로세스

K-Method의 준비(PR), 병렬 개발(PD), 종료(CC)의 3개 구간(section)이 각각 포함하는 단계(phase), 세그먼트(segment), 태스크(task) 간의 인과 관계(因果關係, cause and effect)는 다음과 같다.

▶ 준비 구간(PR)

준비 구간은 착수 단계를 포함한다. 착수 단계는 총괄 준비 작업, 시스템 정의 작업, 요구 정의 작업의 3개 세그먼트를 포함한다.

이들 3개 세그먼트에서는 모두 직렬형으로 작업을 진행한다. 그 이유는 준비 단계에서는 다른 영역의 작업자 간의 병행적인 정보 교환이나 의사 소통보다는 순차적인 형태의 연계 작업을 중심으로 하기 때문이다.

총괄 준비 작업 세그먼트는 수행 계획 수립, 개발 표준 설정, 개발 도구 지정의 3개 태스크로 이루어진다.

시스템 정의 작업 세그먼트는 인터뷰 수행, 시스템 분석, 아키텍처 정의의 3개 태스크로 이루어진다.

요구 정의 작업 세그먼트는 요구 사항 정의, 개발 범위 확인, 요구 검증 계획 수립의 3개 태스크로 이루어진다.

착수 단계에서의 세그먼트 진행 순서는 총괄 준비 작업, 시스템 정의 작업, 요구 정의 작업의 순이다. 또한, 각 세그먼트 내에서의 태스크의 흐름은 (그림 3-1-2)에서 나타낸 바와 같은 형태의 진행 과정을 거친다.

(그림 3-1-2) K-Method의 준비 구간 표준 프로세스

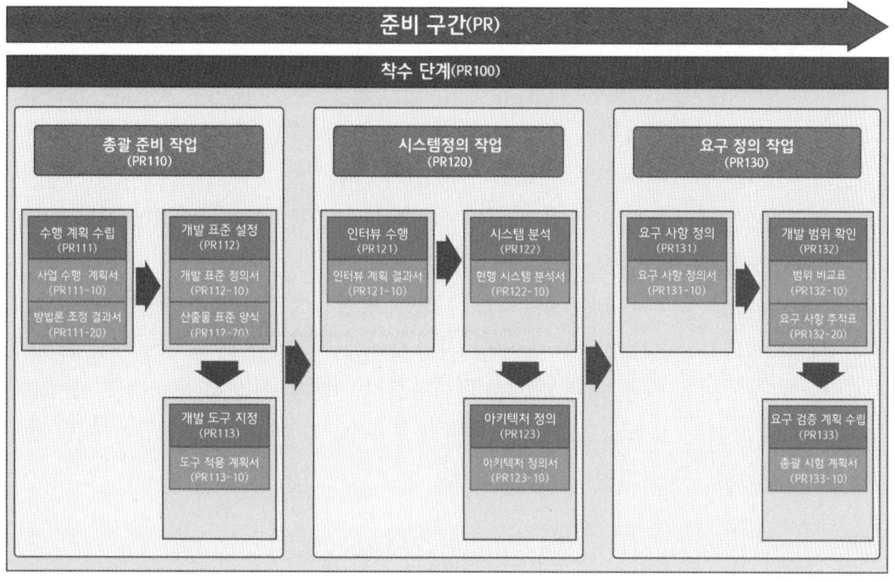

▶ 병렬 개발 구간(PD)

병렬 개발 구간은 분석 단계, 설계 단계, 구현 단계의 3단계를 포함한다. 각각의 단계는 병렬적으로 융합이 이루어진다. 이를 통해 점진적인 개발을 수행하는 형태로 진행한다. 각 단계는 사용자 작업, 프로세스 작업, 데이터 작업의 3개 세그먼트를 각각 포함한다.

분석 단계에서의 사용자 작업 세그먼트는 사용자 이벤트 분석의 1개 태스크로 이루어진다.

분석 단계에서의 프로세스 작업 세그먼트는 기능 및 인과 분석, 시스템 시험 계획의 2개 태스크로 이루어진다.

분석 단계에서의 데이터 작업 세그먼트는 코드 분석의 1개 태스크로 이루어진다.

설계 단계에서의 사용자 작업 세그먼트는 화면 보고서 설계, 인터페이스 설계의 2개 태스크로 이루어진다.

설계 단계에서의 프로세스 작업 세그먼트는 기능 설계, 통합 시험 계획의 2개 태스크로 이루어진다.

설계 단계에서의 데이터 작업 세그먼트는 데이터베이스 설계, 교차 설계, 데이터 설계의 3개 태스크로 이루어진다.

구현 단계에서의 사용자 작업 세그먼트는 화면 보고서 구현의 1개 태스크로 이루어진다.

구현 단계에서의 프로세스 작업 세그먼트는 기능 구현의 1개 태스크로 이루어진다.

구현 단계에서의 데이터 작업 세그먼트는 데이터베이스 구현의 1개 태스크로 이루어진다. 구현 단계에서는 단위 시험 작업 세그먼트를 1개 더 포함한다. 단위 시험 작업 세그먼트는 단위 시험 수행의 1개 태스크로 이루어진다.

각 단계별 세그먼트는 사용자 작업, 프로세스 작업, 데이터 작업의 세그먼트별로 작업을 한다. 분석 단계, 설계 단계, 구현 단계가 서로 연관을 맺으며, 3개의 차선이 병렬로 늘어서 진행하는 형태로 수행한다. 여기에 구현 단계에서는 사용자 작업, 프로세스 작업, 데이터 작업을 모두 융합하고, 그 결과를 단위 시험 작업 세그먼트와 순환적으로 작업을 수행해나가는 형태로 진행한다.

병렬 개발 구간의 제반 세부적인 공정을 병렬적으로 수행하려면 새빛(SEVIT)이나 새틀(SETL)과 같은 자동화 도구를 사용해야 한다. 자동화 도구의 지원을 받지 않아 분석 단계, 설계 단계, 구현 단계를 병렬형으로 진행할 수 없다 하더라도, K-Metnod는 직렬형 작업도 효율적으로 지원한다. 폭포수형, 점증형, 기민형 같은 직렬형 공정도 K-Method는 무리없이 지원한다.

(그림 3-1-3) K-Method의 병렬 개발 구간 표준 프로세스

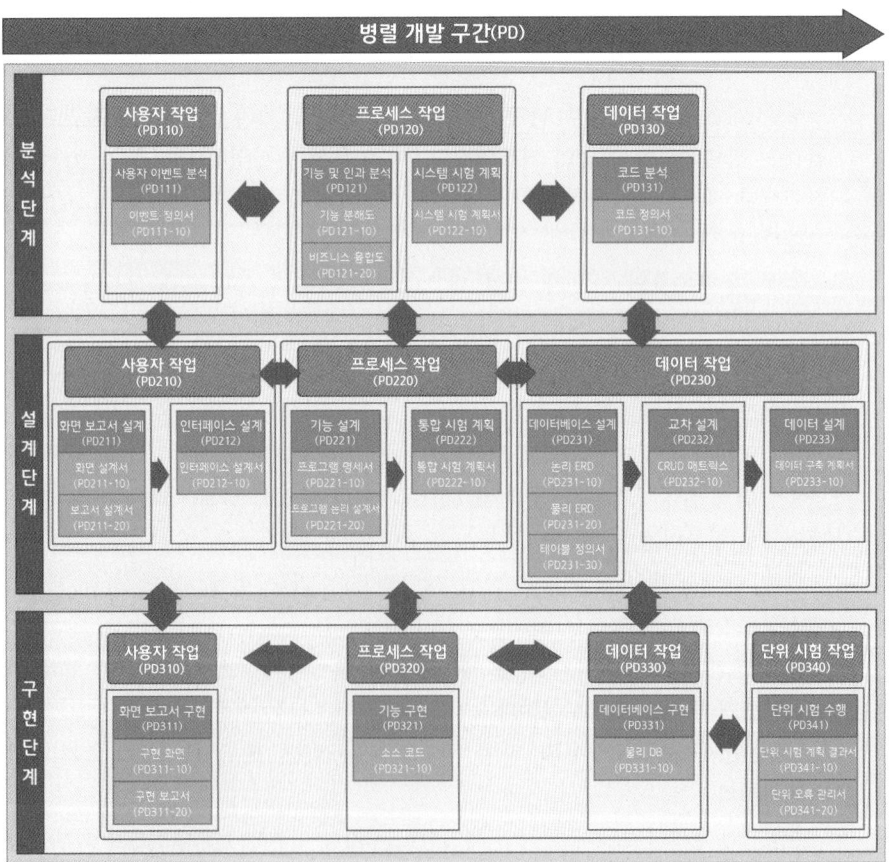

▶ 종료 구간(CC)

종료 구간은 시험 단계, 전개 단계의 2단계를 포함한다. 종료 구간의 모든 단계는 직렬형으로 진행한다. 그 이유는 작업이 순차적인 연계 중심으로 행해지기 때문이다.

시험 단계는 통합 시험 작업, 시스템 시험 작업의 2개 세그먼트를 포함한다.

통합 시험 작업 세그먼트는 통합 시험 수행의 1개 태스크로 이루어진다.

시스템 시험 작업 세그먼트는 시스템 시험 수행의 1개 태스크로 이루어진다.

단위 시험 작업 세그먼트는 구현 단계로 통합이 이루어져 있어, 시험 단계에서는 제외한다.

시험 단계에서의 세그먼트 진행 순서는 통합 시험 작업, 시스템 시험 작업의 순이다.

전개 단계는 기본 전개 작업, 인도 작업의 2개 세그먼트를 포함한다.

기본 전개 작업 세그먼트는 전개 수행, 매뉴얼 작성, 유지 보수 준비의 3개 태스크로 이루어진다.

인도 작업 세그먼트는 교육 수행, 지적 재산권 대응, 인도 수행의 3개 태스크로 이루어진다.

전개 단계에서의 세그먼트 진행 순서는 기본 전개 작업, 인도 작업의 순이다.

종료 구간의 시험 단계와 전개 단계의 각 세그먼트는 순차적으로 진행하는 것을 원칙으로 한다. 다만, 사업을 진행하는 과정에서 일부 순서를 바꿔야 할 경우가 발생할 시에는 테일러링을 통해 조정한다.

기본 전개 작업과 인도 작업을 모두 마치면 사업을 종료한다.

(그림 3-1-4) K-Method의 종료 구간 표준 프로세스

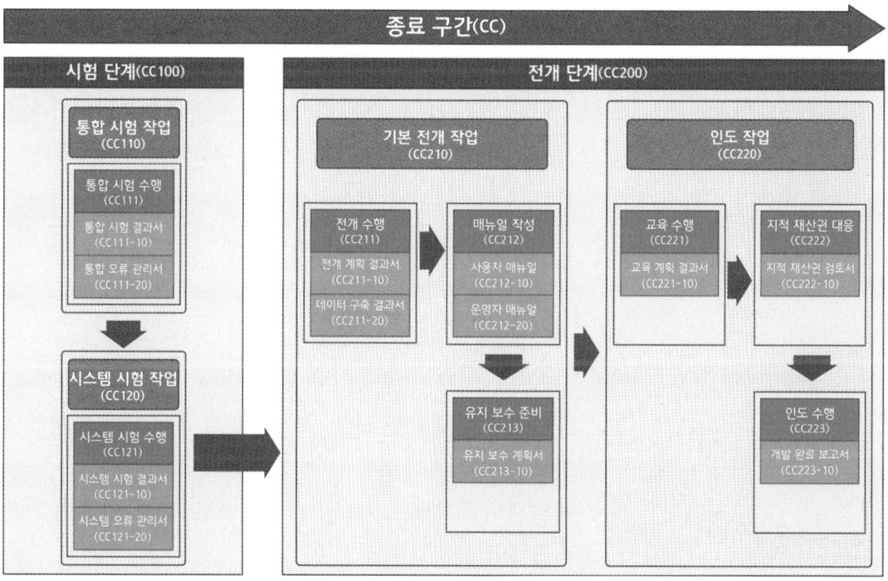

3.1.2.2 K-Method 표준 프로세스 산출물

K-Method의 준비(PR), 병렬 개발(PD), 종료(CC)의 3구간이 각각 포함하는 단계, 세그먼트, 태스크별로 표준 프로세스 수행 시에 생성하여 관리하는 산출물에 대해 기술해 보겠다.

산출물은 반드시 작성해야 하는 필수 산출물과 프로젝트의 특성에 따라 작성 여부를 판단하여 결정할 수 있는 선택 산출물로 구분할 수 있다.

필수 산출물을 결정하는 기준을 K-Method에서는 크게 5가지로 나눠서 생각한다. 생명 주기(life cycle), 소프트웨어 유형(software type), 개발 주체(development party), 사업 규모(project scale), 데이터베이스 사용(DB usage)의 5가지 요소이다.

소프트웨어 프로젝트를 수행함에 있어서 K-Method를 적용할 때에는 반드시 이 다섯가지 고려 요소를 조합하여 적용 유형을 결정한 후, 그에 맞춰 테일러링한 프로세스와 산출물을 적용하는 것이 중요하다.

5가지 고려 요소별 세부 내역을 정리하여 나타내면 아래의 표와 같다.

〈표 3-1-1〉 소프트웨어 생명 주기

생명 주기 구분	약어	세부 내역
신규 개발	신	기존의 시스템이 없는 상태에서 신규로 개발하는 사업
고도화	고	기존의 시스템이 있는 상태에서 개선, 추가, 통합 등을 하는 사업
운영	운	개발을 완료한 시스템을 운영하거나 유지 보수하는 사업

〈표 3-1-2〉 소프트웨어 유형

SW 유형 구분	약어	세부 내역
시스템 SW	시	OS, AI 코어 , 프레임워크 등 시스템 코어에 해당하는 소프트웨어
응용 SW	응	관리, AI 적용, 웹 시스템 등 응용에 해당하는 소프트웨어
패키지 SW	패	오피스 프로그램처럼 패키지로 배포가 이루어지는 소프트웨어
내장 SW	내	IoT 프로그램처럼 하드웨어 시스템에 내장하는 소프트웨어

〈표 3-1-3〉 개발 주체

개발 주체 구분	약어	세부 내역
자체 개발	자	소프트웨어를 필요로 하는 기업이나 조직이 자체적으로 소프트웨어를 개발하는 사업
외주 개발	외	소프트웨어를 필요로 하는 기업이나 조직이 외부에 의뢰하여 소프트웨어를 개발하는 사업

〈표 3-1-4〉 사업 규모

사업 규모 구분	약어	세부 내역
대규모	대	20억 이상
중규모	중	5억 이상 ~ 20억 미만
소규모	소	5억 미만

〈표 3-1-5〉 데이터베이스 사용

DB 사용 구분	약어	세부 내역
미사용	미	DB나 DW 등을 전혀 사용하지 않음
사용	사	DB나 DW 등을 사용함

▶ K-Method 표준 프로세스 산출물 적용 방법

K-Method의 적용 과정에서 사용하는 표준 프로세스 산출물은 기본적으로 전체 46개가 있다. 단, 구현 화면, 구현 보고서, 소스 코드, 물리 DB 등은 실제 물리적으로 구현한 모습을 의미한다.

사업의 특성에 따라 작성해야 하는 필수 산출물도 달라진다. 〈표 3-1-6〉에 필수 산출물 결정을 위한 사업 특성 구분을 제시하였다. 다만, 본 서에서는 현실적으로 구분의 적용에 있어서, 소프트웨어 생명 주기의 경우 개발, 고도화로 한정하였다. 소프트웨어 유형의 경우 응용 소프트웨어, 내장(embedded) 소프트웨어로 한정하였다. 개발 주체의 경우 응용 소프트웨어에는 외주 개발, 내장 소프트웨어에는 자체 개발로 한정하였다. 사업 규모의 경우는 응용 소프트웨어에만 소규모, 중규모, 대규모, 내장 소프트웨어에는 소규모만으로 한정하였다. 데이터베이스 사용의 경우, 응용 소프트웨어에는 사용, 내장 소프트웨어에는 미사용, 사용에 한정하여 필수 산출물을 맞춤형으로 제시하였다. 이렇게 제시하는 이유는, 본 서의 원리 편에서 제시하는 필수 산출물 구분 방법만 이해하면 기타 응용에 따른 산출물을 테일러링 하는 것이 쉬워지기 때문이다.

예를 들어, 데이터베이스 사용에 따른 필수 산출물 작성 내역을 이해했다고 하자. 이를 통해, 데이터베이스를 사용하지 않을 경우, 해당 데이터 모델과 관련한 산출물을 작성하지 않도록 테일러링할 수 있음을 쉽게 이해할 수 있다.

본 서에서 제시하는 산출물 중 필수 산출물의 경우, 해당 사업의 특성에서는 반드시 작성하는 것이 안정적이고 고품질을 도모하여 사업을 성공시킬 수 있음을 나타낸 것이다. 따라서 특별한 사정이 없는 한, 지키는 것이 좋다.

본 서에서 제시하는 필수 산출물 결정을 위한 패턴을 분류하면 아래와 같이 10가지 패턴으로 구분할 수 있다. 기타의 경우에는 (주)소프트웨어품질기술원에 문의바란다.

〈표 3-1-6〉 필수 산출물 결정을 위한 사업 특성 구분 방법

유형 번호	약어	생명 주기	SW 유형	개발 주체	사업 규모	DB 사용	적용빈도
1	신응외소사	신규 개발	응용 SW	외주	소규모	사용	높음
2	신응외중사	신규 개발	응용 SW	외주	중규모	사용	중간
3	신응외대사	신규 개발	응용 SW	외주	대규모	사용	낮음
4	고응외소사	고도화	응용 SW	외주	소규모	사용	높음
5	고응외중사	고도화	응용 SW	외주	중규모	사용	중간
6	고응외대사	고도화	응용 SW	외주	대규모	사용	낮음
7	신내자소미	신규 개발	내장 SW	자체	소규모	미사용	높음
8	신내자소사	신규 개발	내장 SW	자체	소규모	사용	낮음
9	고내자소미	고도화	내장 SW	자체	소규모	미사용	높음
10	고내자소사	고도화	내장 SW	자체	소규모	사용	낮음

▶ **제 1 유형 사업 표준 프로세스 필수 산출물**

〈표 3-1-7〉 제 1 유형 사업 특성

유형 번호	약어	생명 주기	SW 유형	개발 주체	사업 규모	DB 사용	적용빈도
1	신응외소사	신규 개발	응용 SW	외주	소규모	사용	높음

〈표 3-1-8〉 제 1 유형 사업 필수 산출물

단계 (phase)	세그먼트 (segment)	태스크 (task)	산출물 (product)	필수 구분
착수 단계 (PR100)	총괄 준비 작업 (PR110)	수행 계획 수립 (PR111)	사업 수행 계획서 (PR111-10)	○
			방법론 조정 결과서 (PR111-20)	
		개발 표준 설정 (PR112)	개발 표준 정의서 (PR112-10)	
			산출물 표준 양식 (PR112-20)	

단계 (phase)	세그먼트 (segment)	태스크 (task)	산출물 (product)	필수 구분
착수 단계 (PR100)	총괄 준비 작업 (PR110)	개발 도구 지정 (PR113)	도구 적용 계획서 (PR113-10)	
	시스템 정의 작업 (PR120)	인터뷰 수행 (PR121)	인터뷰 계획 결과서 (PR121-10)	
		시스템 분석 (PR122)	현행 시스템 분석서 (PR122-10)	
		아키텍처 정의 (PR123)	아키텍처 정의서 (PR123-10)	
	요구 정의 작업 (PR130)	요구 사항 정의 (PR131)	요구 사항 정의서 (PR131-10)	○
		개발 범위 확인 (PR132)	범위 비교표 (PR132-10)	○
			요구 사항 추적표 (PR132-20)	○
		요구 검증 계획 수립 (PR133)	총괄 시험 계획서 (PR133-10)	
분석 단계 (PD100)	사용자 작업 (PD110)	사용자 이벤트 분석 (PD111)	이벤트 정의서 (PD111-10)	
	프로세스 작업 (PD120)	기능 및 인과 분석 (PD121)	기능 분해도 (PD121-10)	○
			비즈니스 융합도 (PD121-20)	
		시스템 시험 계획 (PD122)	시스템 시험 계획서 (PD122-10)	
	데이터 작업 (PD130)	코드 분석 (PD131)	코드 정의서 (PD131-10)	
설계 단계 (PD200)	사용자 작업 (PD210)	화면 보고서 설계 (PD211)	화면 설계서 (PD211-10)	○
			보고서 설계서 (PD211-20)	
		인터페이스 설계 (PD212)	인터페이스 설계서 (PD212-10)	
	프로세스 작업 (PD220)	기능 설계 (PD221)	프로그램 명세서 (PD221-10)	○
			프로그램 논리 설계서 (PD221-20)	○

단계 (phase)	세그먼트 (segment)	태스크 (task)	산출물 (product)	필수 구분
설계 단계 (PD200)	프로세스 작업 (PD220)	통합 시험 계획 (PD222)	통합 시험 계획서 (PD222-10)	○
	데이터 작업 (PD230)	데이터베이스 설계 (PD231)	논리 ERD (PD231-10)	○
			물리 ERD (PD231-20)	○
			테이블 정의서 (PD231-30)	○
		교차 설계 (PD232)	CRUD 매트릭스 (PD232-10)	○
		데이터 설계 (PD233)	데이터 구축 계획서 (PD233-10)	
구현 단계 (PD300)	사용자 작업 (PD310)	화면 보고서 구현 (PD311)	구현 화면 (PD311-10)	○
			구현 보고서 (PD311-20)	○
	프로세스 작업 (PD320)	기능 구현 (PD321)	소스 코드 (PD321-10)	○
	데이터 작업 (PD330)	데이터베이스 구현 (PD331)	물리 DB (PD331-10)	○
	단위 시험 작업 (PD340)	단위 시험 수행 (PD341)	단위 시험 계획 결과서 (PD341-10)	○
			단위 오류 관리서 (PD341-20)	○
시험 단계 (CC100)	통합 시험 작업 (CC110)	통합 시험 수행 (CC111)	통합 시험 결과서 (CC111-10)	○
			통합 오류 관리서 (CC111-20)	○
	시스템 시험 작업 (CC120)	시스템 시험 수행 (CC121)	시스템 시험 결과서 (CC121-10)	
			시스템 오류 관리서 (CC121-20)	
전개 단계 (CC200)	기본 전개 작업 (CC210)	전개 수행 (CC211)	전개 계획 결과서 (CC211-10)	
			데이터 구축 결과서 (CC211-20)	○

단계 (phase)	세그먼트 (segment)	태스크 (task)	산출물 (product)	필수 구분
전개 단계 (CC200)	기본 전개 작업 (CC210)	매뉴얼 작성 (CC212)	사용자 매뉴얼 (CC212-10)	○
			운영자 매뉴얼 (CC212-20)	
		유지 보수 준비 (CC213)	유지 보수 계획서 (CC213-10)	○
	인도 작업 (CC220)	교육 수행 (CC221)	교육 계획 결과서 (CC221-10)	○
		지적 재산권 대응 (CC222)	지적 재산권 검토서 (CC222-10)	
		인도 수행 (CC223)	개발 완료 보고서 (CC223-10)	○

▶ 제 2 유형 사업 표준 프로세스 필수 산출물

〈표 3-1-9〉 제 2 유형 사업 특성

유형 번호	약어	생명 주기	SW 유형	개발 주체	사업 규모	DB 사용	적용빈도
2	신응외중사	신규 개발	응용 SW	외주	중규모	사용	중간

〈표 3-1-10〉 제 2 유형 사업 필수 산출물

단계 (phase)	세그먼트 (segment)	태스크 (task)	산출물 (product)	필수 구분
착수 단계 (PR100)	총괄 준비 작업 (PR110)	수행 계획 수립 (PR111)	사업 수행 계획서 (PR111-10)	○
			방법론 조정 결과서 (PR111-20)	○
		개발 표준 설정 (PR112)	개발 표준 정의서 (PR112-10)	○
			산출물 표준 양식 (PR112-20)	
		개발 도구 지정 (PR113)	도구 적용 계획서 (PR113-10)	

단계 (phase)	세그먼트 (segment)	태스크 (task)	산출물 (product)	필수 구분
착수 단계 (PR100)	시스템 정의 작업 (PR120)	인터뷰 수행 (PR121)	인터뷰 계획 결과서 (PR121-10)	
		시스템 분석 (PR122)	현행 시스템 분석서 (PR122-10)	
		아키텍처 정의 (PR123)	아키텍처 정의서 (PR123-10)	○
	요구 정의 작업 (PR130)	요구 사항 정의 (PR131)	요구 사항 정의서 (PR131-10)	○
		개발 범위 확인 (PR132)	범위 비교표 (PR132-10)	○
			요구 사항 추적표 (PR132-20)	○
		요구 검증 계획 수립 (PR133)	총괄 시험 계획서 (PR133-10)	○
분석 단계 (PD100)	사용자 작업 (PD110)	사용자 이벤트 분석 (PD111)	이벤트 정의서 (PD111-10)	
	프로세스 작업 (PD120)	기능 및 인과 분석 (PD121)	기능 분해도 (PD121-10)	○
			비즈니스 융합도 (PD121-20)	○
		시스템 시험 계획 (PD122)	시스템 시험 계획서 (PD122-10)	○
	데이터 작업 (PD130)	코드 분석 (PD131)	코드 정의서 (PD131-10)	○
설계 단계 (PD200)	사용자 작업 (PD210)	화면 보고서 설계 (PD211)	화면 설계서 (PD211-10)	○
			보고서 설계서 (PD211-20)	○
		인터페이스 설계 (PD212)	인터페이스 설계서 (PD212-10)	○
	프로세스 작업 (PD220)	기능 설계 (PD221)	프로그램 명세서 (PD221-10)	○
			프로그램 논리 설계서 (PD221-20)	○
		통합 시험 계획 (PD222)	통합 시험 계획서 (PD222-10)	○

단계 (phase)	세그먼트 (segment)	태스크 (task)	산출물 (product)	필수 구분
설계 단계 (PD200)	데이터 작업 (PD230)	데이터베이스 설계 (PD231)	논리 ERD (PD231-10)	○
			물리 ERD (PD231-20)	○
			테이블 정의서 (PD231-30)	○
		교차 설계 (PD232)	CRUD 매트릭스 (PD232-10)	○
		데이터 설계 (PD233)	데이터 구축 계획서 (PD233-10)	
구현 단계 (PD300)	사용자 작업 (PD310)	화면 보고서 구현 (PD311)	구현 화면 (PD311-10)	○
			구현 보고서 (PD311-20)	○
	프로세스 작업 (PD320)	기능 구현 (PD321)	소스 코드 (PD321-10)	○
	데이터 작업 (PD330)	데이터베이스 구현 (PD331)	물리 DB (PD331-10)	○
	단위 시험 작업 (PD340)	단위 시험 수행 (PD341)	단위 시험 계획 결과서 (PD341-10)	○
			단위 오류 관리서 (PD341-20)	○
시험 단계 (CC100)	통합 시험 작업 (CC110)	통합 시험 수행 (CC111)	통합 시험 결과서 (CC111-10)	○
			통합 오류 관리서 (CC111-20)	○
	시스템 시험 작업 (CC120)	시스템 시험 수행 (CC121)	시스템 시험 결과서 (CC121-10)	○
			시스템 오류 관리서 (CC121-20)	○
전개 단계 (CC200)	기본 전개 작업 (CC210)	전개 수행 (CC211)	전개 계획 결과서 (CC211-10)	○
			데이터 구축 결과서 (CC211-20)	○
		매뉴얼 작성 (CC212)	사용자 매뉴얼 (CC212-10)	○

단계 (phase)	세그먼트 (segment)	태스크 (task)	산출물 (product)	필수 구분
전개 단계 (CC200)	기본 전개 작업 (CC210)	매뉴얼 작성 (CC212)	운영자 매뉴얼 (CC212-20)	○
		유지 보수 준비 (CC213)	유지 보수 계획서 (CC213-10)	○
	인도 작업 (CC220)	교육 수행 (CC221)	교육 계획 결과서 (CC221-10)	○
		지적 재산권 대응 (CC222)	지적 재산권 검토서 (CC222-10)	○
		인도 수행 (CC223)	개발 완료 보고서 (CC223-10)	○

▶ **제 3 유형 사업 표준 프로세스 필수 산출물**

〈표 3-1-11〉 제 3 유형 사업 특성

유형 번호	약어	생명 주기	SW 유형	개발 주체	사업 규모	DB 사용	적용빈도
3	신응외대사	신규 개발	응용 SW	외주	대규모	사용	낮음

〈표 3-1-12〉 제 3 유형 사업 필수 산출물

단계 (phase)	세그먼트 (segment)	태스크 (task)	산출물 (product)	필수 구분
착수 단계 (PR100)	총괄 준비 작업 (PR110)	수행 계획 수립 (PR111)	사업 수행 계획서 (PR111-10)	○
			방법론 조정 결과서 (PR111-20)	○
		개발 표준 설정 (PR112)	개발 표준 정의서 (PR112-10)	○
			산출물 표준 양식 (PR112-20)	○
		개발 도구 지정 (PR113)	도구 적용 계획서 (PR113-10)	○
	시스템 정의 작업 (PR120)	인터뷰 수행 (PR121)	인터뷰 계획 결과서 (PR121-10)	○

단계 (phase)	세그먼트 (segment)	태스크 (task)	산출물 (product)	필수 구분
착수 단계 (PR100)	시스템 정의 작업 (PR120)	시스템 분석 (PR122)	현행 시스템 분석서 (PR122-10)	
		아키텍처 정의 (PR123)	아키텍처 정의서 (PR123-10)	○
	요구 정의 작업 (PR130)	요구 사항 정의 (PR131)	요구 사항 정의서 (PR131-10)	○
		개발 범위 확인 (PR132)	범위 비교표 (PR132-10)	○
			요구 사항 추적표 (PR132-20)	○
		요구 검증 계획 수립 (PR133)	총괄 시험 계획서 (PR133-10)	○
분석 단계 (PD100)	사용자 작업 (PD110)	사용자 이벤트 분석 (PD111)	이벤트 정의서 (PD111-10)	○
	프로세스 작업 (PD120)	기능 및 인과 분석 (PD121)	기능 분해도 (PD121-10)	○
			비즈니스 융합도 (PD121-20)	○
		시스템 시험 계획 (PD122)	시스템 시험 계획서 (PD122-10)	○
	데이터 작업 (PD130)	코드 분석 (PD131)	코드 정의서 (PD131-10)	○
설계 단계 (PD200)	사용자 작업 (PD210)	화면 보고서 설계 (PD211)	화면 설계서 (PD211-10)	○
			보고서 설계서 (PD211-20)	○
		인터페이스 설계 (PD212)	인터페이스 설계서 (PD212-10)	○
	프로세스 작업 (PD220)	기능 설계 (PD221)	프로그램 명세서 (PD221-10)	○
			프로그램 논리 설계서 (PD221-20)	○
		통합 시험 계획 (PD222)	통합 시험 계획서 (PD222-10)	○
	데이터 작업 (PD230)	데이터베이스 설계 (PD231)	논리 ERD (PD231-10)	○

단계 (phase)	세그먼트 (segment)	태스크 (task)	산출물 (product)	필수 구분
설계 단계 (PD200)	데이터 작업 (PD230)	데이터베이스 설계 (PD231)	물리 ERD (PD231-20)	○
			테이블 정의서 (PD231-30)	○
		교차 설계 (PD232)	CRUD 매트릭스 (PD232-10)	○
		데이터 설계 (PD233)	데이터 구축 계획서 (PD233-10)	○
구현 단계 (PD300)	사용자 작업 (PD310)	화면 보고서 구현 (PD311)	구현 화면 (PD311-10)	○
			구현 보고서 (PD311-20)	○
	프로세스 작업 (PD320)	기능 구현 (PD321)	소스 코드 (PD321-10)	○
	데이터 작업 (PD330)	데이터베이스 구현 (PD331)	물리 DB (PD331-10)	○
	단위 시험 작업 (PD340)	단위 시험 수행 (PD341)	단위 시험 계획 결과서 (PD341-10)	○
			단위 오류 관리서 (PD341-20)	○
시험 단계 (CC100)	통합 시험 작업 (CC110)	통합 시험 수행 (CC111)	통합 시험 결과서 (CC111-10)	○
			통합 오류 관리서 (CC111-20)	○
	시스템 시험 작업 (CC120)	시스템 시험 수행 (CC121)	시스템 시험 결과서 (CC121-10)	○
			시스템 오류 관리서 (CC121-20)	○
전개 단계 (CC200)	기본 전개 작업 (CC210)	전개 수행 (CC211)	전개 계획 결과서 (CC211-10)	○
			데이터 구축 결과서 (CC211-20)	○
		매뉴얼 작성 (CC212)	사용자 매뉴얼(CC212-10)	○
			운영자 매뉴얼 (CC212-20)	○

단계 (phase)	세그먼트 (segment)	태스크 (task)	산출물 (product)	필수 구분
전개 단계 (CC200)	기본 전개 작업 (CC210)	유지 보수 준비 (CC213)	유지 보수 계획서 (CC213-10)	○
	인도 작업 (CC220)	교육 수행 (CC221)	교육 계획 결과서 (CC221-10)	○
		지적 재산권 대응 (CC222)	지적 재산권 검토서 (CC222-10)	○
		인도 수행 (CC223)	개발 완료 보고서 (CC223-10)	○

▶ 제 4 유형 사업 표준 프로세스 필수 산출물

〈표 3-1-13〉 제 4 유형 사업 특성

유형 번호	약어	생명 주기	SW 유형	개발 주체	사업 규모	DB 사용	적용빈도
4	고응외소사	고도화	응용 SW	외주	소규모	사용	높음

〈표 3-1-14〉 제 4 유형 사업 필수 산출물

단계 (phase)	세그먼트 (segment)	태스크 (task)	산출물 (product)	필수 구분
착수 단계 (PR100)	총괄 준비 작업 (PR110)	수행 계획 수립 (PR111)	사업 수행 계획서 (PR111-10)	○
			방법론 조정 결과서 (PR111-20)	○
		개발 표준 설정 (PR112)	개발 표준 정의서 (PR112-10)	
			산출물 표준 양식 (PR112-20)	
		개발 도구 지정 (PR113)	도구 적용 계획서 (PR113-10)	
	시스템 정의 작업 (PR120)	인터뷰 수행 (PR121)	인터뷰 계획 결과서 (PR121-10)	○
		시스템 분석 (PR122)	현행 시스템 분석서 (PR122-10)	○

단계 (phase)	세그먼트 (segment)	태스크 (task)	산출물 (product)	필수 구분
착수 단계 (PR100)	시스템 정의 작업 (PR120)	아키텍처 정의 (PR123)	아키텍처 정의서 (PR123-10)	○
	요구 정의 작업 (PR130)	요구 사항 정의 (PR131)	요구 사항 정의서 (PR131-10)	○
		개발 범위 확인 (PR132)	범위 비교표 (PR132-10)	○
			요구 사항 추적표 (PR132-20)	○
		요구 검증 계획 수립 (PR133)	총괄 시험 계획서 (PR133-10)	
분석 단계 (PD100)	사용자 작업 (PD110)	사용자 이벤트 분석 (PD111)	이벤트 정의서 (PD111-10)	
	프로세스 작업 (PD120)	기능 및 인과 분석 (PD121)	기능 분해도 (PD121-10)	○
			비즈니스 융합도 (PD121-20)	
		시스템 시험 계획 (PD122)	시스템 시험 계획서 (PD122-10)	
	데이터 작업 (PD130)	코드 분석 (PD131)	코드 정의서 (PD131-10)	
설계 단계 (PD200)	사용자 작업 (PD210)	화면 보고서 설계 (PD211)	화면 설계서 (PD211-10)	○
			보고서 설계서 (PD211-20)	
		인터페이스 설계 (PD212)	인터페이스 설계서 (PD212-10)	
	프로세스 작업 (PD220)	기능 설계 (PD221)	프로그램 명세서 (PD221-10)	○
			프로그램 논리 설계서 (PD221-20)	○
		통합 시험 계획 (PD222)	통합 시험 계획서 (PD222-10)	○
	데이터 작업 (PD230)	데이터베이스 설계 (PD231)	논리 ERD (PD231-10)	○
			물리 ERD (PD231-20)	○

단계 (phase)	세그먼트 (segment)	태스크 (task)	산출물 (product)	필수 구분
설계 단계 (PD200)	데이터 작업 (PD230)	데이터베이스 설계 (PD231)	테이블 정의서 (PD231-30)	○
		교차 설계 (PD232)	CRUD 매트릭스 (PD232-10)	○
		데이터 설계 (PD233)	데이터 구축 계획서 (PD233-10)	
구현 단계 (PD300)	사용자 작업 (PD310)	화면 보고서 구현 (PD311)	구현 화면 (PD311-10)	○
			구현 보고서 (PD311-20)	○
	프로세스 작업 (PD320)	기능 구현 (PD321)	소스 코드 (PD321-10)	○
	데이터 작업 (PD330)	데이터베이스 구현 (PD331)	물리 DB (PD331-10)	○
	단위 시험 작업 (PD340)	단위 시험 수행 (PD341)	단위 시험 계획 결과서 (PD341-10)	○
			단위 오류 관리서 (PD341-20)	○
시험 단계 (CC100)	통합 시험 작업 (CC110)	통합 시험 수행 (CC111)	통합 시험 결과서 (CC111-10)	○
			통합 오류 관리서 (CC111-20)	○
	시스템 시험 작업 (CC120)	시스템 시험 수행 (CC121)	시스템 시험 결과서 (CC121-10)	
			시스템 오류 관리서 (CC121-20)	
전개 단계 (CC200)	기본 전개 작업 (CC210)	전개 수행 (CC211)	전개 계획 결과서 (CC211-10)	
			데이터 구축 결과서 (CC211-20)	○
		매뉴얼 작성 (CC212)	사용자 매뉴얼 (CC212-10)	○
			운영자 매뉴얼 (CC212-20)	
		유지 보수 준비 (CC213)	유지 보수 계획서 (CC213-10)	○

03 단계별 K-Method 적용 가이드

단계 (phase)	세그먼트 (segment)	태스크 (task)	산출물 (product)	필수 구분
전개 단계 (CC200)	인도 작업 (CC220)	교육 수행 (CC221)	교육 계획 결과서 (CC221-10)	○
		지적 재산권 대응 (CC222)	지적 재산권 검토서 (CC222-10)	
		인도 수행 (CC223)	개발 완료 보고서 (CC223-10)	○

▶ **제 5 유형 사업 표준 프로세스 필수 산출물**

〈표 3-1-15〉 제 5 유형 사업 특성

유형 번호	약어	생명 주기	SW 유형	개발 주체	사업 규모	DB 사용	적용빈도
5	고응외중사	고도화	응용 SW	외주	중규모	사용	중간

〈표 3-1-16〉 제 5 유형 사업 필수 산출물

단계 (phase)	세그먼트 (segment)	태스크 (task)	산출물 (product)	필수 구분
착수 단계 (PR100)	총괄 준비 작업 (PR110)	수행 계획 수립 (PR111)	사업 수행 계획서 (PR111-10)	○
			방법론 조정 결과서 (PR111-20)	○
		개발 표준 설정 (PR112)	개발 표준 정의서 (PR112-10)	○
			산출물 표준 양식 (PR112-20)	
		개발 도구 지정 (PR113)	도구 적용 계획서 (PR113-10)	
	시스템 정의 작업 (PR120)	인터뷰 수행 (PR121)	인터뷰 계획 결과서 (PR121-10)	○
		시스템 분석 (PR122)	현행 시스템 분석서 (PR122-10)	○
		아키텍처 정의 (PR123)	아키텍처 정의서 (PR123-10)	○

단계 (phase)	세그먼트 (segment)	태스크 (task)	산출물 (product)	필수 구분
착수 단계 (PR100)	요구 정의 작업 (PR130)	요구 사항 정의 (PR131)	요구 사항 정의서 (PR131-10)	○
		개발 범위 확인 (PR132)	범위 비교표 (PR132-10)	○
			요구 사항 추적표 (PR132-20)	○
		요구 검증 계획 수립 (PR133)	총괄 시험 계획서 (PR133-10)	○
분석 단계 (PD100)	사용자 작업 (PD110)	사용자 이벤트 분석 (PD111)	이벤트 정의서 (PD111-10)	
	프로세스 작업 (PD120)	기능 및 인과 분석 (PD121)	기능 분해도 (PD121-10)	○
			비즈니스 융합도 (PD121-20)	○
		시스템 시험 계획 (PD122)	시스템 시험 계획서 (PD122-10)	○
	데이터 작업 (PD130)	코드 분석 (PD131)	코드 정의서 (PD131-10)	○
설계 단계 (PD200)	사용자 작업 (PD210)	화면 보고서 설계 (PD211)	화면 설계서 (PD211-10)	○
			보고서 설계서 (PD211-20)	○
		인터페이스 설계 (PD212)	인터페이스 설계서 (PD212-10)	○
	프로세스 작업 (PD220)	기능 설계 (PD221)	프로그램 명세서 (PD221-10)	○
			프로그램 논리 설계서 (PD221-20)	○
		통합 시험 계획 (PD222)	통합 시험 계획서 (PD222-10)	○
	데이터 작업 (PD230)	데이터베이스 설계 (PD231)	논리 ERD (PD231-10)	○
			물리 ERD (PD231-20)	○
			테이블 정의서 (PD231-30)	○

단계 (phase)	세그먼트 (segment)	태스크 (task)	산출물 (product)	필수 구분
설계 단계 (PD200)	데이터 작업 (PD230)	교차 설계 (PD232)	CRUD 매트릭스 (PD232-10)	○
		데이터 설계 (PD233)	데이터 구축 계획서 (PD233-10)	○
구현 단계 (PD300)	사용자 작업 (PD310)	화면 보고서 구현 (PD311)	구현 화면 (PD311-10)	○
			구현 보고서 (PD311-20)	○
	프로세스 작업 (PD320)	기능 구현 (PD321)	소스 코드 (PD321-10)	○
	데이터 작업 (PD330)	데이터베이스 구현 (PD331)	물리 DB (PD331-10)	○
	단위 시험 작업 (PD340)	단위 시험 수행 (PD341)	단위 시험 계획 결과서 (PD341-10)	○
			단위 오류 관리서 (PD341-20)	○
시험 단계 (CC100)	통합 시험 작업 (CC110)	통합 시험 수행 (CC111)	통합 시험 결과서 (CC111-10)	○
			통합 오류 관리서 (CC111-20)	○
	시스템 시험 작업 (CC120)	시스템 시험 수행 (CC121)	시스템 시험 결과서 (CC121-10)	○
			시스템 오류 관리서 (CC121-20)	○
전개 단계 (CC200)	기본 전개 작업 (CC210)	전개 수행 (CC211)	전개 계획 결과서 (CC211-10)	○
			데이터 구축 결과서 (CC211-20)	○
		매뉴얼 작성 (CC212)	사용자 매뉴얼 (CC212-10)	○
			운영자 매뉴얼 (CC212-20)	○
		유지 보수 준비 (CC213)	유지 보수 계획서 (CC213-10)	○
	인도 작업 (CC220)	교육 수행 (CC221)	교육 계획 결과서 (CC221-10)	○

단계 (phase)	세그먼트 (segment)	태스크 (task)	산출물 (product)	필수 구분
전개 단계 (CC200)	인도 작업 (CC220)	지적 재산권 대응 (CC222)	지적 재산권 검토서 (CC222-10)	○
		인도 수행 (CC223)	개발 완료 보고서 (CC223-10)	○

▶ 제 6 유형 사업 표준 프로세스 필수 산출물

〈표 3-1-17〉 제 6 유형 사업 특성

유형 번호	약어	생명 주기	SW 유형	개발 주체	사업 규모	DB 사용	적용빈도
6	고응외대사	고도화	응용 SW	외주	대규모	사용	낮음

〈표 3-1-18〉 제 6 유형 사업 필수 산출물

단계 (phase)	세그먼트 (segment)	태스크 (task)	산출물 (product)	필수 구분
착수 단계 (PR100)	총괄 준비 작업 (PR110)	수행 계획 수립 (PR111)	사업 수행 계획서 (PR111-10)	○
			방법론 조정 결과서 (PR111-20)	○
		개발 표준 설정 (PR112)	개발 표준 정의서 (PR112-10)	○
			산출물 표준 양식 (PR112-20)	○
		개발 도구 지정 (PR113)	도구 적용 계획서 (PR113-10)	○
	시스템 정의 작업 (PR120)	인터뷰 수행 (PR121)	인터뷰 계획 결과서 (PR121-10)	○
		시스템 분석 (PR122)	현행 시스템 분석서 (PR122-10)	○
		아키텍처 정의 (PR123)	아키텍처 정의서 (PR123-10)	○
	요구 정의 작업 (PR130)	요구 사항 정의 (PR131)	요구 사항 정의서 (PR131-10)	○

단계 (phase)	세그먼트 (segment)	태스크 (task)	산출물 (product)	필수 구분
착수 단계 (PR100)	요구 정의 작업 (PR130)	개발 범위 확인 (PR132)	범위 비교표 (PR132-10)	○
			요구 사항 추적표 (PR132-20)	○
		요구 검증 계획 수립 (PR133)	총괄 시험 계획서 (PR133-10)	○
분석 단계 (PD100)	사용자 작업 (PD110)	사용자 이벤트 분석 (PD111)	이벤트 정의서 (PD111-10)	○
	프로세스 작업 (PD120)	기능 및 인과 분석 (PD121)	기능 분해도 (PD121-10)	○
			비즈니스 융합도 (PD121-20)	○
		시스템 시험 계획 (PD122)	시스템 시험 계획서 (PD122-10)	○
	데이터 작업 (PD130)	코드 분석 (PD131)	코드 정의서 (PD131-10)	○
설계 단계 (PD200)	사용자 작업 (PD210)	화면 보고서 설계 (PD211)	화면 설계서 (PD211-10)	○
			보고서 설계서 (PD211-20)	○
		인터페이스 설계 (PD212)	인터페이스 설계서 (PD212-10)	○
	프로세스 작업 (PD220)	기능 설계 (PD221)	프로그램 명세서 (PD221-10)	○
			프로그램 논리 설계서 (PD221-20)	○
		통합 시험 계획 (PD222)	통합 시험 계획서 (PD222-10)	○
	데이터 작업 (PD230)	데이터베이스 설계 (PD231)	논리 ERD (PD231-10)	○
			물리 ERD (PD231-20)	○
			테이블 정의서 (PD231-30)	○
		교차 설계 (PD232)	CRUD 매트릭스 (PD232-10)	○

단계 (phase)	세그먼트 (segment)	태스크 (task)	산출물 (product)	필수 구분
설계 단계 (PD200)	데이터 작업 (PD230)	데이터 설계 (PD233)	데이터 구축 계획서 (PD233-10)	○
구현 단계 (PD300)	사용자 작업 (PD310)	화면 보고서 구현 (PD311)	구현 화면 (PD311-10)	○
			구현 보고서 (PD311-20)	○
	프로세스 작업 (PD320)	기능 구현 (PD321)	소스 코드 (PD321-10)	○
	데이터 작업 (PD330)	데이터베이스 구현 (PD331)	물리 DB (PD331-10)	○
	단위 시험 작업 (PD340)	단위 시험 수행 (PD341)	단위 시험 계획 결과서 (PD341-10)	○
			단위 오류 관리서 (PD341-20)	○
시험 단계 (CC100)	통합 시험 작업 (CC110)	통합 시험 수행 (CC111)	통합 시험 결과서 (CC111-10)	○
			통합 오류 관리서 (CC111-20)	○
	시스템 시험 작업 (CC120)	시스템 시험 수행 (CC121)	시스템 시험 결과서 (CC121-10)	○
			시스템 오류 관리서 (CC121-20)	○
전개 단계 (CC200)	기본 전개 작업 (CC210)	전개 수행 (CC211)	전개 계획 결과서 (CC211-10)	○
			데이터 구축 결과서 (CC211-20)	○
		매뉴얼 작성 (CC212)	사용자 매뉴얼 (CC212-10)	○
			운영자 매뉴얼 (CC212-20)	○
		유지 보수 준비 (CC213)	유지 보수 계획서 (CC213-10)	○
	인도 작업 (CC220)	교육 수행 (CC221)	교육 계획 결과서 (CC221-10)	○
		지적 재산권 대응 (CC222)	지적 재산권 검토서 (CC222-10)	○

단계 (phase)	세그먼트 (segment)	태스크 (task)	산출물 (product)	필수 구분
전개 단계 (CC200)	인도 작업 (CC220)	인도 수행 (CC223)	개발 완료 보고서 (CC223-10)	○

▶ **제 7 유형 사업 표준 프로세스 필수 산출물**

〈표 3-1-19〉 제 7 유형 사업 특성

유형 번호	약어	생명 주기	SW 유형	개발 주체	사업 규모	DB 사용	적용빈도
7	신내자소미	신규 개발	내장 SW	자체	소규모	미사용	높음

〈표 3-1-20〉 제 7 유형 사업 필수 산출물

단계 (phase)	세그먼트 (segment)	태스크 (task)	산출물 (product)	필수 구분
착수 단계 (PR100)	총괄 준비 작업 (PR110)	수행 계획 수립 (PR111)	사업 수행 계획서 (PR111-10)	○
			방법론 조정 결과서 (PR111-20)	
		개발 표준 설정 (PR112)	개발 표준 정의서 (PR112-10)	
			산출물 표준 양식 (PR112-20)	
		개발 도구 지정 (PR113)	도구 적용 계획서 (PR113-10)	
	시스템 정의 작업 (PR120)	인터뷰 수행 (PR121)	인터뷰 계획 결과서 (PR121-10)	
		시스템 분석 (PR122)	현행 시스템 분석서 (PR122-10)	
		아키텍처 정의 (PR123)	아키텍처 정의서 (PR123-10)	
	요구 정의 작업 (PR130)	요구 사항 정의 (PR131)	요구 사항 정의서 (PR131-10)	○
		개발 범위 확인 (PR132)	범위 비교표 (PR132-10)	

단계 (phase)	세그먼트 (segment)	태스크 (task)	산출물 (product)	필수 구분
착수 단계 (PR100)	요구 정의 작업 (PR130)	개발 범위 확인 (PR132)	요구 사항 추적표 (PR132-20)	○
		요구 검증 계획 수립 (PR133)	총괄 시험 계획서 (PR133-10)	
분석 단계 (PD100)	사용자 작업 (PD110)	사용자 이벤트 분석 (PD111)	이벤트 정의서 (PD111-10)	
	프로세스 작업 (PD120)	기능 및 인과 분석 (PD121)	기능 분해도 (PD121-10)	○
			비즈니스 융합도 (PD121-20)	
		시스템 시험 계획 (PD122)	시스템 시험 계획서 (PD122-10)	
	데이터 작업 (PD130)	코드 분석 (PD131)	코드 정의서 (PD131-10)	
설계 단계 (PD200)	사용자 작업 (PD210)	화면 보고서 설계 (PD211)	화면 설계서 (PD211-10)	
			보고서 설계서 (PD211-20)	
		인터페이스 설계 (PD212)	인터페이스 설계서 (PD212-10)	
	프로세스 작업 (PD220)	기능 설계 (PD221)	프로그램 명세서 (PD221-10)	○
			프로그램 논리 설계서 (PD221-20)	○
		통합 시험 계획 (PD222)	통합 시험 계획서 (PD222-10)	
	데이터 작업 (PD230)	데이터베이스 설계 (PD231)	논리 ERD (PD231-10)	
			물리 ERD (PD231-20)	
			테이블 정의서 (PD231-30)	
		교차 설계 (PD232)	CRUD 매트릭스 (PD232-10)	
		데이터 설계 (PD233)	데이터 구축 계획서 (PD233-10)	

단계 (phase)	세그먼트 (segment)	태스크 (task)	산출물 (product)	필수 구분
구현 단계 (PD300)	사용자 작업 (PD310)	화면 보고서 구현 (PD311)	구현 화면 (PD311-10)	
			구현 보고서 (PD311-20)	
	프로세스 작업 (PD320)	기능 구현 (PD321)	소스 코드 (PD321-10)	○
	데이터 작업 (PD330)	데이터베이스 구현 (PD331)	물리 DB (PD331-10)	
	단위 시험 작업 (PD340)	단위 시험 수행 (PD341)	단위 시험 계획 결과서 (PD341-10)	○
			단위 오류 관리서 (PD341-20)	○
시험 단계 (CC100)	통합 시험 작업 (CC110)	통합 시험 수행 (CC111)	통합 시험 결과서 (CC111-10)	
			통합 오류 관리서 (CC111-20)	
	시스템 시험 작업 (CC120)	시스템 시험 수행 (CC121)	시스템 시험 결과서 (CC121-10)	
			시스템 오류 관리서 (CC121-20)	
전개 단계 (CC200)	기본 전개 작업 (CC210)	전개 수행 (CC211)	전개 계획 결과서 (CC211-10)	
			데이터 구축 결과서 (CC211-20)	
		매뉴얼 작성 (CC212)	사용자 매뉴얼 (CC212-10)	○
			운영자 매뉴얼 (CC212-20)	○
		유지 보수 준비 (CC213)	유지 보수 계획서 (CC213-10)	
	인도 작업 (CC220)	교육 수행 (CC221)	교육 계획 결과서 (CC221-10)	
		지적 재산권 대응 (CC222)	지적 재산권 검토서 (CC222-10)	○
		인도 수행 (CC223)	개발 완료 보고서 (CC223-10)	○

▶ 제 8 유형 사업 표준 프로세스 필수 산출물

〈표 3-1-21〉 제 8 유형 사업 특성

유형 번호	약어	생명 주기	SW 유형	개발 주체	사업 규모	DB 사용	적용빈도
8	신내자소사	신규개발	내장 SW	자체	소규모	사용	낮음

〈표 3-1-22〉 제 8 유형 사업 필수 산출물

단계 (phase)	세그먼트 (segment)	태스크 (task)	산출물 (product)	필수 구분
착수 단계 (PR100)	총괄 준비 작업 (PR110)	수행 계획 수립 (PR111)	사업 수행 계획서 (PR111-10)	○
			방법론 조정 결과서 (PR111-20)	
		개발 표준 설정 (PR112)	개발 표준 정의서 (PR112-10)	
			산출물 표준 양식 (PR112-20)	
		개발 도구 지정 (PR113)	도구 적용 계획서 (PR113-10)	
	시스템 정의 작업 (PR120)	인터뷰 수행 (PR121)	인터뷰 계획 결과서 (PR121-10)	
		시스템 분석 (PR122)	현행 시스템 분석서 (PR122-10)	
		아키텍처 정의 (PR123)	아키텍처 정의서 (PR123-10)	
	요구 정의 작업 (PR130)	요구 사항 정의 (PR131)	요구 사항 정의서 (PR131-10)	○
		개발 범위 확인 (PR132)	범위 비교표 (PR132-10)	
			요구 사항 추적표 (PR132-20)	○
		요구 검증 계획 수립 (PR133)	총괄 시험 계획서 (PR133-10)	○
분석 단계 (PD100)	사용자 작업 (PD110)	사용자 이벤트 분석 (PD111)	이벤트 정의서 (PD111-10)	

단계 (phase)	세그먼트 (segment)	태스크 (task)	산출물 (product)	필수 구분
분석 단계 (PD100)	프로세스 작업 (PD120)	기능 및 인과 분석 (PD121)	기능 분해도 (PD121-10)	○
			비즈니스 융합도 (PD121-20)	
		시스템 시험 계획 (PD122)	시스템 시험 계획서 (PD122-10)	
	데이터 작업 (PD130)	코드 분석 (PD131)	코드 정의서 (PD131-10)	
설계 단계 (PD200)	사용자 작업 (PD210)	화면 보고서 설계 (PD211)	화면 설계서 (PD211-10)	
			보고서 설계서 (PD211-20)	
		인터페이스 설계 (PD212)	인터페이스 설계서 (PD212-10)	
	프로세스 작업 (PD220)	기능 설계 (PD221)	프로그램 명세서 (PD221-10)	○
			프로그램 논리 설계서 (PD221-20)	○
		통합 시험 계획 (PD222)	통합 시험 계획서 (PD222-10)	
	데이터 작업 (PD230)	데이터베이스 설계 (PD231)	논리 ERD (PD231-10)	○
			물리 ERD (PD231-20)	○
			테이블 정의서 (PD231-30)	○
		교차 설계 (PD232)	CRUD 매트릭스 (PD232-10)	○
		데이터 설계 (PD233)	데이터 구축 계획서 (PD233-10)	
구현 단계 (PD300)	사용자 작업 (PD310)	화면 보고서 구현 (PD311)	구현 화면 (PD311-10)	○
			구현 보고서 (PD311-20)	
	프로세스 작업 (PD320)	기능 구현 (PD321)	소스 코드 (PD321-10)	○

단계 (phase)	세그먼트 (segment)	태스크 (task)	산출물 (product)	필수 구분
구현 단계 (PD300)	데이터 작업 (PD330)	데이터베이스 구현 (PD331)	물리 DB (PD331-10)	○
	단위 시험 작업 (PD340)	단위 시험 수행 (PD341)	단위 시험 계획 결과서 (PD341-10)	○
			단위 오류 관리서 (PD341-20)	○
시험 단계 (CC100)	통합 시험 작업 (CC110)	통합 시험 수행 (CC111)	통합 시험 결과서 (CC111-10)	
			통합 오류 관리서 (CC111-20)	
	시스템 시험 작업 (CC120)	시스템 시험 수행 (CC121)	시스템 시험 결과서 (CC121-10)	
			시스템 오류 관리서 (CC121-20)	
전개 단계 (CC200)	기본 전개 작업 (CC210)	전개 수행 (CC211)	전개 계획 결과서 (CC211-10)	
			데이터 구축 결과서 (CC211-20)	○
		매뉴얼 작성 (CC212)	사용자 매뉴얼 (CC212-10)	○
			운영자 매뉴얼 (CC212-20)	○
		유지 보수 준비 (CC213)	유지 보수 계획서 (CC213-10)	
	인도 작업 (CC220)	교육 수행 (CC221)	교육 계획 결과서 (CC221-10)	
		지적 재산권 대응 (CC222)	지적 재산권 검토서 (CC222-10)	○
		인도 수행 (CC223)	개발 완료 보고서 (CC223-10)	○

▶ 제 9 유형 사업 표준 프로세스 필수 산출물

〈표 3-1-23〉 제 9 유형 사업 특성

유형 번호	약어	생명 주기	SW 유형	개발 주체	사업 규모	DB 사용	적용빈도
9	고내자소미	고도화	내장 SW	자체	소규모	미사용	높음

〈표 3-1-24〉 제 9 유형 사업 필수 산출물

단계 (phase)	세그먼트 (segment)	태스크 (task)	산출물 (product)	필수 구분
착수 단계 (PR100)	총괄 준비 작업 (PR110)	수행 계획 수립 (PR111)	사업 수행 계획서 (PR111-10)	○
			방법론 조정 결과서 (PR111-20)	
		개발 표준 설정 (PR112)	개발 표준 정의서 (PR112-10)	
			산출물 표준 양식 (PR112-20)	
		개발 도구 지정 (PR113)	도구 적용 계획서 (PR113-10)	
	시스템 정의 작업 (PR120)	인터뷰 수행 (PR121)	인터뷰 계획 결과서 (PR121-10)	○
		시스템 분석 (PR122)	현행 시스템 분석서 (PR122-10)	○
		아키텍처 정의 (PR123)	아키텍처 정의서 (PR123-10)	
	요구 정의 작업 (PR130)	요구 사항 정의 (PR131)	요구 사항 정의서 (PR131-10)	○
		개발 범위 확인 (PR132)	범위 비교표 (PR132-10)	
			요구 사항 추적표 (PR132-20)	○
		요구 검증 계획 수립 (PR133)	총괄 시험 계획서 (PR133-10)	
분석 단계 (PD100)	사용자 작업 (PD110)	사용자 이벤트 분석 (PD111)	이벤트 정의서 (PD111-10)	

단계 (phase)	세그먼트 (segment)	태스크 (task)	산출물 (product)	필수 구분
분석 단계 (PD100)	프로세스 작업 (PD120)	기능 및 인과 분석 (PD121)	기능 분해도 (PD121-10)	○
			비즈니스 융합도 (PD121-20)	
		시스템 시험 계획 (PD122)	시스템 시험 계획서 (PD122-10)	
	데이터 작업 (PD130)	코드 분석 (PD131)	코드 정의서 (PD131-10)	
설계 단계 (PD200)	사용자 작업 (PD210)	화면 보고서 설계 (PD211)	화면 설계서 (PD211-10)	
			보고서 설계서 (PD211-20)	
		인터페이스 설계 (PD212)	인터페이스 설계서 (PD212-10)	
	프로세스 작업 (PD220)	기능 설계 (PD221)	프로그램 명세서 (PD221-10)	○
			프로그램 논리 설계서 (PD221-20)	○
		통합 시험 계획 (PD222)	통합 시험 계획서 (PD222-10)	
	데이터 작업 (PD230)	데이터베이스 설계 (PD231)	논리 ERD (PD231-10)	
			물리 ERD (PD231-20)	
			테이블 정의서 (PD231-30)	
		교차 설계 (PD232)	CRUD 매트릭스 (PD232-10)	
		데이터 설계 (PD233)	데이터 구축 계획서 (PD233-10)	
구현 단계 (PD300)	사용자 작업 (PD310)	화면 보고서 구현 (PD311)	구현 화면 (PD311-10)	
			구현 보고서 (PD311-20)	
	프로세스 작업 (PD320)	기능 구현 (PD321)	소스 코드 (PD321-10)	○

03 단계별 K-Method 적용 가이드

단계 (phase)	세그먼트 (segment)	태스크 (task)	산출물 (product)	필수 구분
구현 단계 (PD300)	데이터 작업 (PD330)	데이터베이스 구현 (PD331)	물리 DB (PD331-10)	
	단위 시험 작업 (PD340)	단위 시험 수행 (PD341)	단위 시험 계획 결과서 (PD341-10)	○
			단위 오류 관리서 (PD341-20)	○
시험 단계 (CC100)	통합 시험 작업 (CC110)	통합 시험 수행 (CC111)	통합 시험 결과서 (CC111-10)	
			통합 오류 관리서 (CC111-20)	
	시스템 시험 작업 (CC120)	시스템 시험 수행 (CC121)	시스템 시험 결과서 (CC121-10)	
			시스템 오류 관리서 (CC121-20)	
전개 단계 (CC200)	기본 전개 작업 (CC210)	전개 수행 (CC211)	전개 계획 결과서 (CC211-10)	
			데이터 구축 결과서 (CC211-20)	
		매뉴얼 작성 (CC212)	사용자 매뉴얼(CC212-10)	○
			운영자 매뉴얼 (CC212-20)	○
		유지 보수 준비 (CC213)	유지 보수 계획서 (CC213-10)	
	인도 작업 (CC220)	교육 수행 (CC221)	교육 계획 결과서 (CC221-10)	
		지적 재산권 대응 (CC222)	지적 재산권 검토서 (CC222-10)	○
		인도 수행 (CC223)	개발 완료 보고서 (CC223-10)	○

▶ 제 10 유형 사업 표준 프로세스 필수 산출물

〈표 3-1-25〉 제 10 유형 사업 특성

유형 번호	약어	생명 주기	SW 유형	개발 주체	사업 규모	DB 사용	적용빈도
10	고내자소사	고도화	내장 SW	자체	소규모	사용	낮음

〈표 3-1-26〉 제 10 유형 사업 필수 산출물

단계 (phase)	세그먼트 (segment)	태스크 (task)	산출물 (product)	필수 구분
착수 단계 (PR100)	총괄 준비 작업 (PR110)	수행 계획 수립 (PR111)	사업 수행 계획서 (PR111-10)	○
			방법론 조정 결과서 (PR111-20)	
		개발 표준 설정 (PR112)	개발 표준 정의서 (PR112-10)	
			산출물 표준 양식 (PR112-20)	
		개발 도구 지정 (PR113)	도구 적용 계획서 (PR113-10)	
	시스템 정의 작업 (PR120)	인터뷰 수행 (PR121)	인터뷰 계획 결과서 (PR121-10)	○
		시스템 분석 (PR122)	현행 시스템 분석서 (PR122-10)	○
		아키텍처 정의 (PR123)	아키텍처 정의서 (PR123-10)	
	요구 정의 작업 (PR130)	요구 사항 정의 (PR131)	요구 사항 정의서 (PR131-10)	○
		개발 범위 확인 (PR132)	범위 비교표 (PR132-10)	
			요구 사항 추적표 (PR132-20)	○
		요구 검증 계획 수립 (PR133)	총괄 시험 계획서 (PR133-10)	○
분석 단계 (PD100)	사용자 작업 (PD110)	사용자 이벤트 분석 (PD111)	이벤트 정의서 (PD111-10)	

단계 (phase)	세그먼트 (segment)	태스크 (task)	산출물 (product)	필수 구분
분석 단계 (PD100)	프로세스 작업 (PD120)	기능 및 인과 분석 (PD121)	기능 분해도 (PD121-10)	○
			비즈니스 융합도 (PD121-20)	
		시스템 시험 계획 (PD122)	시스템 시험 계획서 (PD122-10)	
	데이터 작업 (PD130)	코드 분석 (PD131)	코드 정의서 (PD131-10)	
설계 단계 (PD200)	사용자 작업 (PD210)	화면 보고서 설계 (PD211)	화면 설계서 (PD211-10)	
			보고서 설계서 (PD211-20)	
		인터페이스 설계 (PD212)	인터페이스 설계서 (PD212-10)	
	프로세스 작업 (PD220)	기능 설계 (PD221)	프로그램 명세서 (PD221-10)	○
			프로그램 논리 설계서 (PD221-20)	○
		통합 시험 계획 (PD222)	통합 시험 계획서 (PD222-10)	
	데이터 작업 (PD230)	데이터베이스 설계 (PD231)	논리 ERD (PD231-10)	○
			물리 ERD (PD231-20)	○
			테이블 정의서 (PD231-30)	○
		교차 설계 (PD232)	CRUD 매트릭스 (PD232-10)	○
		데이터 설계 (PD233)	데이터 구축 계획서 (PD233-10)	○
구현 단계 (PD300)	사용자 작업 (PD310)	화면 보고서 구현 (PD311)	구현 화면 (PD311-10)	○
			구현 보고서 (PD311-20)	
	프로세스 작업 (PD320)	기능 구현 (PD321)	소스 코드 (PD321-10)	○

단계 (phase)	세그먼트 (segment)	태스크 (task)	산출물 (product)	필수 구분
구현 단계 (PD300)	데이터 작업 (PD330)	데이터베이스 구현 (PD331)	물리 DB (PD331-10)	○
	단위 시험 작업 (PD340)	단위 시험 수행 (PD341)	단위 시험 계획 결과서 (PD341-10)	○
			단위 오류 관리서 (PD341-20)	○
시험 단계 (CC100)	통합 시험 작업 (CC110)	통합 시험 수행 (CC111)	통합 시험 결과서 (CC111-10)	
			통합 오류 관리서 (CC111-20)	
	시스템 시험 작업 (CC120)	시스템 시험 수행 (CC121)	시스템 시험 결과서 (CC121-10)	
			시스템 오류 관리서 (CC121-20)	
전개 단계 (CC200)	기본 전개 작업 (CC210)	전개 수행 (CC211)	전개 계획 결과서 (CC211-10)	
			데이터 구축 결과서 (CC211-20)	○
		매뉴얼 작성 (CC212)	사용자 매뉴얼 (CC212-10)	○
			운영자 매뉴얼 (CC212-20)	○
		유지 보수 준비 (CC213)	유지 보수 계획서 (CC213-10)	
	인도 작업 (CC220)	교육 수행 (CC221)	교육 계획 결과서 (CC221-10)	
		지적 재산권 대응 (CC222)	지적 재산권 검토서 (CC222-10)	○
		인도 수행 (CC223)	개발 완료 보고서 (CC223-10)	○

3.1.2.3 K-Method의 태스크별 상세 산출물 용도

K-Method의 준비(PR), 병렬 개발(PD), 종료(CC)의 3구간이 포함하고 있는 6단계, 17세그먼트, 32태스크를 수행해나가는 과정에서 생성하는 산출물의 용도를 설명하면 〈표 3-1-27〉과 같다.

〈표 3-1-27〉 K-Method의 32개 태스크별 상세 산출물 용도

태스크	산출물	세부 용도
수행 계획 수립	사업 수행 계획서	사업을 수행하기 위한 총괄적 계획을 기술하는데 사용한다.
	방법론 조정 결과서	수행 사업에 맞춰서 적용 방법론을 테일러링한 결과를 기술하는데 사용한다.
개발 표준 설정	개발 표준 정의서	개발에 적용되는 제반 표준을 정의하는데 사용한다.
	산출물 표준 양식	사용하는 산출물의 표준 양식으로 사용한다.
개발 도구 지정	도구 적용 계획서	개발 과정에 적용할 제반 자동화 도구의 적용 계획을 기술하는데 사용한다.
인터뷰 수행	인터뷰 계획 결과서	개발 사업과 연관이 있는 당사자 인터뷰 계획 및 결과를 기술하는데 사용한다.
시스템 분석	현행 시스템 분석서	현행 업무, 현행 기술 환경, 현행 시스템 등을 분석한 결과를 기술하는데 사용한다.
아키텍처 정의	아키텍처 정의서	구축할 아키텍처를 정의하는데 사용한다.
요구 사항 정의	요구 사항 정의서	요구 사항을 세밀하게 정의하고 검사 기준을 설정하는데 사용한다.
개발 범위 확인	범위 비교표	요구 사항의 범위를 초기 확정하기 위해 사업 착수 구간에서 초기 요구 사항의 변화 과정을 매핑하는데 사용한다.
	요구 사항 추적표	사업 진행 과정에서 요구 사항의 변화 사항을 추적하여 표로 만드는데 사용한다.
요구 검증 계획 수립	총괄 시험 계획서	사업 전반에 걸친 총괄적인 시험의 계획을 기술하는데 사용한다.

태스크	산출물	세부 용도
사용자 이벤트 분석	이벤트 정의서	사용자의 이벤트에 대한 자극 반응을 정의하여 기술하는데 사용한다.
기능 및 인과 분석	기능 분해도	사업의 전체적인 기능을 세분화하여 분해한 내역을 기술하는데 사용한다.
	비즈니스 융합도	정보와 사물을 융합한 형태의 업무를 가치 흐름의 관점에서 작도하는데 사용한다.
시스템 시험 계획	시스템 시험 계획서	비기능 요구 사항 시험을 위한 계획을 기술하는데 사용힌다.
코드 분석	코드 정의서	구축하는 시스템에 사용하는 데이터 코드를 정의하는데 사용한다.
화면 보고서 설계	화면 설계서	사용자 인터페이스 화면을 상세하게 설계하는데 사용한다.(화면 목록 포함)
	보고서 설계서	시스템이 출력하고자 하는 보고서를 설계하는데 사용한다.(보고서 목록 포함)
인터페이스 설계	인터페이스 설계서	내·외부 인터페이스의 상세 내역을 설계하는데 사용한다.
기능 설계	프로그램 명세서	개발하는 프로그램의 명세를 설계하는데 사용한다.(프로그램 목록 포함)
	프로그램 논리 설계서	소스 코드와 1:1로 대응하는 논리적 프로그램 설계 내역을 기술하는데 사용한다.
통합 시험 계획	통합 시험 계획서	기능 및 인터페이스에 대한 통합적인 시험을 위한 계획을 기술하는데 사용한다.
데이터베이스 설계	논리 ERD	데이터베이스 논리 설계 내역을 도면으로 이해하는데 사용한다.
	물리 ERD	데이터베이스 물리 설계 내역을 도면으로 이해하는데 사용한다.
	테이블 정의서	물리 데이터베이스로 구현할 테이블 상세 내역을 정의하는데 사용한다.
교차 설계	CRUD 매트릭스	프로그램과 테이블간의 매핑 내역을 CRUD 형태로 상세히 기술하는데 사용한다.
데이터 설계	데이터 구축 계획서	초기 데이터 구축 및 전환 데이터 이행을 위한 계획을 기술하는데 사용한다.

태스크	산출물	세부 용도
화면 보고서 구현	구현 화면	물리적으로 구현한 화면이다.
	구현 보고서	물리적으로 출력한 보고서이다.
기능 구현	소스 코드	프로그램 소스 코드이다.
데이터베이스 구현	물리 DB	물리적으로 구현한 데이터베이스이다.
단위 시험 수행	단위 시험 계획 결과서	단위 기능에 대한 시험을 위한 계획 및 결과를 기술하는데 사용한다. (부분적인 통합 시험 결과 포함)
	단위 오류 관리서	단위 시험 과정에서 발생한 오류 및 조치 내역을 기술하는데 사용한다.
통합 시험 수행	통합 시험 결과서	기능 및 인터페이스에 대한 통합적인 시험의 수행 결과를 기술하는데 사용한다.
	통합 오류 관리서	통합 시험 과정에서 발생한 오류 및 조치 내역을 기술하는데 사용한다.
시스템 시험 수행	시스템 시험 결과서	비기능 요구 사항 시험을 통한 결과를 기술하는데 사용한다.
	시스템 오류 관리서	시스템 시험 과정에서 발생한 오류 및 조치 내역을 기술하는데 사용한다.
전개 수행	전개 계획 결과서	시험을 완료한 결과물을 인도하기 위해 필요한 기본적인 전개 작업의 계획 및 결과를 기술하는데 사용한다.
	데이터 구축 결과서	초기 데이터 구축 및 전환 데이터 이행을 통한 결과를 기술하는데 사용한다.
매뉴얼 작성	사용자 매뉴얼	사용자를 위한 가이드 내역을 기술한 매뉴얼 역할을 하는데 사용한다.
	운영자 매뉴얼	운영자를 위한 가이드 내역을 기술한 매뉴얼 역할을 하는데 사용한다.
유지 보수 준비	유지 보수 계획서	향후 운영 과정에서의 유지 보수에의 대응 계획을 기술하는데 사용한다.

태스크	산출물	세부 용도
교육 수행	교육 계획 결과서	교육의 실시 계획 및 결과를 기술하는데 사용한다.
지적 재산권 대응	지적 재산권 검토서	운영 과정에서 발생할 가능성이 있는 지적 재산권 문제에 대한 대응 검토 내역을 기술하는데 사용한다.
인도 수행	개발 완료 보고서	개발 사업의 전반에 걸친 총괄적인 진행 사항들을 최종적으로 보고하기 위한 내역을 기술하는데 사용한다.

[참고 3-1-1] 인공 지능 기술 적용 시의 고려 사항

최근에는 소프트웨어 개발 사업에 인공 지능(AI: Artificial Intelligence) 기술을 적용하는 사례가 늘고 있다. 이러한 경향은 날이 갈수록 급속히 심화할 것으로 예상된다.

딥 러닝(deep learning), 머신 러닝(machine learning)을 포함하는 인공 지능 기술을 적용할 경우에, K-Method 차원에서의 대응 시 아래의 세가지 점을 반영할 필요가 있다.

첫째, 착수 단계-총괄 계획 수립 작업 세그먼트-수행 계획 수립 태스크의 사업 수행 계획서에 AI의 어떤 기술을 적용할 계획인지를 명확히 기술하는 것이 중요하다. '기술 적용 계획'이라는 장을 만들어 AI와 관련한 기술의 적용 계획을 기술하는 것이 가장 바람직하다. 다만, 여건상 장을 만들지 못하더라도, 최소한 AI의 어떤 기술이 적용되는지 최대한 구체적으로 기술해야 추후 혼란을 방지할 수 있다. 또한, 착수 단계-총괄 계획 수립 작업 세그먼트-개발 도구 지정 태스크의 도구 적용 계획서에도 해당 AI 연관 기술의 구현에 적용하는 언어를 비롯하여, 연관 적용 도구에 대한 상세한 기술을 통해 사전에 도구 적용상의 문제점을 교차 점검할 수 있도록 할 것을 권장한다.

둘째, 착수 단계-시스템 정의 작업 세그먼트-시스템 분석 태스크의 현행 시스템 분석서에 방법론의 적용 유형에 따라 '현행 업무', '현행 기술 환경' 및 '현행 시스템'에 대한 전체 또는 일부의 분석 결과를 기술한다. 이 때, AI 기술과의 차별점이 무엇인지, AI 기술의 적용으로 어떠한 것을 기대하는지에 대한 기술을 병행해주는 것이 바람직하다.

셋째, 착수 단계-요구 정의 작업 세그먼트-요구 검증 계획 수립 태스크의 총괄 시험 계획서에 해당 인공 지능 구현 내역에 대한 시험을 어떤 방식으로 수행할 것인지에 대한 계획을 최대한 구체적으로 기술하는 것이 바람직하다.

3.2 착수 단계(PR100) : 준비 구간

준비(PR) 구간이 포함하고 있는 착수 단계의 전체 표준 절차를 구성하는 세그먼트와 태스크 간의 절차 흐름을 설명하면 다음과 같다.

3.2.1 착수 단계(PR100) 표준 절차도

착수 단계는 K-Method에서 착수 공정을 수행하는 단계이다.

착수 단계(PR100)는 준비(PR) 구간에 속하며, 총괄 준비 작업(PR110), 시스템 정의 작업(PR120), 요구 정의 작업(PR130)의 3개의 세그먼트(segment)로 이루어진다.

(그림 3-2-1) 착수 단계의 표준 절차

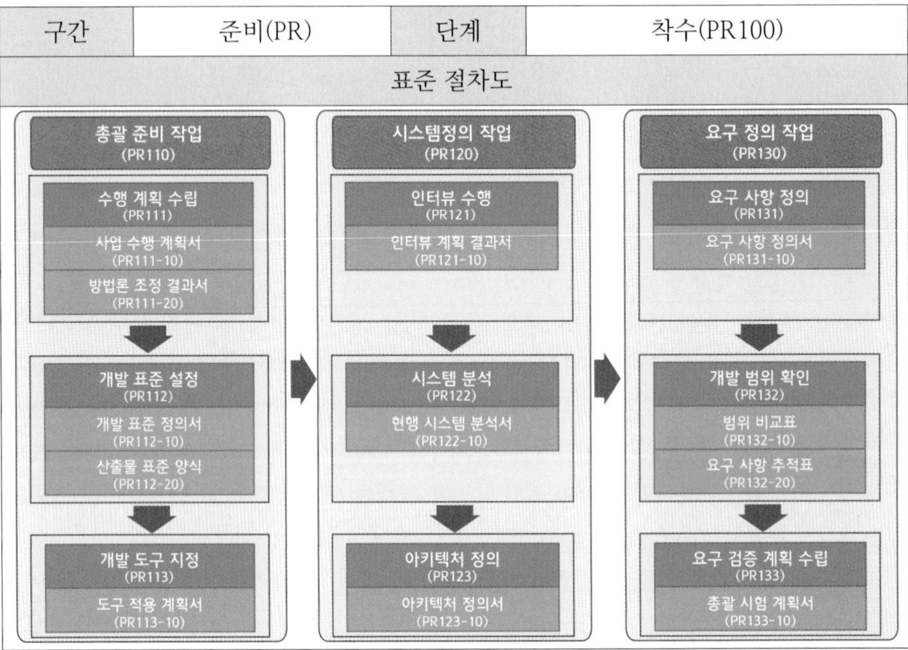

착수 단계는 K-Method에서 제일 먼저 시작하는 단계이다.

총괄 준비 작업 세그먼트에서 전체적인 사업 계획을 수립하고, SW 개발 표준 정의를 통하여 공통 규격의 SW를 개발할 수 있도록 준비한다. 그리고 개발 SW에 가장 적합한 개발 도구를 지정하는 등의 준비 작업을 한다.

시스템 정의 작업 세그먼트에서는 인터뷰를 수행하면서 전체적인 상황에 대한 이해도를 높여가며 시스템을 분석하고, 목표 아키텍처를 정의하는 등의 작업을 수행한다.

요구 정의 작업 세그먼트에서는 개발 범위를 기능 및 비기능 요구 사항으로 구분하여 비교 확인하고, 명확하게 정의한다. 아울러 추적을 세심히 할 수 있도록 준비한다. 이렇게 정의한 요구 사항의 이행 여부를 총괄 시험하여 확인하기 위한 계획을 수립한다.

3.2.2 착수 단계(PR100) 상세 절차

3.2.2.1 총괄 준비 작업(PR110)

총괄 준비 작업(PR110)은 개발 사업을 수행하기 위한 계획, 표준, 도구 등의 준비 작업을 수행하는 세그먼트(segment)이다.

▶ **총괄 준비 작업(PR110) 표준 절차도**

(그림 3-2-2) 총괄 준비 작업 세그먼트의 표준 절차

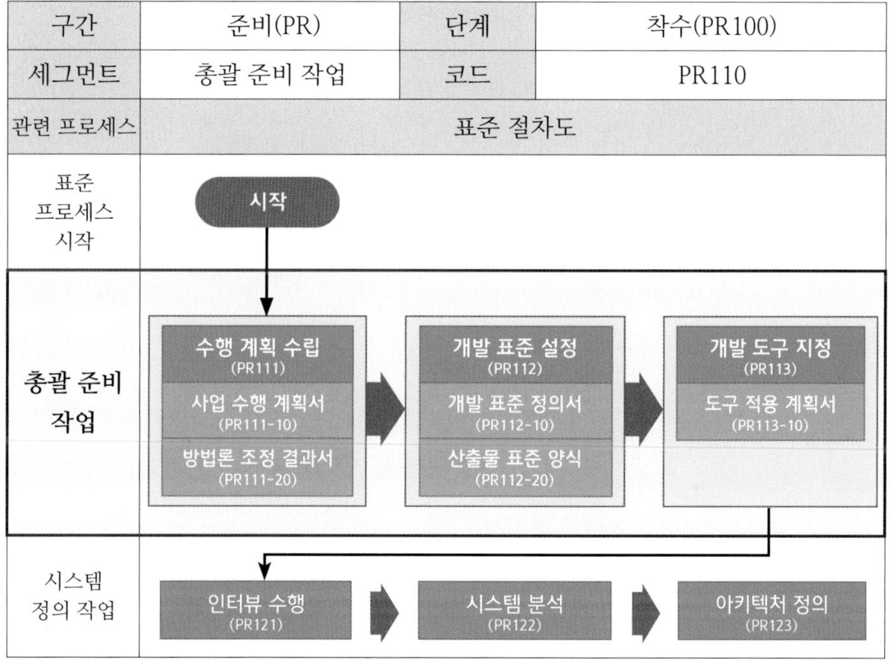

▶ **상세 태스크(task) 설명**

〈표 3-2-1〉 총괄 준비 작업 세그먼트의 상세 태스크

NO	태스크명(코드)	설명	비고
1	수행 계획 수립 (PR111)	적용 방법론의 테일러링을 기반으로 사업 수행 계획을 수립한다.	
2	개발 표준 설정 (PR112)	개발 표준을 정의하고 적용 산출물의 표준 양식을 확정한다.	
3	개발 도구 지정 (PR113)	개발 과정에서 적용할 제반 자동화 도구를 지정한다.	

▶ **표준 산출물 및 작성 구분(제 1 유형~제 3 유형)**

〈표 3-2-2〉 총괄 준비 작업 세그먼트의 유형 구분 1~3

유형 번호	약어	생명 주기	SW 유형	개발 주체	사업 규모	DB 사용	적용빈도
1	신응외소사	신규 개발	응용 SW	외주	소규모	사용	높음
2	신응외중사	신규 개발	응용 SW	외주	중규모	사용	중간
3	신응외대사	신규 개발	응용 SW	외주	대규모	사용	낮음

〈표 3-2-3〉 총괄 준비 작업 세그먼트의 산출물 작성 구분 1~3

단계/세그먼트	착수 단계(PR100)/총괄 준비 작업(PR110)						
태스크(task)	주요 참고 산출물	도구	산출물	필수 구분	사업 유형 1	사업 유형 2	사업 유형 3
수행 계획 수립 (PR111)	[순방향] 제안 요청서 제안서 기술 협상서 과업 내용서	새품 새북	사업 수행 계획서 (PR111-10)	⦿	○	○	○
	[순방향] 제안서 사업 수행 계획서	새품 새북	방법론 조정 결과서 (PR111-20)			○	○
개발 표준 설정 (PR112)	[순방향] 사업 수행 계획서 방법론 조정 결과서	새품 새북	개발 표준 정의서 (PR112-10)			○	○
	[순방향] 사업 수행 계획서 방법론 조정 결과서 개발 표준 정의서	새품 새북	산출물 표준 양식 (PR112-20)				○
개발 도구 지정 (PR113)	[순방향] 사업 수행 계획서 방법론 조정 결과서 개발 표준 정의서 산출물 표준 양식	새품 새북	도구 적용 계획서 (PR113-10)				○

▶ 표준 산출물 및 작성 구분(제 4 유형~제 6 유형)

〈표 3-2-4〉 총괄 준비 작업 세그먼트의 유형 구분 4~6

유형 번호	약어	생명 주기	SW 유형	개발 주체	사업 규모	DB 사용	적용빈도
4	고응외소사	고도화	응용 SW	외주	소규모	사용	높음
5	고응외중사	고도화	응용 SW	외주	중규모	사용	중간
6	고응외대사	고도화	응용 SW	외주	대규모	사용	낮음

〈표 3-2-5〉 총괄 준비 작업 세그먼트의 산출물 작성 구분 4~6

단계/세그먼트	착수 단계(PR100)/총괄 준비 작업(PR110)						
태스크(task)	주요 참고 산출물	도구	산출물	필수 구분	사업 유형		
					4	5	6
수행 계획 수립 (PR111)	[순방향] 제안 요청서 제안서 기술 협상서 과업 내용서	새품 새북	사업 수행 계획서 (PR111-10)	◉	○	○	○
	[순방향] 제안서 사업 수행 계획서	새품 새북	방법론 조정 결과서 (PR111-20)	◉	○	○	○
개발 표준 설정 (PR112)	[순방향] 사업 수행 계획서 방법론 조정 결과서	새품 새북	개발 표준 정의서 (PR112-10)			○	○
	[순방향] 사업 수행 계획서 방법론 조정 결과서 개발 표준 정의서	새품 새북	산출물 표준 양식 (PR112-20)				○
개발 도구 지정 (PR113)	[순방향] 사업 수행 계획서 방법론 조정 결과서 개발 표준 정의서 산출물 표준 양식	새품 새북	도구 적용 계획서 (PR113-10)				○

▶ **표준 산출물 및 작성 구분(제 7 유형~제 8 유형)**

〈표 3-2-6〉 총괄 준비 작업 세그먼트의 유형 구분 7~8

유형 번호	약어	생명 주기	SW 유형	개발 주체	사업 규모	DB 사용	적용빈도
7	신내자소미	신규 개발	내장 SW	자체	소규모	미사용	높음
8	신내자소사	신규 개발	내장 SW	자체	소규모	사용	낮음

〈표 3-2-7〉 총괄 준비 작업 세그먼트의 산출물 작성 구분 7~8

단계/세그먼트	착수 단계(PR100)/총괄 준비 작업(PR110)					
태스크(task)	주요 참고 산출물	도구	산출물	필수 구분	사업 유형	
					7	8
수행 계획 수립(PR111)	[순방향] 제안 요청서 제안서 기술 협상서 과업 내용서	새품 새북	사업 수행 계획서 (PR111-10)	⦿	○	○
	[순방향] 제안서 사업 수행 계획서	새품 새북	방법론 조정 결과서 (PR111-20)			
개발 표준 설정(PR112)	[순방향] 사업 수행 계획서 방법론 조정 결과서	새품 새북	개발 표준 정의서 (PR112-10)			
	[순방향] 사업 수행 계획서 방법론 조정 결과서 개발 표준 정의서	새품 새북	산출물 표준 양식 (PR112-20)			
개발 도구 지정(PR113)	[순방향] 사업 수행 계획서 방법론 조정 결과서 개발 표준 정의서 산출물 표준 양식	새품 새북	도구 적용 계획서 (PR113-10)			

▶ 표준 산출물 및 작성 구분(제 9 유형~제 10 유형)

〈표 3-2-8〉 총괄 준비 작업 세그먼트의 유형 구분 9~10

유형 번호	약어	생명 주기	SW 유형	개발 주체	사업 규모	DB 사용	적용빈도
9	고내자소미	고도화	내장 SW	자체	소규모	미사용	높음
10	고내자소사	고도화	내장 SW	자체	소규모	사용	낮음

〈표 3-2-9〉 총괄 준비 작업 세그먼트의 산출물 작성 구분 9~10

단계/세그먼트	착수 단계(PR100)/총괄 준비 작업(PR110)					
태스크(task)	주요 참고 산출물	도구	산출물	필수 구분	사업 유형	
					9	10
수행 계획 수립 (PR111)	[순방향] 제안 요청서 제안서 기술 협상서 과업 내용서	새품 새북	사업 수행 계획서 (PR111-10)	⊙	○	○
	[순방향] 제안서 사업 수행 계획서	새품 새북	방법론 조정 결과서 (PR111-20)			
개발 표준 설정 (PR112)	[순방향] 사업 수행 계획서 방법론 조정 결과서	새품 새북	개발 표준 정의서 (PR112-10)			
	[순방향] 사업 수행 계획서 방법론 조정 결과서 개발 표준 정의서	새품 새북	산출물 표준 양식 (PR112-20)			
개발 도구 지정 (PR113)	[순방향] 사업 수행 계획서 방법론 조정 결과서 개발 표준 정의서 산출물 표준 양식	새품 새북	도구 적용 계획서 (PR113-10)			

[참고 3-2-1] 사업 수행 계획서 작성 시의 고려 사항

사업 수행 계획서에는 대상 사업의 일정, 조직, 자원, 범위, 요구 사항 등 사업 수행에 필요한 주요 정보를 명시해야 한다. 반드시 발주자의 검토를 거쳐 승인을 받아야 한다. 만일 발주자와 전담 관리자가 따로 있을 경우에는 전담 관리자와의 협의를 거쳐야 한다. 또한, 이해 관계자와 공유할 필요가 있다.

사업 수행 계획서는 공식적으로는 외주 사업에서 사업을 수주한 용역 업체가 작성하는 것이 원칙이다. 하지만, 자체 개발의 경우에도 사업 초기부터 명확한 계획을 설정하기 위해 필수적으로 작성해야 한다.

사업 수행 계획서는 사업 초기에 작성하기 때문에 세심하게 계획 내용을 점검할 필요가 있다. 사업 수행 계획서를 점검할 때 유념해야 할 사항을 크게 다섯가지로 요약하면 다음과 같다.

첫째, 사업 수행 계획서에 기술하는 사업 범위는 기능 요구 사항과 비기능 요구 사항을 모두 포함해야 한다. 이를 확인하기 위해서는 반드시 제안 요청서 (RFP: Request For Proposal), 제안서, 기술 협상서 등을 교차 점검해야 한다.

둘째, 사업 수행 계획서에 기술하는 '방법론'은 제안서에서 제시한 것과 내용이 동일해야 한다. 그렇지 않을 경우에는 방법론 테일러링을 실시하여 해당 사업에 특화시켜 조정해야 한다. 방법론 테일러링 후에는 방법론 조정 결과서에 조정 전과 조정 후를 명확하게 매핑하고, 조정 사유를 해당 세부 내역별로 명확하게 기술해야 한다. 조정 결과는 주관 기관(발주 기관)과 협의를 거쳐 추인을 받은 후 사업 수행 계획서에 반영했는지 확인해야 한다.

셋째, 사업 수행 계획서의 세부 공정 및 산출물은 방법론을 테일러링한 결과와 일치해야 한다. 그리고 해당 세부 공정 및 산출물이 WBS(Work Breakdown Structure)와 정확하게 일치하는지 확인해야 한다.

넷째, 사업 수행 계획서에 기술하는 방법론은 크게 '개발 방법론'과 '사업 관리 방법론'의 2가지로 구분하여 기술해야 한다. 통상적으로 개발 방법론은 테일러링한 결과를 기술하면 된다. 사업 관리 방법론의 경우에는 준수하지도 못할 내용을 잔뜩 기술하거나, 아예 누락시켜 어떻게 사업 관리를 수행할지 판단하기 어렵게 하는 경향이 있다. 실현 가능성을 중심으로 제안서 등을 참고하여 현실적인 대응이 가능하도록 기술했는지 확인해야 한다.

다섯째, 사업 수행 계획서를 확정하면 확정 일자를 명확하게 기술해야 한다. 사업 수행 과정에서 변경이 있더라도 임의로 변경해서는 안된다. 변경 사항은 변경 관리를 통해서 추적할 수 있도록 관리해야 한다.

사업 수행 계획서의 세심하고도 정확한 작성이 사업의 안정적인 수행을 보장함을 꼭 유념할 필요가 있다.

3.2.2.2 시스템 정의 작업(PR120)

시스템 정의 작업(PR120)은 현행 및 개선 시스템에 대한 분석 및 정의를 위해 인터뷰를 병행하며 작업을 수행하는 세그먼트이다.

▶ 시스템 정의 작업(PR120) 표준 절차도

(그림 3-2-3) 시스템 정의 작업 세그먼트의 표준 절차

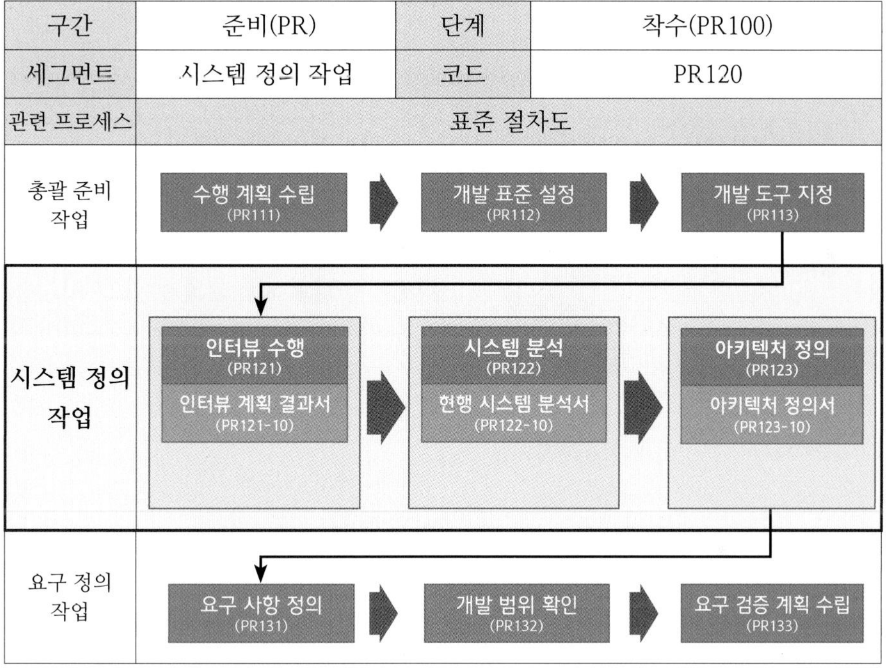

▶ 상세 태스크(task) 설명

〈표 3-2-10〉 시스템 정의 작업 세그먼트의 상세 태스크

NO	태스크명(코드)	설명	비고
1	인터뷰 수행 (PR121)	시스템 정의를 하기 위해 필요한 인터뷰를 수행한다,	
2	시스템 분석 (PR122)	초기 비즈니스 융합도와 분석 기법을 통하여 현행 시스템 분석을 수행한다.	
3	아키텍처 정의 (PR123)	목표로 하는 시스템에 대한 통합적인 시각의 아키텍처 정의를 수행한다.	

▶ **표준 산출물 및 작성 구분(제 1 유형~제 3 유형)**

〈표 3-2-11〉 시스템 정의 작업 세그먼트의 유형 구분 1~3

유형 번호	약어	생명 주기	SW 유형	개발 주체	사업 규모	DB 사용	적용빈도
1	신응외소사	신규 개발	응용 SW	외주	소규모	사용	높음
2	신응외중사	신규 개발	응용 SW	외주	중규모	사용	중간
3	신응외대사	신규 개발	응용 SW	외주	대규모	사용	낮음

〈표 3-2-12〉 시스템 정의 작업 세그먼트의 산출물 작성 구분 1~3

단계/세그먼트	착수 단계(PR100)/시스템 정의 작업(PR120)						
태스크(task)	주요 참고 산출물	도구	산출물	필수 구분	사업 유형		
					1	2	3
인터뷰 수행 (PR121)	[순방향] 사업 수행 계획서 방법론 조정 결과서	새품 새북	인터뷰 계획 결과서 (PR121-10)				○
시스템 분석 (PR122)	[순방향] 제안 요청서 제안서 사업 수행 계획서 인터뷰 계획 결과서	새품 새북	현행 시스템 분석서 (PR122-10)				
아키텍처 정의 (PR123)	[순방향] 제안 요청서 제안서 사업 수행 계획서 현행 시스템 분석서 인터뷰 계획 결과서	새품 새북	아키텍처 정의서 (PR123-10)			○	○

▶ **표준 산출물 및 작성 구분(제 4 유형~제 6 유형)**

〈표 3-2-13〉 시스템 정의 작업 세그먼트의 유형 구분 4~6

유형 번호	약어	생명 주기	SW 유형	개발 주체	사업 규모	DB 사용	적용빈도
4	고응외소사	고도화	응용 SW	외주	소규모	사용	높음
5	고응외중사	고도화	응용 SW	외주	중규모	사용	중간
6	고응외대사	고도화	응용 SW	외주	대규모	사용	낮음

〈표 3-2-14〉 시스템 정의 작업 세그먼트의 산출물 작성 구분 4~6

단계/세그먼트	착수 단계(PR100)/시스템 정의 작업(PR120)						
태스크(task)	주요 참고 산출물	도구	산출물	필수 구분	사업 유형		
					4	5	6
인터뷰 수행 (PR121)	[순방향] 사업 수행 계획서 방법론 조정 결과서	새품 새북	인터뷰 계획 결과서 (PR121-10)	◉	○	○	○
시스템 분석 (PR122)	[순방향] 제안 요청서 제안서 사업 수행 계획서 인터뷰 계획 결과서	새품 새북	현행 시스템 분석서 (PR122-10)	◉	○	○	○
아키텍처 정의 (PR123)	[순방향] 제안 요청서 제안서 사업 수행 계획서 현행 시스템 분석서 인터뷰 계획 결과서	새품 새북	아키텍처 정의서 (PR123-10)	◉	○	○	○

▶ **표준 산출물 및 작성 구분(제 7 유형~제 8 유형)**

〈표 3-2-15〉 시스템 정의 작업 세그먼트의 유형 구분 7~8

유형 번호	약어	생명 주기	SW 유형	개발 주체	사업 규모	DB 사용	적용빈도
7	신내자소미	신규 개발	내장 SW	자체	소규모	미사용	높음
8	신내자소사	신규 개발	내장 SW	자체	소규모	사용	낮음

〈표 3-2-16〉 시스템 정의 작업 세그먼트의 산출물 작성 구분 7~8

단계/세그먼트	착수 단계(PR100)/시스템 정의 작업(PR120)					
태스크(task)	주요 참고 산출물	도구	산출물	필수 구분	사업 유형	
					7	8
인터뷰 수행 (PR121)	[순방향] 사업 수행 계획서 방법론 조정 결과서	새품 새북	인터뷰 계획 결과서 (PR121-10)			
시스템 분석 (PR122)	[순방향] 제안 요청서 제안서 사업 수행 계획서 인터뷰 계획 결과서	새품 새북	현행 시스템 분석서 (PR122-10)			
아키텍처 정의 (PR123)	[순방향] 제안 요청서 제안서 사업 수행 계획서 현행 시스템 분석서 인터뷰 계획 결과서	새품 새북	아키텍처 정의서 (PR123-10)			

03 단계별 K-Method 적용 가이드

▶ **표준 산출물 및 작성 구분(제 9 유형~제 10 유형)**

〈표 3-2-17〉 시스템 정의 작업 세그먼트의 유형 구분 9~10

유형 번호	약어	생명 주기	SW 유형	개발 주체	사업 규모	DB 사용	적용빈도
9	고내자소미	고도화	내장 SW	자체	소규모	미사용	높음
10	고내자소사	고도화	내장 SW	자체	소규모	사용	낮음

〈표 3-2-18〉 시스템 정의 작업 세그먼트의 산출물 작성 구분 9~10

단계/세그먼트	착수 단계(PR100)/시스템 정의 작업(PR120)					
태스크(task)	주요 참고 산출물	도구	산출물	필수 구분	사업 유형	
					9	10
인터뷰 수행 (PR121)	[순방향] 사업 수행 계획서 방법론 조정 결과서	새품 새북	인터뷰 계획 결과서 (PR121-10)	⊙	○	○
시스템 분석 (PR122)	[순방향] 제안 요청서 제안서 사업 수행 계획서 인터뷰 계획 결과서	새품 새북	현행 시스템 분석서 (PR122-10)	⊙	○	○
아키텍처 정의 (PR123)	[순방향] 제안 요청서 제안서 사업 수행 계획서 현행 시스템 분석서 인터뷰 계획 결과서	새품 새북	아키텍처 정의서 (PR123-10)			

[참고 3-2-2] 현행 시스템 분석서 작성 시의 고려 사항

시스템 분석 태스크에서 현행 시스템 분석을 행할 시에는 크게 현행 업무 분석, 현행 시스템 분석, 현행 기술 분석 등 다양한 관점에서의 분석이 이루어진다. 따라서 현행 시스템 분석을 할 시에는 신규 개발인지, 고도화인지에 따라 다르게 작업을 해야 한다. 또한, 인공지능이나 IoT와 같이 새로운 기술을 적용하는 경우에는 현행 기술 분석을 포함해야 한다.

여기서는 신규 개발, 고도화, 신기술 적용의 세가지 관점에서 현행 시스템 분석서를 작성할 시의 고려 사항을 언급해 보겠다.

첫째, 신규 개발일 경우에는 현행 시스템을 중심으로 분석해야 한다. 시간에 여유가 있을 경우에는 현행 업무 분석을 추가로 할 수 있다. 현행 시스템 분석을 하는 이유는 현행 시스템이 어떻게 되어 있는지 알아야, 그에 따른 문제점을 명확히 진단하고, 신규 개발 목적을 명확히 할 수 있기 때문이다.

따라서 현행 시스템 분석에 있어서는 분석의 목적을 명확히 기술하고 기존에 구축되어 있는 현행 시스템에 대한 개략적인 설명을 동반해야 한다. 또한 소프트웨어, 하드웨어, 네트워크를 포함한 전체적인 현행 시스템의 아키텍처를 분석한 결과를 제시해야 한다.

아울러, 현행 데이터에 대한 분석 및 현행 시스템의 내·외부 연계 상황에 대한 분석을 포함해야 한다. 이를 통해, 현행 시스템의 문제점 및 개선 방안을 제시할 필요가 있다.

둘째, 고도화일 경우에는 현행 업무를 중심으로 분석해야 한다. 현행 업무의 분석은 전체적인 업무 구성과 절차를 중심으로 분석한 결과를 기술한다. 여기에는 비즈니스 융합도(BCD : Business Convergence Diagram)와 작업 융합도(WCD : Work Convergence Diagram)를 사용한다. 비즈니스 중심의 분석이 필요할 때에는 비즈니스 융합도(BCD)를 사용하고, IoT 작업 공정 중심의 분석이 필요할 때에는 작업 융합도(WCD)를 사용한다. 또한, 비즈니스와 작업 공정을 모두 분석해야 할 때는 비즈니스 융합도(BCD)와 작업 융합도(WCD)를 연계하여 사용한다.

셋째, 신규 개발이나 고도화에 관계없이 인공 지능이나 IoT 등을 비롯한 제반 신기술을 적용하는 사업에서는 현행 기술 분석을 동반한다. 현행 기술 분석은 별도의 장을 만들어서 기술하기보다는, 가급적 현행 시스템 아키텍처 분석 내용에 기술적인 사항을 좀 더 상세히 기술하는 형태로 작성하는 것이 좋다.

현행 시스템 분석을 체계적으로 수행할 경우 안정적으로 사업을 진행하는데 크게 도움을 받을 수 있다.

[참고 3-2-3] 비즈니스 융합도(BCD) 작성 시의 고려 사항

시스템 분석 태스크에서 현행 시스템 분석을 할 때, 현행 업무에 대한 비즈니스 중심의 분석이 필요할 경우가 있다. 이 경우 TTAK.KO-11.0217 정보 통신 단체 표준을 적용한다. (그림3-2-4)와 같이 표준에 근거한 기호를 사용하는 '비즈니스 융합도(BCD : Business Convergence Diagram)'를 이용하여 현행 업무에 대한 비즈니스 융합 공정을 작성하여 반영한다.

(그림 3-2-4) 비즈니스 융합도(BCD)의 상세 표기 패턴

구분	프로세스	흐름	정보	사물
작업	처리, 연결, 기입, 복사, 통과, 인쇄, 생략, 합침, 서명, 나눔, 교신, 하청, 운반	정보 수행 흐름 사물 수행 흐름 정보 참조 흐름 사물 참조 흐름	단일 문서 (1.) 다중 문서 (4. 공문2 / 3. 공문1, 2) 반복 문서 (9. 제안서, N) 전자 문서 (1.) 전자 화면 (ID NAME)	능동 사물 피동 사물 보조 기억 매체 재화 인장 증표
판단	수취, 검증			
저장	전자 정보 저장, 문서 정보 저장, 사물 저장			

기존의 업무 프로세스 표기 방법은 정보 중심으로 편향되어 있었다. 그로 인해, 정보와 사물이 결합되는 가치 흐름(value flow)을 표현하지 못했던 문제점이 있었다. '비즈니스 융합도(BCD : Business Convergence Diagram)'는 이러한 문제점을 해결해준다. 사물을 통합한 표현이 가능하기때문이다.

'비즈니스 융합도'는 통상적으로 'BCD'라고 부르는데, (그림 3-2-4)와 같이, 비즈니스 융합 상세 표기를 위한 패턴을 크게 프로세스, 정보, 사물, 흐름으로 보고 분석하는 방법이다. 프로세스는 작업, 판단, 저장의 3가지 유형으로 중분류하고 총 18가지 패턴으로 세분류하며, 정보는 5가지, 사물은 6가지, 흐름은 4가지 패턴으로 각각 세분류한다. 따라서 총 33가지 패턴만 이해하면 정보와 사물을 결합한 어떠한 업무의 흐름도 쉽게 표현할 수 있다.

'비즈니스 융합도'를 이용하면 온·오프라인을 막론하고 비즈니스 관점에서 상상 이상의 정밀한 표현과 사물의 관점에서도 상당한 수준까지 표현할 수 있다. 사물의 미세 조작까지 표현하고 싶다면 BCD의 하청 기능을 이용하여 상세 작업 공정을 '작업 융합도(WCD)'로 표현한 후 연결시켜주면 된다.

[참고 3-2-4] 작업 융합도(WCD) 작성 시의 고려 사항

시스템 분석 태스크에서 현행 시스템 분석을 할 때, 현행 업무 분석 측면에서 IoT 작업 융합 공정에 대한 분석이 필요할 경우에는 '작업 융합도(WCD: Work Convergence Diagram)'를 사용한다. 여기에서 '융합'이라는 의미로 'fusion'과 'convergence' 중 어느 것을 사용할 것인지에 대한 논란이 있을 수 있다. 'fusion'은 다소 인위적인 측면의 강제적인 '융합', 'convergence'는 다소 자연적인 측면의 유연한 '융합'을 의미하기 때문에 'convergence'를 '수렴'으로 봐야 한다는 주장도 있다. 그러나 K-Method에서는 자연적인 비즈니스 업무와 작업 공정 과정에서의 융합을 다루기때문에 '융합'을 'convergence'로 본다.

IoT 작업 융합 공정의 상세 표기를 위한 패턴은 크게 공정 작업, 흐름, 영역의 3가지 유형으로 대 분류하여 구성한다. 융합 공정 작업은 기본 패턴, 융합 패턴의 2가지 유형으로 중 분류하여 구성하며, 기본 패턴은 단위 작업 1가지, 융합 패턴은 힘의 방향을 나타낸다. 힘의 방향은 크게 나눠, 들어가는 힘의 방향, 나오는 힘의 방향, 가하는 힘의 방향의 3가지 패턴으로 세 분류하여 구성한다.

흐름은 2가지 패턴으로 세 분류하여 구성한다. 또한, 영역은 1가지 패턴으로 구성한다. '작업 융합도'는 통상적으로는 'WCD'라고 부르는데, (그림 3-2-5)와 같이 나타낸다.

(그림 3-2-5) 작업 융합도(WCD)의 상세 표기 패턴

구분	융합 공정 작업	흐름	영역
기본 패턴	◎ 하청	작업 흐름선	작업 영역
융합 패턴	× 들어가는 힘의 방향 ● 나오는 힘의 방향 ▼ 가하는 힘의 방향	작업 관련선	

(그림 3-2-5)에서 기본 패턴은 독자적으로 사용할 수 없으며, 반드시 융합 패턴과 결합하여 나타내야 한다. 이때 힘의 방향을 나타내는 화살표는 힘을 가하는 방향을 가리키도록 표기한다.

작업 융합도(WCD)는 그 자체를 독립적으로 표기할 수도 있고, 비즈니스 융합도(BCD)와 연계하여 함께 표기해 줄 수도 있다. 작업 융합도를 비즈니스 융합도와 연계하여 사용할 경우, 작업 융합도의 영역 밖에 비즈니스 융합도를 나타내어 주고, 영역 안에 작업 융합도를 나타내는 방법으로 표기한다.

3.2.2.3 요구 정의 작업(PR130)

요구 정의 작업(PR130)은 개발 범위의 초기 확정을 위한 확인과 요구 사항에 대한 정의 및 검증 계획을 수립하는 세그먼트이다.

▶ 요구 정의 작업(PR130) 표준 절차도

(그림 3-2-6) 요구 정의 작업 세그먼트의 표준 절차

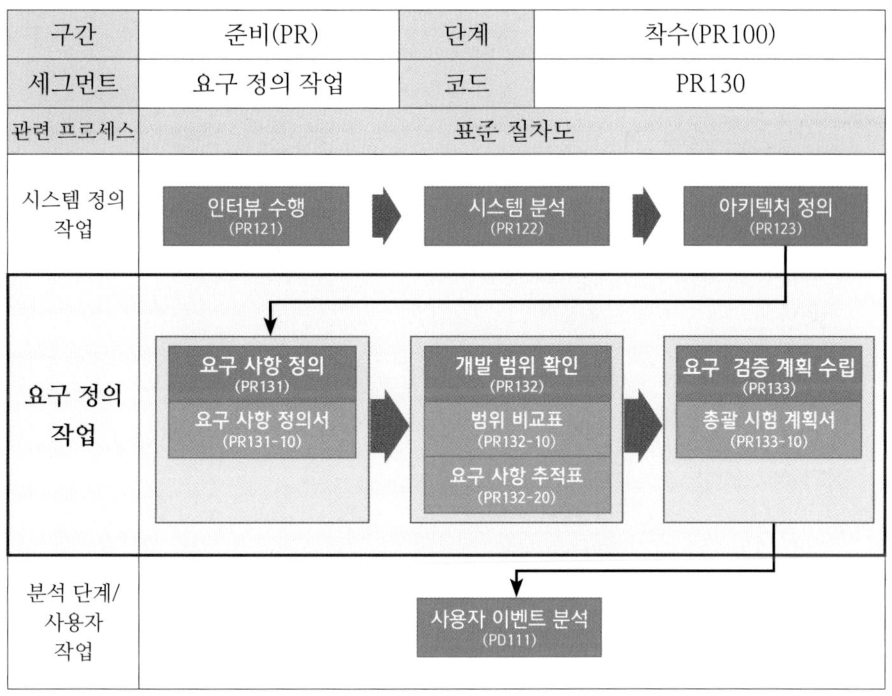

▶ 상세 태스크(task) 설명

〈표 3-2-19〉 요구 정의 작업 세그먼트의 상세 태스크

NO	태스크명(코드)	설명	비고
1	요구 사항 정의 (PR131)	기능 및 비기능 요구 사항의 초기 정의를 수행한다.	
2	개발 범위 확인 (PR132)	개발 범위가 초기 확정되기까지의 변화 과정을 매핑한다.	
3	요구 검증 계획 수립 (PR133)	기능 및 비기능 요구 사항에 대한 총괄적인 차원의 시험 계획을 수립한다.	

▶ 표준 산출물 및 작성 구분(제 1 유형~제 3 유형)

〈표 3-2-20〉 요구 정의 작업 세그먼트의 유형 구분 1~3

유형 번호	약어	생명 주기	SW 유형	개발 주체	사업 규모	DB 사용	적용빈도
1	신응외소사	신규 개발	응용 SW	외주	소규모	사용	높음
2	신응외중사	신규 개발	응용 SW	외주	중규모	사용	중간
3	신응외대사	신규 개발	응용 SW	외주	대규모	사용	낮음

〈표 3-2-21〉 요구 정의 작업 세그먼트의 산출물 작성 구분 1~3

단계/세그먼트	착수 단계(PR100)/요구 정의 작업(PR130)						
태스크(task)	주요 참고 산출물	도구	산출물	필수 구분	사업 유형		
					1	2	3
요구 사항 정의 (PR131)	[순방향] 제안 요청서 제안서 기술 협상서 과업 내용서 사업 수행 계획서 인터뷰 계획 결과서	새품	요구 사항 정의서 (PR131-10)	◉	○	○	○
개발 범위 확인 (PR132)	[순방향] 제안 요청서 제안서 기술 협상서 과업 내용서 사업 수행 계획서 인터뷰 계획 결과서 요구 사항 정의서	새품	범위 비교표 (PR132-10)	◉	○	○	○
	[순방향] 요구 사항 정의서 범위 비교표	새품	요구 사항 추적표 (PR132-20)	◉	○	○	○
요구 검증 계획 수립(PR133)	[순방향] 사업 수행 계획서 도구 적용 계획서 인터뷰 계획 결과서 아키텍처 정의서 요구 사항 정의서	새품	총괄 시험 계획서 (PR133-10)			○	○

▶ **표준 산출물 및 작성 구분(제 4 유형~제 6 유형)**

〈표 3-2-22〉 요구 정의 작업 세그먼트의 유형 구분 4~6

유형 번호	약어	생명 주기	SW 유형	개발 주체	사업 규모	DB 사용	적용빈도
4	고응외소사	고도화	응용 SW	외주	소규모	사용	높음
5	고응외중사	고도화	응용 SW	외주	중규모	사용	중간
6	고응외대사	고도화	응용 SW	외주	대규모	사용	낮음

〈표 3-2-23〉 요구 정의 작업 세그먼트의 산출물 작성 구분 4~6

단계/세그먼트	착수 단계(PR100)/요구 정의 작업(PR130)						
태스크(task)	주요 참고 산출물	도구	산출물	필수 구분	사업 유형		
					4	5	6
요구 사항 정의 (PR131)	[순방향] 제안 요청서 제안서 기술 협상서 과업 내용서 사업 수행 계획서 인터뷰 계획 결과서	새품	요구 사항 정의서 (PR131-10)	⊙	○	○	○
개발 범위 확인 (PR132)	[순방향] 제안 요청서 제안서 기술 협상서 과업 내용서 사업 수행 계획서 인터뷰 계획 결과서 요구 사항 정의서	새품	범위 비교표 (PR132-10)	⊙	○	○	○
	[순방향] 요구 사항 정의서 범위 비교표	새품	요구 사항 추적표 (PR132-20)	⊙	○	○	○
요구 검증 계획 수립(PR133)	[순방향] 사업 수행 계획서 도구 적용 계획서 인터뷰 계획 결과서 아키텍처 정의서 요구 사항 정의서	새품	총괄 시험 계획서 (PR133-10)			○	○

▶ 표준 산출물 및 작성 구분(제 7 유형~제 8 유형)

〈표 3-2-24〉 요구 정의 작업 세그먼트의 유형 구분 7~8

유형 번호	약어	생명 주기	SW 유형	개발 주체	사업 규모	DB 사용	적용빈도
7	신내자소미	신규 개발	내장 SW	자체	소규모	미사용	높음
8	신내자소사	신규 개발	내장 SW	자체	소규모	사용	낮음

〈표 3-2-25〉 요구 정의 작업 세그먼트의 산출물 작성 구분 7~8

<table>
<tr><th>단계/세그먼트</th><th colspan="6">착수 단계(PR100)/요구 정의 작업(PR130)</th></tr>
<tr><th rowspan="2">태스크(task)</th><th rowspan="2">주요 참고 산출물</th><th rowspan="2">도구</th><th rowspan="2">산출물</th><th rowspan="2">필수 구분</th><th colspan="2">사업 유형</th></tr>
<tr><th>7</th><th>8</th></tr>
<tr><td>요구 사항 정의(PR131)</td><td>[순방향]
제안 요청서
제안서
기술 협상서
과업 내용서
사업 수행 계획서
인터뷰 계획 결과서</td><td>새품</td><td>요구 사항 정의서(PR131-10)</td><td>◉</td><td>○</td><td>○</td></tr>
<tr><td rowspan="2">개발 범위 확인(PR132)</td><td>[순방향]
제안 요청서
제안서
기술 협상서
과업 내용서
사업 수행 계획서
인터뷰 계획 결과서
요구 사항 정의서</td><td>새품</td><td>범위 비교표(PR132-10)</td><td></td><td></td><td></td></tr>
<tr><td>[순방향]
요구 사항 정의서
범위 비교표</td><td>새품</td><td>요구 사항 추적표(PR132-20)</td><td>◉</td><td>○</td><td>○</td></tr>
<tr><td>요구 검증 계획 수립(PR133)</td><td>[순방향]
사업 수행 계획서
도구 적용 계획서
인터뷰 계획 결과서
아키텍처 정의서
요구 사항 정의서</td><td>새품</td><td>총괄 시험 계획서(PR133-10)</td><td></td><td></td><td>○</td></tr>
</table>

▶ 표준 산출물 및 작성 구분(제 9 유형~제 10 유형)

〈표 3-2-26〉 요구 정의 작업 세그먼트의 유형 구분 9~10

유형 번호	약어	생명 주기	SW 유형	개발 주체	사업 규모	DB 사용	적용빈도
9	고내자소미	고도화	내장 SW	자체	소규모	미사용	높음
10	고내자소사	고도화	내장 SW	자체	소규모	사용	낮음

〈표 3-2-27〉 요구 정의 작업 세그먼트의 산출물 작성 구분 9~10

<table>
<tr><td>단계/세그먼트</td><td colspan="6">착수 단계(PR100)/요구 정의 작업(PR130)</td></tr>
<tr><td rowspan="2">태스크(task)</td><td rowspan="2">주요 참고 산출물</td><td rowspan="2">도구</td><td rowspan="2">산출물</td><td rowspan="2">필수 구분</td><td colspan="2">사업 유형</td></tr>
<tr><td>9</td><td>10</td></tr>
<tr><td>요구 사항 정의
(PR131)</td><td>[순방향]
제안 요청서
제안서
기술 협상서
과업 내용서
사업 수행 계획서
인터뷰 계획 결과서</td><td>새품</td><td>요구 사항 정의서
(PR131-10)</td><td>◉</td><td>○</td><td>○</td></tr>
<tr><td rowspan="2">개발 범위 확인
(PR132)</td><td>[순방향]
제안 요청서
제안서
기술 협상서
과업 내용서
사업 수행 계획서
인터뷰 계획 결과서
요구 사항 정의서</td><td>새품</td><td>범위 비교표
(PR132-10)</td><td></td><td></td><td></td></tr>
<tr><td>[순방향]
요구 사항 정의서
범위 비교표</td><td>새품</td><td>요구 사항 추적표
(PR132-20)</td><td>◉</td><td>○</td><td>○</td></tr>
<tr><td>요구 검증 계획 수립(PR133)</td><td>[순방향]
사업 수행 계획서
도구 적용 계획서
인터뷰 계획 결과서
아키텍처 정의서
요구 사항 정의서</td><td>새품</td><td>총괄 시험 계획서
(PR133-10)</td><td></td><td></td><td>○</td></tr>
</table>

[참고 3-2-5] 요구 사항 매핑 시의 고려 사항

사용자 요구 사항은 프로그램 로직으로 구현하는 「기능 요구 사항」과 성능, 보안, 표준, 장비 사양 등과 같은 「비기능 요구 사항」으로 분리하여 관리해야 한다. 보통 「기능 요구 사항」을 제외한 모든 요구 사항은 「비기능 요구 사항」으로 간주한다.

요구 사항은 초기의 요구 사항으로부터 사업 종료 시의 요구 사항에 이르기까지 변화가 없는 것이 이상적이다. 하지만 실제로는 어떠한 형태로든 변화가 발생할 수 있는 것이 현실이다.

그래서 사업을 시작하면 요구 사항의 변화 과정을 추적하여, 요구 사항의 이행 여부를 누락없이 점검 및 확인해야 한다.

요구 사항의 시간 흐름에 따른 변화 과정을 크게 2단계로 나누면, 요구 사항의 설정 단계와 요구 사항의 추적 단계로 구분할 수 있다.

첫째, 요구 사항의 설정 단계는 제안 요청서(RFP: Request For Proposal)로부터 제안서, 기술 협상서, 과업 내용서, 사업 수행 계획서, 요구 사항 정의를 위한 요구 사항 ID를 확정하는 요구사항 정의서의 작성까지를 포함한다. 이처럼 초기 요구 사항의 설정을 확정하기까지 시간의 흐름에 따른 요구 사항의 설정을 위한 각 단계 간을 비교하는 단계이다. 이것은 개발 범위 확인 태스크의 '범위 비교표'를 가지고 대응한다.

둘째, 요구 사항의 추적 단계는 요구 사항 정의를 통해 요구 사항 정의서를 작성하는 요구사항 정의 태스크를 완료한 후 최종적으로 시험을 완료할 때까지로 본다. 이처럼, 전 공정 단계에 걸쳐 요구 사항의 변화를 추적하는 단계이다. 이것은 '요구 사항 추적표'를 가지고 대응한다.

이들, 요구 사항의 설정 및 추적 시 유의해야 할 사항을 세 가지로 정리하여 나타내면 다음과 같다.

첫째, 범위 비교표의 맨 마지막 부분의 요구 사항 ID는 요구 사항 정의서의 요구 사항 ID와 단 한 개의 오차도 없이 정확히 일치하는지 확인해야 한다. 그 이유는 범위의 초기 설정 상황을 정확하게 완료해야 하기 때문이다.

둘째, 기능 요구 사항의 성격을 가진 것을 비기능 요구 사항으로, 비기능 요구 사항의 성격을 가진 것을 기능 요구 사항으로 분류한 것은 없는지 확인해야 한다.

셋째, 요구 사항에는 반드시 고유의 ID를 부여해야 한다. 또한, 이러한 ID를 기능과 비기능을 구분할 수 있는 형태로 중복성 없이 부여하였는지 확인해야 한다.

3.3 분석 단계(PD100) : 병렬 개발 구간

병렬 개발 구간(PD)이 포함하고 있는 분석 단계의 전체 표준 절차를 구성하는 세그먼트와 태스크 간의 절차 흐름을 설명하면 다음과 같다.

3.3.1 분석 단계(PD100) 표준 절차도

분석 단계는 K-Method에서 분석 공정을 수행하는 단계이다.

분석 단계(PD100)는 병렬 개발(PD) 구간에 속하며, 사용자 작업(PD110), 프로세스 작업(PD120), 데이터 작업(PD130)의 3개의 세그먼트로 이루어진다.

(그림 3-3-1) 분석 단계의 표준 절차

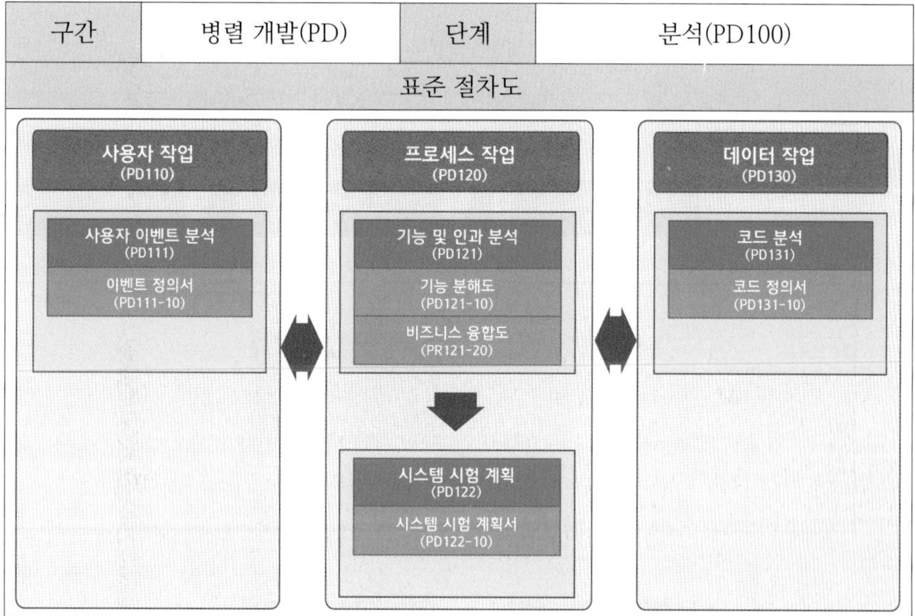

분석 단계는 K-Method에서 착수 단계에 이어 수행하는 단계이다.

사용자 작업 세그먼트에서는 사용자로부터 자극과 반응으로 이어지는 이벤트 분석을 행한다. 프로세스 작업 세그먼트에서는 기능 및 인과 분석과 시스템 시험 계획을 수립한다. 데이터 작업 세그먼트에서는 코드를 식별하고 정의하는 등 코드 분석을 행한다.

사용자 작업, 프로세스 작업, 데이터 작업 세그먼트의 결과물은 설계 단계와 구현 단계의 사용자 작업, 프로세스 작업, 데이터 작업의 세그먼트로 전달이 이루어진다. 그런 식으로, 분석, 설계, 구현의 각 단계를 병렬로 진행한다.

이를 통해, 점진적으로 적용 대상 범위를 넓혀가며 상세화 및 구체화하여 기본적인 시스템 틀을 완성해나간다.

3.3.2 분석 단계(PD100) 상세 절차

3.3.2.1 사용자 작업(PD110)

사용자 작업(PD110)은 사용자 관점의 분석 작업을 수행하는 세그먼트이다.

통상적으로 분석 단계에서 사용자 작업 세그먼트를 수행하는 것이 이론적으로는 맞다. 하지만, 중소규모 소프트웨어 개발 사업에서는 이 작업까지 수행하기에는 부담이 커진다. 따라서, 사용자 이벤트 분석은 대규모 사업에서 적용하는 것을 원칙으로 한다.

▶ 사용자 작업(PD110) 표준 절차도

(그림 3-3-2) 사용자 작업 세그먼트의 표준 절차(분석 단계)

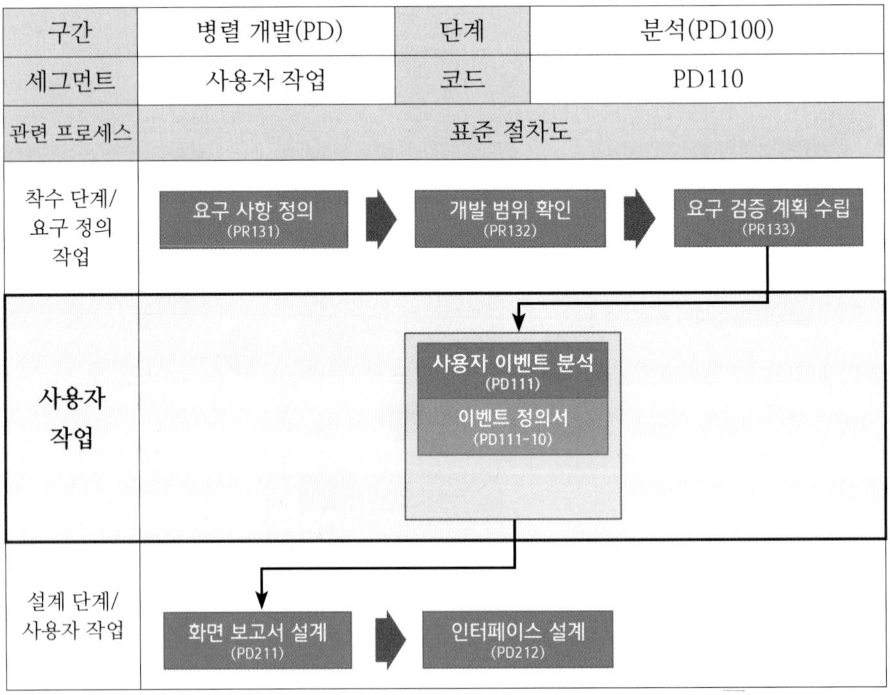

구간	병렬 개발(PD)	단계	분석(PD100)
세그먼트	사용자 작업	코드	PD110
관련 프로세스	표준 절차도		
착수 단계/ 요구 정의 작업	요구 사항 정의 (PR131) → 개발 범위 확인 (PR132) → 요구 검증 계획 수립 (PR133)		
사용자 작업	사용자 이벤트 분석 (PD111) / 이벤트 정의서 (PD111-10)		
설계 단계/ 사용자 작업	화면 보고서 설계 (PD211) → 인터페이스 설계 (PD212)		

▶ 상세 태스크(task) 설명

〈표 3-3-1〉 사용자 작업 세그먼트의 상세 태스크(분석 단계)

NO	태스크명(코드)	설명	비고
1	사용자 이벤트 분석 (PD111)	사용자로부터의 이벤트에 대한 자극 반응의 내용을 분석한다.	

▶ **표준 산출물 및 작성 구분(제 1 유형~제 3 유형)**

〈표 3-3-2〉 사용자 작업 세그먼트의 유형 구분(분석 단계) 1~3

유형 번호	약어	생명 주기	SW 유형	개발 주체	사업 규모	DB 사용	적용빈도
1	신응외소사	신규 개발	응용 SW	외주	소규모	사용	높음
2	신응외중사	신규 개발	응용 SW	외주	중규모	사용	중간
3	신응외대사	신규 개발	응용 SW	외주	대규모	사용	낮음

〈표 3-3-3〉 사용자 작업 세그먼트의 산출물 작성 구분(분석 단계) 1~3

단계/세그먼트	분석 단계(PD100)/사용자 작업(PD110)						
태스크(task)	주요 참고 산출물	도구	산출물	필수 구분	사업 유형		
					1	2	3
사용자 이벤트 분석 (PD111)	[순방향] 요구 사항 정의서 요구 사항 추적표 [역방향] 해당 사항 없음	새품	이벤트 정의서 (PD111-10)				○

▶ **표준 산출물 및 작성 구분(제 4 유형~제 6 유형)**

〈표 3-3-4〉 사용자 작업 세그먼트의 유형 구분(분석 단계) 4~6

유형 번호	약어	생명 주기	SW 유형	개발 주체	사업 규모	DB 사용	적용빈도
4	고응외소사	고도화	응용 SW	외주	소규모	사용	높음
5	고응외중사	고도화	응용 SW	외주	중규모	사용	중간
6	고응외대사	고도화	응용 SW	외주	대규모	사용	낮음

〈표 3-3-5〉 사용자 작업 세그먼트의 산출물 작성 구분(분석 단계) 4~6

단계/세그먼트	분석 단계(PD100)/사용자 작업(PD110)						
태스크(task)	주요 참고 산출물	도구	산출물	필수 구분	사업 유형		
					4	5	6
사용자 이벤트 분석 (PD111)	[순방향] 요구 사항 정의서 요구 사항 추적표 [역방향] 해당 사항 없음	새품	이벤트 정의서 (PD111-10)				○

▶ 표준 산출물 및 작성 구분(제 7 유형~제 8 유형)

〈표 3-3-6〉 사용자 작업 세그먼트의 유형 구분(분석 단계) 7~8

유형 번호	약어	생명 주기	SW 유형	개발 주체	사업 규모	DB 사용	적용빈도
7	신내자소미	신규 개발	내장 SW	자체	소규모	미사용	높음
8	신내자소사	신규 개발	내장 SW	자체	소규모	사용	낮음

〈표 3-3-7〉 사용자 작업 세그먼트의 산출물 작성 구분(분석 단계) 7~8

단계/세그먼트	분석 단계(PD100)/사용자 작업(PD110)					
태스크(task)	주요 참고 산출물	도구	산출물	필수 구분	사업 유형	
					7	8
사용자 이벤트 분석 (PD111)	[순방향] 요구 사항 정의서 요구 사항 추적표 [역방향] 해당 사항 없음	새품	이벤트 정의서 (PD111-10)			

▶ 표준 산출물 및 작성 구분(제 9 유형~제 10 유형)

〈표 3-3-8〉 사용자 작업 세그먼트의 유형 구분(분석 단계) 9~10

유형 번호	약어	생명 주기	SW 유형	개발 주체	사업 규모	DB 사용	적용빈도
9	고내자소미	고도화	내장 SW	자체	소규모	미사용	높음
10	고내자소사	고도화	내장 SW	자체	소규모	사용	낮음

〈표 3-3-9〉 사용자 작업 세그먼트의 산출물 작성 구분(분석 단계) 9~10

단계/세그먼트	분석 단계(PD100)/사용자 작업(PD110)					
태스크(task)	주요 참고 산출물	도구	산출물	필수 구분	사업 유형	
					9	10
사용자 이벤트 분석 (PD111)	[순방향] 요구 사항 정의서 요구 사항 추적표 [역방향] 해당 사항 없음	새품	이벤트 정의서 (PD111-10)			

[참고 3-3-1] 사용자 이벤트 분석 시의 고려 사항

사용자 이벤트 분석을 수행할 때에는 사용자의 입력을 자극으로 보고, 이에 따라 예상할 수 있는 시스템의 반응을 기술하는 형태를 중심으로 정의한다.

그렇다면, 사용자 이벤트 분석을 어떻게 해야 하는 것일까? 예를 들어 생각해보자. 웹 검색을 수행하는 소프트웨어를 개발한다고 하자. 이 시스템은 웹을 통해 정보를 수집하기 위해 대상 리스트에서 가져온 URL로 인터넷 연결을 시도한 뒤, 해당 URL의 홈페이지가 유효하고 해당 홈페이지의 서버가 작동하고 있다면 성공적으로 연결이 이루어지도록 하는 업무를 포함한다고 하자. 이러한 업무를 하루에 300건 내외의 빈도로 수행하고, 해당 정보 수집 활동은 회사의 업무를 종료한 오후 6시부터 익일 오전 6시까지 수행한다고 하자.

정보 수집 업무를 위한 절차는 아래와 같다고 하자.

첫째, URL 리스트에서 정보 수집을 위한 URL을 가져온다.

둘째, 가져온 URL 정보로 인터넷 연결을 행한다.

셋째, 해당 URL의 홈페이지가 존재하고 서버가 작동하면 성공적으로 연결한다. 만일 연결이 실패하면 '연결 실패'를 되돌린다.

넷째, 연결이 이루어지면, 수집한 정보의 헤더 정보 및 원문의 다운로드를 행한다.

위의 업무를 가지고 이벤트 분석을 행한 결과는 다음과 같다.

업무: 웹 검색

이벤트 유형: 시간

이벤트 ID: WSR-EV-01

이벤트 명: URL 연결 성공 시

이벤트 설명: URL을 가져와 정보 수집을 위해 인터넷 연결을 한다. 결과 값이 '연결 실패'가 아니면 성공이다.

반응 ID: WSR-RS-01

반응 설명: 연결이 이루어지면 수집한 정보의 헤더 정보 및 원문의 다운로드를 행한다.

빈도: 300/일

발생 시점: 오후 6시~익일 오전 6시

위와 같은 형태로 분석한 결과를 이벤트 정의서에 기술한다.

일반적으로 이벤트 정의서는 고도로 훈련이 이루어진 조직에서 작성하는 것이 가능하다. 그렇기때문에 중소규모 사업에서 무리하게 적용하려고 할 경우 실속 없이 공정 시간만 낭비할 수 있다. 따라서, 대규모 사업에서 주로 작성한다.

03 단계별 K-Method 적용 가이드

3.3.2.2 프로세스 작업(PD120)

프로세스 작업(PD120)은 프로세스 관점의 기능(機能, function) 및 인과(因果, cause and effect) 분석 작업을 수행하고 시스템 시험 계획을 수립하는 세그먼트이다. 기능 분석이라 함은 기능 요구 사항에 대한 추상화 수준을 결정하여 분해하고 분류하는 형태의 분석 활동을 의미한다. 이에 비해 인과 분석이란 특정 문제를 해결하기 위한 기능들의 선후 관계를 원인과 결과의 연속된 형태로 연결지어 분석하는 활동이다.

▶ 프로세스 작업(PD120) 표준 절차도

(그림 3-3-3) 프로세스 작업 세그먼트의 표준 절차(분석 단계)

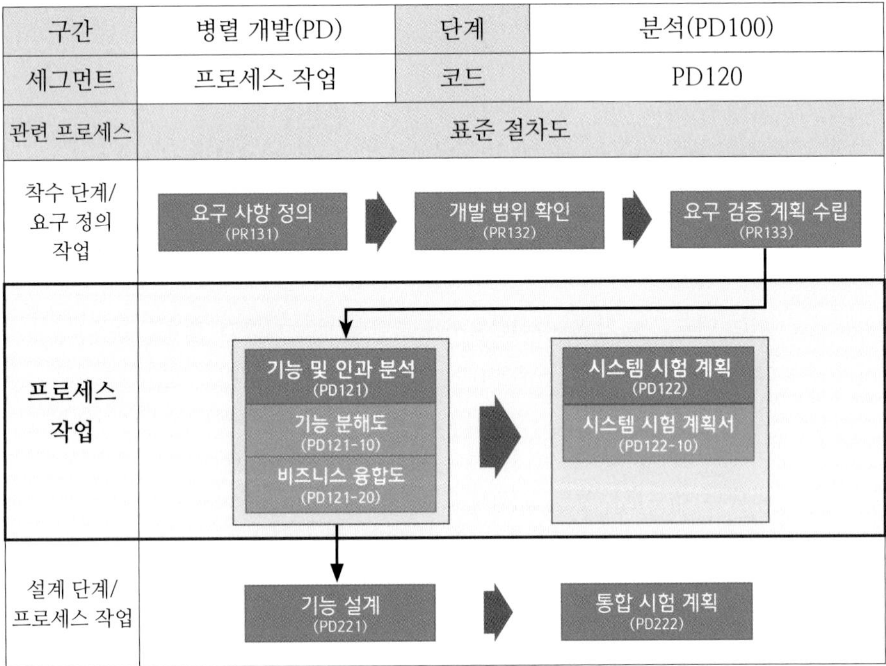

▶ 상세 태스크(task) 설명

〈표 3-3-10〉 프로세스 작업 세그먼트의 상세 태스크(분석 단계)

NO	태스크명(코드)	설명	비고
1	기능 및 인과 분석 (PD121)	프로세스에 대한 기능 분석 및 인과(원인 결과) 분석을 수행한다.	
2	시스템 시험 계획 (PD122)	비기능 요구 사항에 대한 시험 계획을 수립한다.	

▶ 표준 산출물 및 작성 구분(제 1 유형~제 3 유형)

〈표 3-3-11〉 프로세스 작업 세그먼트의 유형 구분(분석 단계) 1~3

유형 번호	약어	생명 주기	SW 유형	개발 주체	사업 규모	DB 사용	적용빈도
1	신응외소사	신규 개발	응용 SW	외주	소규모	사용	높음
2	신응외중사	신규 개발	응용 SW	외주	중규모	사용	중간
3	신응외대사	신규 개발	응용 SW	외주	대규모	사용	낮음

〈표 3-3-12〉 프로세스 작업 세그먼트의 산출물 작성 구분(분석 단계) 1~3

단계/세그먼트	분석 단계(PD100)/프로세스 작업(PD120)						
태스크(task)	주요 참고 산출물	도구	산출물	필수 구분	사업 유형		
					1	2	3
기능 및 인과 분석 (PD121)	[순방향] 요구 사항 정의서 [역방향] 프로그램 명세서 프로그램 논리 설계서	새벗 새빛 새틀 새품 새북	기능 분해도 (PD121-10)	◉	○	○	○
	[순방향] 인터뷰 계획 결과서 현행 시스템 분석서 아키텍처 정의서 요구 사항 정의서 이벤트 정의서 기능 분해도 [역방향] 코드 정의서 화면 설계서 보고서 설계서 프로그램 명세서 논리 ERD	새벗 새빛 새틀 새품 새북	비즈니스 융합도 (PD121-20)			○	○
시스템 시험 계획 (PD122)	[순방향] 사업 수행 계획서 도구 적용 계획서 아키텍처 정의서 요구 사항 정의서 요구 사항 추적표 총괄 시험 계획서 [역방향] 해당 사항 없음	새벗 새빛 새틀 새품 새북	시스템 시험 계획서 (PD122-10)			○	○

▶ 표준 산출물 및 작성 구분(제 4 유형~제 6 유형)

〈표 3-3-13〉 프로세스 작업 세그먼트의 유형 구분(분석 단계) 4~6

유형 번호	약어	생명 주기	SW 유형	개발 주체	사업 규모	DB 사용	적용빈도
4	고응외소사	고도화	응용 SW	외주	소규모	사용	높음
5	고응외중사	고도화	응용 SW	외주	중규모	사용	중간
6	고응외대사	고도화	응용 SW	외주	대규모	사용	낮음

〈표 3-3-14〉 프로세스 작업 세그먼트의 산출물 작성 구분(분석 단계) 4~6

단계/세그먼트	분석 단계(PD100)/프로세스 작업(PD120)						
태스크(task)	주요 참고 산출물	도구	산출물	필수 구분	사업 유형		
					4	5	6
기능 및 인과 분석 (PD121)	[순방향] 요구 사항 정의서 [역방향] 프로그램 명세서 프로그램 논리 설계서	새벗 새빛 새틀 새품 새북	기능 분해도 (PD121-10)	◉	○	○	○
	[순방향] 인터뷰 계획 결과서 현행 시스템 분석서 아키텍처 정의서 요구 사항 정의서 이벤트 정의서 기능 분해도 [역방향] 코드 정의서 화면 설계서 보고서 설계서 프로그램 명세서 논리 ERD	새벗 새빛 새틀 새품 새북	비즈니스 융합도 (PD121-20)			○	○
시스템 시험 계획 (PD122)	[순방향] 사업 수행 계획서 도구 적용 계획서 아키텍처 정의서 요구 사항 정의서 요구 사항 추적표 총괄 시험 계획서 [역방향] 해당 사항 없음	새벗 새빛 새틀 새품 새북	시스템 시험 계획서 (PD122-10)			○	○

▶ **표준 산출물 및 작성 구분(제 7 유형~제 8 유형)**

〈표 3-3-15〉 프로세스 작업 세그먼트의 유형 구분(분석 단계) 7~8

유형 번호	약어	생명 주기	SW 유형	개발 주체	사업 규모	DB 사용	적용빈도
7	신내자소미	신규 개발	내장 SW	자체	소규모	미사용	높음
8	신내자소사	신규 개발	내장 SW	자체	소규모	사용	낮음

〈표 3-3-16〉 프로세스 작업 세그먼트의 산출물 작성 구분(분석 단계) 7~8

단계/세그먼트	분석 단계(PD100)/프로세스 작업(PD120)					
태스크(task)	주요 참고 산출물	도구	산출물	필수 구분	사업 유형	
					7	8
기능 및 인과 분석 (PD121)	[순방향] 요구 사항 정의서 [역방향] 프로그램 명세서 프로그램 논리 설계서	새벗 새빛 새틀 새품 새북	기능 분해도 (PD121-10)	◉	○	○
	[순방향] 인터뷰 계획 결과서 현행 시스템 분석서 아키텍처 정의서 요구 사항 정의서 이벤트 정의서 기능 분해도 [역방향] 코드 정의서 화면 설계서 보고서 설계서 프로그램 명세서 논리 ERD	새벗 새빛 새틀 새품 새북	비즈니스 융합도 (PD121-20)			
시스템 시험 계획 (PD122)	[순방향] 사업 수행 계획서 도구 적용 계획서 아키텍처 정의서 요구 사항 정의서 요구 사항 추적표 총괄 시험 계획서 [역방향] 해당 사항 없음	새벗 새빛 새틀 새품 새북	시스템 시험 계획서 (PD122-10)			

▶ 표준 산출물 및 작성 구분(제 9 유형~제 10 유형)

〈표 3-3-17〉 프로세스 작업 세그먼트의 유형 구분(분석 단계) 9~10

유형 번호	약어	생명 주기	SW 유형	개발 주체	사업 규모	DB 사용	적용빈도
9	고내자소미	고도화	내장 SW	자체	소규모	미사용	높음
10	고내자소사	고도화	내장 SW	자체	소규모	사용	낮음

〈표 3-3-18〉 프로세스 작업 세그먼트의 산출물 작성 구분(분석 단계) 9~10

<table>
<tr><td>단계/세그먼트</td><td colspan="6">분석 단계(PD100)/프로세스 작업(PD120)</td></tr>
<tr><td rowspan="2">태스크(task)</td><td rowspan="2">주요 참고 산출물</td><td rowspan="2">도구</td><td rowspan="2">산출물</td><td rowspan="2">필수 구분</td><td colspan="2">사업 유형</td></tr>
<tr><td>9</td><td>10</td></tr>
<tr><td rowspan="2">기능 및 인과 분석(PD121)</td><td>[순방향]
요구 사항 정의서
[역방향]
프로그램 명세서
프로그램 논리 설계서</td><td>새벗
새빛
새틀
새품
새북</td><td>기능 분해도
(PD121-10)</td><td>◉</td><td>○</td><td>○</td></tr>
<tr><td>[순방향]
인터뷰 계획 결과서
현행 시스템 분석서
아키텍처 정의서
요구 사항 정의서
이벤트 정의서
기능 분해도
[역방향]
코드 정의서
화면 설계서
보고서 설계서
프로그램 명세서
논리 ERD</td><td>새벗
새빛
새틀
새품
새북</td><td>비즈니스 융합도
(PD121-20)</td><td></td><td></td><td></td></tr>
<tr><td>시스템 시험 계획
(PD122)</td><td>[순방향]
사업 수행 계획서
도구 적용 계획서
아키텍처 정의서
요구 사항 정의서
요구 사항 추적표
총괄 시험 계획서
[역방향]
해당 사항 없음</td><td>새벗
새빛
새틀
새품
새북</td><td>시스템 시험 계획서
(PD122-10)</td><td></td><td></td><td></td></tr>
</table>

[참고 3-3-2] 기능 분석 및 인과 분석 시의 고려 사항

기능 분석은 기능의 추상화 수준에 따른 분류를 의미한다. 기능 분석은 TTAK.KO-11.0196 정보 통신 단체 표준인 '소프트웨어 논리 구조 표기 지침(Guidelines for Representing the Logic Structure of Software)'의 추상화 수준 분류 기능을 이용하여 기능 분해도 형태로 작성 반영한다. 기능 분석의 결과는 추후 프로그램 논리 설계를 할 때 기능 추상화 부분의 역할을 하여, 기능 분해의 결과를 프로그램 논리 설계에 자연스럽게 반영할 수 있다.

인과 분석은 원인 결과 분석을 의미한다. 인과 분석은 TTAK.KO-11.0217 정보 통신 단체 표준인 '비즈니스 융합 표기 지침(Guidelines for Representing the Business Convergence Process)'을 기반으로 작성하여 반영한다. 인과 분석은 현행 시스템 분석 시의 비즈니스 융합도를 이용하여 개선할 수 있다.

(그림 3-3-4) TTAK.KO-11.0196

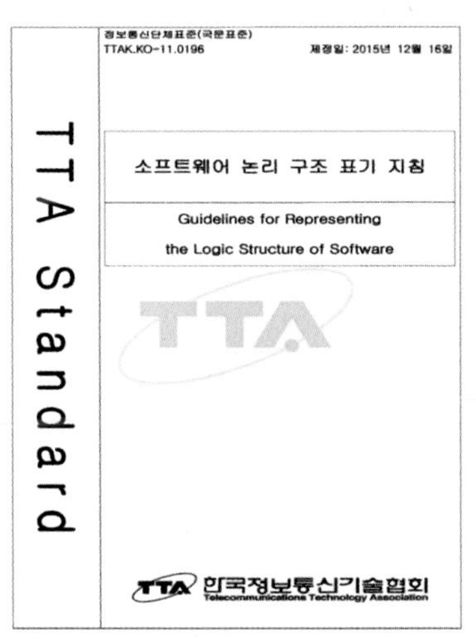

(그림 3-3-5) TTAK.KO-11.0217

소프트웨어 논리 구조 표기 지침에 의거하여 기능 분석을 행할 때의 기능 분할은 수동으로 할 수도 있다. 그러나 자동화 도구를 이용하면 설계 및 구현을 연계하여 병행적으로 진행할 수 있다.

이를 위해서는 새틀(SETL : Software Engineering TooL)이라는 도구를 사용한다. 새틀의 계열화 기능을 이용하여 요구 사항을 추상화와 구체화라는 계열 분할을 해준다. 이를 통해 설계와 구현 시 기능의 범위를 명확히 구분해주는 작업을 지원해준다. 이때 작도에는 쏙(SOC : Structured Object Component)이라는 표기 방법을 사용한다.

인과 분석을 위해 비즈니스 융합 표기 지침을 사용할 때는 BCD(Business Convergence Diagram)라는 표기 방법을 사용한다.

3.3.2.3 데이터 작업(PD130)

데이터 작업(PD130)은 데이터 관점의 분석 작업의 일환으로 코드 분석을 수행하는 세그먼트이다. 기존의 방법론에서는 분석 단계에서 논리 모델을 만드는 것이 일반적이나, K-Method에서는 코드 분석의 중요성을 감안하여, 논리 및 물리 데이터 모델은 모두 설계 단계에서 진행하는 것을 원칙으로 함.

▶ 데이터 작업(PD130) 표준 절차도

(그림 3-3-6) 데이터 작업 세그먼트의 표준 절차(분석 단계)

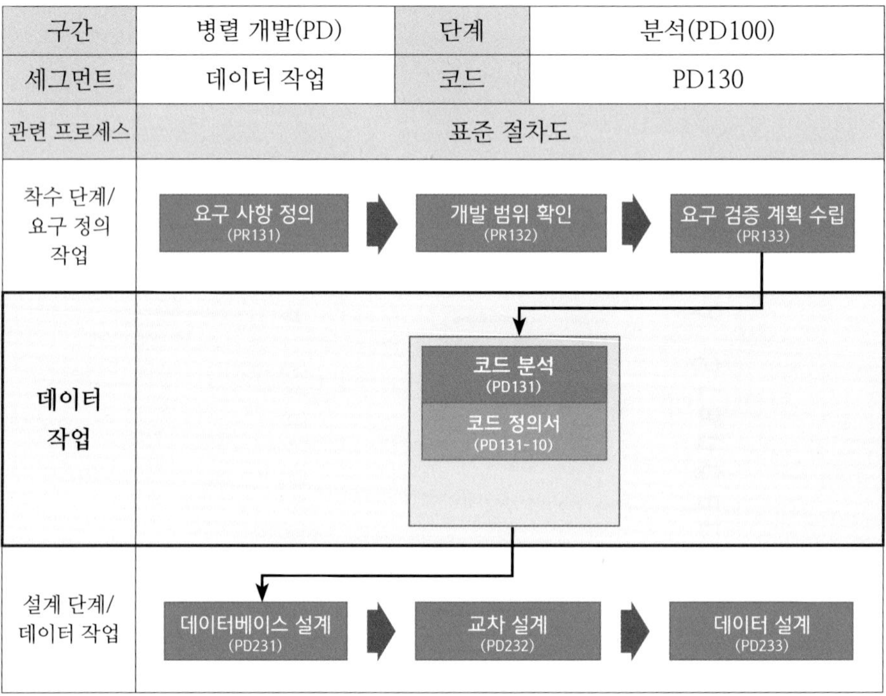

구간	병렬 개발(PD)	단계	분석(PD100)
세그먼트	데이터 작업	코드	PD130
관련 프로세스	표준 절차도		

▶ 상세 태스크(task) 설명

〈표 3-3-19〉 데이터 작업 세그먼트의 상세 태스크(분석 단계)

NO	태스크명(코드)	설명	비고
1	코드 분석 (PD131)	해당 개발 사업에 적용되는 코드를 정의한다.	

▶ 표준 산출물 및 작성 구분(제 1 유형~제 3 유형)

〈표 3-3-20〉 데이터 작업 세그먼트의 유형 구분(분석 단계) 1~3

유형 번호	약어	생명 주기	SW 유형	개발 주체	사업 규모	DB 사용	적용빈도
1	신응외소사	신규 개발	응용 SW	외주	소규모	사용	높음
2	신응외중사	신규 개발	응용 SW	외주	중규모	사용	중간
3	신응외대사	신규 개발	응용 SW	외주	대규모	사용	낮음

〈표 3-3-21〉 데이터 작업 세그먼트의 산출물 작성 구분(분석 단계) 1~3

단계/세그먼트	분석 단계(PD100)/데이터 작업(PD130)						
태스크(task)	주요 참고 산출물	도구	산출물	필수 구분	사업 유형		
					1	2	3
코드 분석 (PD131)	[순방향] 현행 시스템 분석서 아키텍처 정의서 비즈니스 융합도 [역방향] 논리 ERD 물리 ERD 테이블 정의서	새품	코드 정의서 (PD131-10)			○	○

▶ 표준 산출물 및 작성 구분(제 4 유형~제 6 유형)

〈표 3-3-22〉 데이터 작업 세그먼트의 유형 구분(분석 단계) 4~6

유형 번호	약어	생명 주기	SW 유형	개발 주체	사업 규모	DB 사용	적용빈도
4	고응외소사	고도화	응용 SW	외주	소규모	사용	높음
5	고응외중사	고도화	응용 SW	외주	중규모	사용	중간
6	고응외대사	고도화	응용 SW	외주	대규모	사용	낮음

〈표 3-3-23〉 데이터 작업 세그먼트의 산출물 작성 구분(분석 단계) 4~6

단계/세그먼트	분석 단계(PD100)/데이터 작업(PD130)						
태스크(task)	주요 참고 산출물	도구	산출물	필수 구분	사업 유형		
					4	5	6
코드 분석 (PD131)	[순방향] 현행 시스템 분석서 아키텍처 정의서 비즈니스 융합도 [역방향] 논리 ERD 물리 ERD 테이블 정의서	새품	코드 정의서 (PD131-10)			○	○

▶ **표준 산출물 및 작성 구분(제 7 유형~제 8 유형)**

〈표 3-3-24〉 데이터 작업 세그먼트의 유형 구분(분석 단계) 7~8

유형 번호	약어	생명 주기	SW 유형	개발 주체	사업 규모	DB 사용	적용빈도
7	신내자소미	신규 개발	내장 SW	자체	소규모	미사용	높음
8	신내자소사	신규 개발	내장 SW	자체	소규모	사용	낮음

〈표 3-3-25〉 데이터 작업 세그먼트의 산출물 작성 구분(분석 단계) 7~8

단계/세그먼트	분석 단계(PD100)/데이터 작업(PD130)					
태스크(task)	주요 참고 산출물	도구	산출물	필수 구분	사업 유형	
					7	8
코드 분석 (PD131)	[순방향] 현행 시스템 분석서 아키텍처 정의서 비즈니스 융합도 [역방향] 논리 ERD 물리 ERD 테이블 정의서	새품	코드 정의서 (PD131-10)			

▶ 표준 산출물 및 작성 구분(제 9 유형~제 10 유형)

〈표 3-3-26〉 데이터 작업 세그먼트의 유형 구분(분석 단계) 9~10

유형 번호	약어	생명 주기	SW 유형	개발 주체	사업 규모	DB 사용	적용빈도
9	고내자소미	고도화	내장 SW	자체	소규모	미사용	높음
10	고내자소사	고도화	내장 SW	자체	소규모	사용	낮음

〈표 3-3-27〉 데이터 작업 세그먼트의 산출물 작성 구분(분석 단계) 9~10

<table>
<tr><td>단계/세그먼트</td><td colspan="6">분석 단계(PD100)/데이디 직입(PD130)</td></tr>
<tr><td rowspan="2">태스크(task)</td><td rowspan="2">주요 참고 산출물</td><td rowspan="2">도구</td><td rowspan="2">산출물</td><td rowspan="2">필수 구분</td><td colspan="2">사업 유형</td></tr>
<tr><td>9</td><td>10</td></tr>
<tr><td rowspan="2">코드 분석
(PD131)</td><td>[순방향]
현행 시스템 분석서
아키텍처 정의서
비즈니스 융합도</td><td rowspan="2">새품</td><td rowspan="2">코드 정의서
(PD131-10)</td><td rowspan="2"></td><td rowspan="2"></td><td rowspan="2"></td></tr>
<tr><td>[역방향]
논리 ERD
물리 ERD
테이블 정의서</td></tr>
</table>

03 단계별 K-Method 적용 가이드

[참고 3-3-3] 코드 분석 시의 고려 사항

코드 분석을 할 때 고려해야 할 사항을 다섯가지로 정리하면 다음과 같다.

첫째, 반드시 데이터 표준에 대한 고려를 병행할 필요가 있다. 공공기관의 경우에는 '행정기관의 코드표준화 추진지침' 등의 반영을 고려하는 것이 중요하다. 또한, '공공기관의 데이터베이스 표준화 지침'의 적용을 강제하는 경우에는 본 서의 방법론 적용과는 별도로 이를 준수해야 한다.

둘째, 코드 분석의 결과는 논리 데이터베이스 설계 시의 애트리뷰트(attribute)와 코드의 논리 명이 일치하도록 하는 것이 안정적인 데이터 작업을 위해 중요하다.

셋째, 코드 정의는 논리 명을 중심으로 정의해주는 것이 원칙이나, 필요에 따라 물리 명까지 정의 할 경우가 있다. 이런 경우에는 물리 데이터베이스 설계 시의 컬럼(column)과 해당 코드의 물리 명이 일치하도록 하는 것이 중요하다.

넷째, 코드의 논리 명 또는 물리 명은 크게 이음 동의어, 동음 이의어와 같이 충돌하는 경우가 발생할 수 있다. 이러한 충돌이 발생할 시, 이음 동의어의 경우에는 코드 정의서 내에 동의어 사전 형태로 기술하여 이를 인정해 줄 수 있다. 그러나 동음 이의어의 경우에는 어떠한 경우에도 인정하지 않으므로 이를 해소해야 한다.

다섯째, 코드 정의 시에는 각 코드가 포함하는 도메인에 대해서도 반드시 기술할 필요가 있다.

참고로, 이음 동의어란 다른 코드 명으로 정의되었으나 서로 의미가 같은 경우를 의미한다. 예를들어 '사용부서'라는 코드 명이 있고, '영업부서'라는 코드 명이 정의되었다고 볼 때, '영업부서'가 '사용부서'로서의 기능을 한다면, '사용부서'와 '영업부서'는 이음 동의어에 해당한다. 이음 동의어는 코드 정의서에서 동의어 사전 형태로 정의 할 경우에는 예외로 인정한다. 따라서, 이음 동의어를 써야 할 필요가 발생할 경우에는 반드시 코드 정의서에 이음 동의어임을 기술해야 한다.

동음 이의어란 동일한 코드 명으로 정의하였으나 서로 의미가 다른 경우에 해당한다. 데이터 작업 시 동음 이의어는 데이터베이스 품질 저하에 직접적인 영향을 주므로 어떠한 경우에도 허용해서는 안된다. 따라서, 코드 정의 결과 동음 이의어가 발생하면 코드 명을 변경하여 반드시 제거해야 한다. 또한, 코드 분석 결과 정의한 내역은 논리 ERD의 속성 코드 정의(attribute code definition)에 반영해 줄 필요가 있다.

 3.4 설계 단계(PD200) : 병렬 개발 구간

병렬 개발 구간(PD)이 포함하고 있는 설계 단계의 전체 표준 절차를 구성하는 세그먼트와 태스크 간의 절차 흐름을 설명하면 다음과 같다.

3.4.1 설계 단계(PD200) 표준 절차도

설계 단계는 K-Method에서 설계 공정을 수행하는 단계이다.

설계 단계(PD200)는 병렬 개발(PD) 구간에 속하며, 사용자 작업(PD210), 프로세스 작업(PD220), 데이터 작업(PD230)의 3개의 세그먼트로 이루어진다.

(그림 3-4-1) 설계 단계의 표준 절차

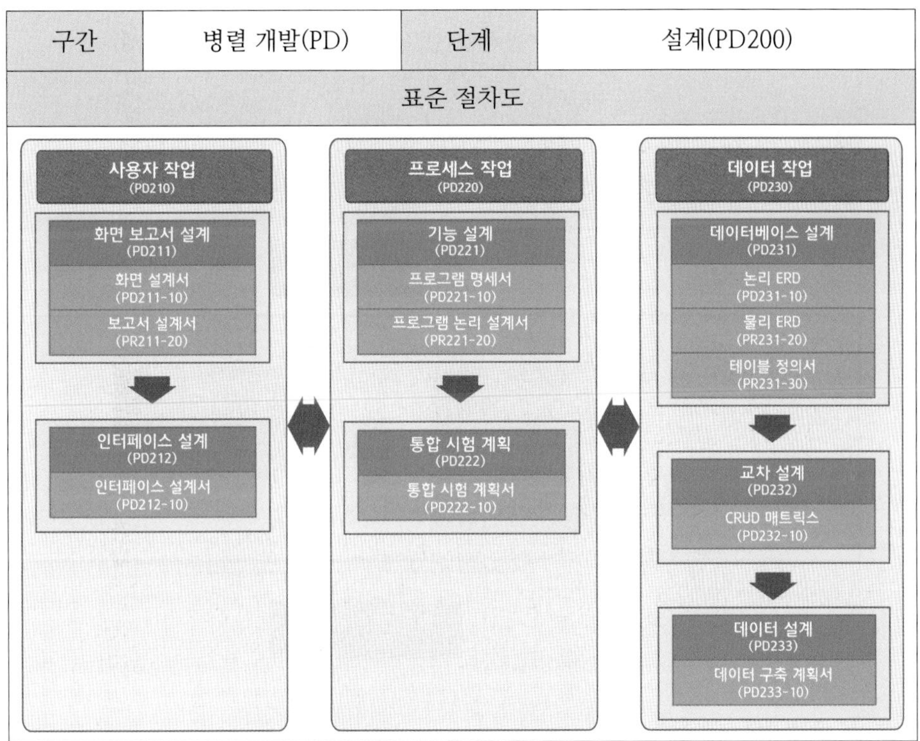

설계 단계는 K-Method에서 분석 단계 및 구현 단계와 병행하여 수행할 수 있는 단계이다.

사용자 작업 세그먼트에서는 분석 단계의 사용자 이벤트 분석 작업과 연계하여 화면과 보고서를 설계하고, 내·외부 인터페이스 설계를 한다. 프로세스 작업 세그먼트에서는 분석 단계의 기능(機能) 및 인과(因果) 분석 작업과 연계하여 기능 설계를 수행하고 통합 시험 계획을 수립한다. 데이터 작업 세그먼트에서는 분석 단계의 코드 분석 작업과 연계하여 DB 설계와 교차 설계를 하고, 데이터 설계를 수행한다.

설계 단계의 사용자, 프로세스, 데이터 작업 세그먼트는 분석 단계와 구현 단계의 사용자, 프로세스, 데이터 작업 세그먼트와 모두 유기적으로 연결(고유한 ID 부여)되어 있다. 그래서 설계 단계 작업의 변경이 발생하면, 분석 및 구현 단계의 사용자, 프로세스, 데이터 작업 내용을 확인하여 관련 변경 내역을 모두 수정 반영해야 한다.

3.4.2 설계 단계(PD200) 상세 절차

3.4.2.1 사용자 작업(PD210)

사용자 작업(PD210)은 사용자 관점의 설계 작업을 수행하는 세그먼트이다.

▶ 사용자 작업(PD210) 표준 절차도

(그림 3-4-2) 사용자 작업 세그먼트의 표준 절차(설계 단계)

구간	병렬 개발(PD)	단계	설계(PD200)
세그먼트	사용자 작업	코드	PD210
관련 프로세스	표준 절차도		
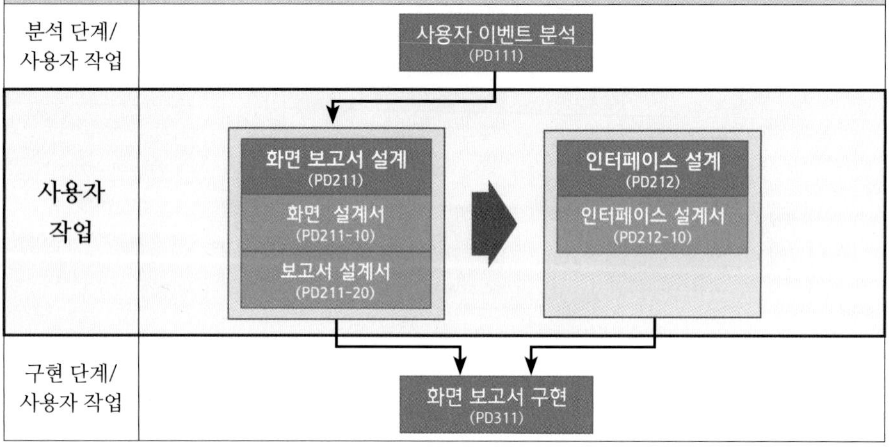 분석 단계/ 사용자 작업	사용자 이벤트 분석 (PD111)		
사용자 작업	화면 보고서 설계 (PD211): 화면 설계서 (PD211-10), 보고서 설계서 (PD211-20) → 인터페이스 설계 (PD212): 인터페이스 설계서 (PD212-10)		
구현 단계/ 사용자 작업	화면 보고서 구현 (PD311)		

▶ 상세 태스크(task) 설명

〈표 3-4-1〉 사용자 작업 세그먼트의 상세 태스크(설계 단계)

NO	태스크명(코드)	설명	비고
1	화면 보고서 설계 (PD211)	화면 및 보고서에 대한 설계를 수행한다.	
2	인터페이스 설계 (PD212)	내·외부 인터페이스 설계를 수행한다.	

▶ 표준 산출물 및 작성 구분(제 1 유형~제 3 유형)

〈표 3-4-2〉 사용자 작업 세그먼트의 유형 구분(설계 단계) 1~3

유형 번호	약어	생명 주기	SW 유형	개발 주체	사업 규모	DB 사용	적용빈도
1	신응외소사	신규 개발	응용 SW	외주	소규모	사용	높음
2	신응외중사	신규 개발	응용 SW	외주	중규모	사용	중간
3	신응외대사	신규 개발	응용 SW	외주	대규모	사용	낮음

〈표 3-4-3〉 사용자 작업 세그먼트의 산출물 작성 구분(설계 단계) 1~3

<table>
<tr><td>단계/세그먼트</td><td colspan="7">설계 단계(PD200)/사용자 작업(PD210)</td></tr>
<tr><td rowspan="2">태스크(task)</td><td rowspan="2">주요 참고 산출물</td><td rowspan="2">도구</td><td rowspan="2">산출물</td><td rowspan="2">필수 구분</td><td colspan="3">사업 유형</td></tr>
<tr><td>1</td><td>2</td><td>3</td></tr>
<tr><td rowspan="2">화면 보고서 설계 (PD211)</td><td>[순방향]
요구 사항 정의서
이벤트 정의서
비즈니스 융합도
[역방향]
보고서 설계서
프로그램 명세서
테이블 정의서
단위 시험 계획 결과서</td><td>새품</td><td>화면 설계서
(PD211-10)</td><td>◉</td><td>○</td><td>○</td><td>○</td></tr>
<tr><td>[순방향]
요구 사항 정의서
이벤트 정의서
비즈니스 융합도
화면 설계서
[역방향]
프로그램 명세서
테이블 정의서
단위 시험 계획 결과서</td><td>새품</td><td>보고서 설계서
(PD211-20)</td><td></td><td></td><td>○</td><td>○</td></tr>
<tr><td>인터페이스 설계 (PD212)</td><td>[순방향]
아키텍처 정의서
요구 사항 정의서
비즈니스 융합도
[역방향]
프로그램 명세서
테이블 정의서</td><td>새품</td><td>인터페이스 설계서
(PD212-10)</td><td></td><td></td><td>○</td><td>○</td></tr>
</table>

03 단계별 K-Method 적용 가이드

▶ 표준 산출물 및 작성 구분(제 4 유형~제 6 유형)

〈표 3-4-4〉 사용자 작업 세그먼트의 유형 구분(설계 단계) 4~6

유형 번호	약어	생명 주기	SW 유형	개발 주체	사업 규모	DB 사용	적용빈도
4	고응외소사	고도화	응용 SW	외주	소규모	사용	높음
5	고응외중사	고도화	응용 SW	외주	중규모	사용	중간
6	고응외대사	고도화	응용 SW	외주	대규모	사용	낮음

〈표 3-4-5〉 사용자 작업 세그먼트의 산출물 작성 구분(설계 단계) 4~6

단계/세그먼트	설계 단계(PD200)/사용자 작업(PD210)						
태스크(task)	주요 참고 산출물	도구	산출물	필수 구분	사업 유형 4	사업 유형 5	사업 유형 6
화면 보고서 설계 (PD211)	[순방향] 요구 사항 정의서 이벤트 정의서 비즈니스 융합도 [역방향] 보고서 설계서 프로그램 명세서 테이블 정의서 단위 시험 계획 결과서	새품	화면 설계서 (PD211-10)	◉	○	○	○
	[순방향] 요구 사항 정의서 이벤트 정의서 비즈니스 융합도 화면 설계서 [역방향] 프로그램 명세서 테이블 정의서 단위 시험 계획 결과서	새품	보고서 설계서 (PD211-20)			○	○
인터페이스 설계 (PD212)	[순방향] 아키텍처 정의서 요구 사항 정의서 비즈니스 융합도 [역방향] 프로그램 명세서 테이블 정의서	새품	인터페이스 설계서 (PD212-10)			○	○

▶ **표준 산출물 및 작성 구분(제 7 유형~제 8 유형)**

〈표 3-4-6〉 사용자 작업 세그먼트의 유형 구분(설계 단계) 7~8

유형 번호	약어	생명 주기	SW 유형	개발 주체	사업 규모	DB 사용	적용빈도
7	신내자소미	신규 개발	내장 SW	자체	소규모	미사용	높음
8	신내자소사	신규 개발	내장 SW	자체	소규모	사용	낮음

〈표 3-4-7〉 사용자 작업 세그먼트의 산출물 작성 구분(설계 단계) 7~8

<table>
<tr><td>단계/세그민드</td><td colspan="7">설계 단계(PD200)/사용자 작업(PD210)</td></tr>
<tr><td rowspan="2">태스크(task)</td><td rowspan="2">주요 참고 산출물</td><td rowspan="2">도구</td><td rowspan="2">산출물</td><td rowspan="2">필수 구분</td><td colspan="2">사업 유형</td></tr>
<tr><td>7</td><td>8</td></tr>
<tr><td rowspan="4">화면 보고서
설계
(PD211)</td><td>[순방향]
요구 사항 정의서
이벤트 정의서
비즈니스 융합도</td><td rowspan="2">새품</td><td rowspan="2">화면 설계서
(PD211-10)</td><td rowspan="2"></td><td rowspan="2"></td><td rowspan="2"></td></tr>
<tr><td>[역방향]
보고서 설계서
프로그램 명세서
테이블 정의서
단위 시험 계획 결과서</td></tr>
<tr><td>[순방향]
요구 사항 정의서
이벤트 정의서
비즈니스 융합도
화면 설계서</td><td rowspan="2">새품</td><td rowspan="2">보고서 설계서
(PD211-20)</td><td rowspan="2"></td><td rowspan="2"></td><td rowspan="2"></td></tr>
<tr><td>[역방향]
프로그램 명세서
테이블 정의서
단위 시험 계획 결과서</td></tr>
<tr><td rowspan="2">인터페이스
설계
(PD212)</td><td>[순방향]
아키텍처 정의서
요구 사항 정의서
비즈니스 융합도</td><td rowspan="2">새품</td><td rowspan="2">인터페이스 설계서
(PD212-10)</td><td rowspan="2"></td><td rowspan="2"></td><td rowspan="2"></td></tr>
<tr><td>[역방향]
프로그램 명세서
테이블 정의서</td></tr>
</table>

▶ **표준 산출물 및 작성 구분(제 9 유형~제 10 유형)**

〈표 3-4-8〉 사용자 작업 세그먼트의 유형 구분(설계 단계) 9~10

유형 번호	약어	생명 주기	SW 유형	개발 주체	사업 규모	DB 사용	적용빈도
9	고내자소미	고도화	내장 SW	자체	소규모	미사용	높음
10	고내자소사	고도화	내장 SW	자체	소규모	사용	낮음

〈표 3-4-9〉 사용자 작업 세그먼트의 산출물 작성 구분(설계 단계) 9~10

단계/세그먼트	설계 단계(PD200)/사용자 작업(PD210)					
태스크(task)	주요 참고 산출물	도구	산출물	필수 구분	사업 유형	
					9	10
화면 보고서 설계 (PD211)	[순방향] 요구 사항 정의서 이벤트 정의서 비즈니스 융합도 [역방향] 보고서 설계서 프로그램 명세서 테이블 정의서 단위 시험 계획 결과서	새품	화면 설계서 (PD211-10)			
	[순방향] 요구 사항 정의서 이벤트 정의서 비즈니스 융합도 화면 설계서 [역방향] 프로그램 명세서 테이블 정의서 단위 시험 계획 결과서	새품	보고서 설계서 (PD211-20)			
인터페이스 설계 (PD212)	[순방향] 아키텍처 정의서 요구 사항 정의서 비즈니스 융합도 [역방향] 프로그램 명세서 테이블 정의서	새품	인터페이스 설계서 (PD212-10)			

[참고 3-4-1] 화면 및 인터페이스 설계 시의 고려 사항

화면 설계 시에는 화면 ID, 화면 명, 화면의 제어 객체(control object), 제어 객체 클릭 시에 발생하는 이벤트, 이벤트가 발생할 시의 연계 프로그램 ID, 이벤트가 발생할 시의 연계 프로그램 명(선택 사항), 해당 화면에서 사용하는 데이터와 관련이 있는 테이블 ID, 해당 화면에서 사용하는 데이터와 관련이 있는 엔티티 명(선택 사항) 등의 기술을 누락하지 않도록 유의할 필요가 있다.

그 이유는 다음과 같다.

첫째, 화면 ID, 화면 명을 명확히 해야 하는 이유는 프로세스 작업 및 데이터 작업 세그먼트와의 연관 관계를 쉽게 파악하기 위함이다. 사용자 작업 세그넌트의 화면 ID와 화면 명이 어떤 프로세스 작업 세그먼트의 프로그램 ID 및 어떤 데이터 작업 세그먼트의 테이블 ID와 연관을 맺고 있는지를 명확하게 함으로써, 모델간의 협력 관계를 직관적으로 파악하는 것을 돕기 위함이다.

둘째, 화면의 제어 객체와 제어 객체의 클릭 시에 발생하는 이벤트, 이벤트가 발생할 시의 연계 프로그램 ID, 이벤트가 발생할 시의 연계 프로그램 명(선택 사항)을 기술하는 이유는 사용자 모델(이벤트 모델)과 프로세스 모델간의 연관 관계를 쉽게 파악할 수 있도록 하기 위함이다.

셋째, 해당 화면에서 사용하는 데이터와 관련이 있는 테이블 ID, 해당 화면에서 사용하는 데이터와 관련이 있는 엔티티 명(선택 사항) 등의 기술을 누락하지 않도록 유의할 필요가 있는 이유는 사용자 모델(이벤트 모델)과 데이터 모델간의 연관 관계를 쉽게 파악할 수 있도록 하기 위함이다.

이렇게 하면 어떤 점이 좋을까?

어느 쪽에서 작업을 먼저 하더라도 다른 쪽의 연관 부분을 쉽게 찾을 수 있다. 따라서 디버깅, 품질 점검, 사용자로부터의 개선 요구 사항들이 있을 때, 연관 부분을 바로 찾아내어 작업할 수 있어 개발 생산성과 유지 보수성을 증대시킬 수 있다.

화면과 연관이 있는 품질의 문제를 점검할 경우에는 해당 화면 환경에 특화한 도구를 적용할 수도 있다. 당 사가 개발한 새품의 체크리스트 점검 기능을 이용하면 정보시스템 감리를 수행하는 것과 같은 수준의 품질 점검을 할 수 있다.

인터페이스 설계의 경우에는 연계 내역을 속성 수준까지 명확하게 연계해야 한다.

이때, 연계가 이루어지는 컬럼 명(column name), 데이터 형(data type), 데이터 길이(data length) 등을 송신측과 수신측으로 나눠 매핑하는 형태로 연계시켜야 한다.

3.4.2.2 프로세스 작업(PD220)

프로세스 작업(PD220)은 프로세스 관점의 설계 작업을 수행하는 세그먼트이다.

프로세스 작업 세그먼트에서의 기능 설계는 프로그램 명세서와 프로그램 논리 설계서를 가지고 대응한다. 이 경우 상세한 프로그램 로직은 프로그램 논리 설계서가 담당한다.

▶ 프로세스 작업(PD220) 표준 절차도

(그림 3-4-3) 프로세스 작업 세그먼트의 표준 절차(설계 단계)

구간	병렬 개발(PD)	단계	설계(PD200)
세그먼트	프로세스 작업	코드	PD220
관련 프로세스	표준 절차도		
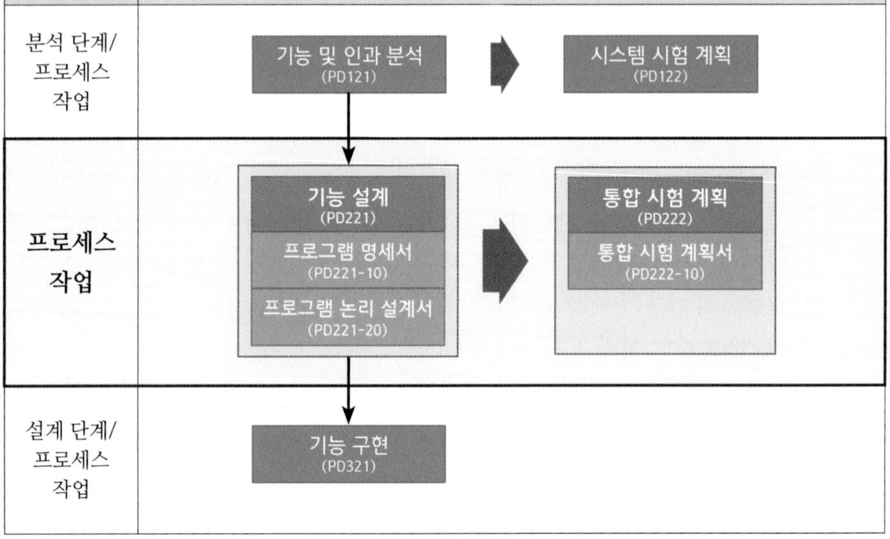 분석 단계/ 프로세스 작업	기능 및 인과 분석 (PD121)	▶	시스템 시험 계획 (PD122)
프로세스 작업	기능 설계 (PD221) / 프로그램 명세서 (PD221-10) / 프로그램 논리 설계서 (PD221-20)	▶	통합 시험 계획 (PD222) / 통합 시험 계획서 (PD222-10)
설계 단계/ 프로세스 작업	기능 구현 (PD321)		

▶ 상세 태스크(task) 설명

〈표 3-4-10〉 프로세스 작업 세그먼트의 상세 태스크(설계 단계)

NO	태스크명(코드)	설명	비고
1	기능 설계 (PD221)	프로그램 기능 및 프로그램 논리 설계를 수행한다.	
2	통합 시험 계획 (PD222)	기능 요구 사항에 대한 통합적인 시험 계획을 수립한다.	

▶ **표준 산출물 및 작성 구분(제 1 유형~제 3 유형)**

〈표 3-4-11〉 프로세스 작업 세그먼트의 유형 구분(설계 단계) 1~3

유형 번호	약어	생명 주기	SW 유형	개발 주체	사업 규모	DB 사용	적용빈도
1	신응외소사	신규 개발	응용 SW	외주	소규모	사용	높음
2	신응외중사	신규 개발	응용 SW	외주	중규모	사용	중간
3	신응외대사	신규 개발	응용 SW	외주	대규모	사용	낮음

〈표 3-4-12〉 프로세스 작업 세그먼트의 산출물 작성 구분(설계 단계) 1~3

단계/세그먼트	설계 단계(PD200)/프로세스 작업(PD220)						
태스크(task)	주요 참고 산출물	도구	산출물	필수 구분	사업 유형		
					1	2	3
기능 설계 (PD221)	[순방향] 요구 사항 정의서 기능 분해도 비즈니스 융합도 화면 설계서 보고서 설계서 [역방향] CRUD 매트릭스 소스 코드 단위 시험 계획 결과서	새벗 새빛 새틀 새품	프로그램 명세서 (PD221-10)	⊙	○	○	○
	[순방향] 개발 표준 정의서 기능 분해도 프로그램 명세서 [역방향] 소스 코드 단위 시험 계획 결과서 단위 오류 관리서	새벗 새빛 새틀 새품	프로그램 논리 설계서 (PD221-20)	⊙	○	○	○
통합 시험 계획 (PD222)	[순방향] 사업 수행 계획서 아키텍처 정의서 요구 사항 정의서 총괄 시험 계획서 [역방향] 해당사항 없음	새벗 새빛 새틀 새품	통합 시험 계획서 (PD222-10)	⊙	○	○	○

▶ **표준 산출물 및 작성 구분(제 4 유형~제 6 유형)**

〈표 3-4-13〉 프로세스 작업 세그먼트의 유형 구분(설계 단계) 4~6

유형 번호	약어	생명 주기	SW 유형	개발 주체	사업 규모	DB 사용	적용빈도
4	고응외소사	고도화	응용 SW	외주	소규모	사용	높음
5	고응외중사	고도화	응용 SW	외주	중규모	사용	중간
6	고응외대사	고도화	응용 SW	외주	대규모	사용	낮음

〈표 3-4-14〉 프로세스 작업 세그먼트의 산출물 작성 구분(설계 단계) 4~6

단계/세그먼트	설계 단계(PD200)/프로세스 작업(PD220)						
태스크(task)	주요 참고 산출물	도구	산출물	필수 구분	사업 유형		
					4	5	6
기능 설계 (PD221)	[순방향] 요구 사항 정의서 기능 분해도 비즈니스 융합도 화면 설계서 보고서 설계서 [역방향] CRUD 매트릭스 소스 코드 단위 시험 계획 결과서	새벗 새빛 새틀 새품	프로그램 명세서 (PD221-10)	⊙	○	○	○
	[순방향] 개발 표준 정의서 기능 분해도 프로그램 명세서 [역방향] 소스 코드 단위 시험 계획 결과서 단위 오류 관리서	새벗 새빛 새틀 새품	프로그램 논리 설계서 (PD221-20)	⊙	○	○	○
통합 시험 계획 (PD222)	[순방향] 사업 수행 계획서 아키텍처 정의서 요구 사항 정의서 총괄 시험 계획서 [역방향] 해당사항 없음	새벗 새빛 새틀 새품	통합 시험 계획서 (PD222-10)	⊙	○	○	○

03 단계별 K-Method 적용 가이드

▶ **표준 산출물 및 작성 구분(제 7 유형~제 8 유형)**

〈표 3-4-15〉 프로세스 작업 세그먼트의 유형 구분(설계 단계) 7~8

유형 번호	약어	생명 주기	SW 유형	개발 주체	사업 규모	DB 사용	적용빈도
7	신내자소미	신규 개발	내장 SW	자체	소규모	미사용	높음
8	신내자소사	신규 개발	내장 SW	자체	소규모	사용	낮음

〈표 3-4-16〉 프로세스 작업 세그먼트의 산출물 작성 구분(설계 단계) 7~8

단계/세그먼트	설계 단계(PD200)/프로세스 작업(PD220)					
태스크(task)	주요 참고 산출물	도구	산출물	필수 구분	사업 유형 7	사업 유형 8
기능 설계 (PD221)	[순방향] 요구 사항 정의서 기능 분해도 비즈니스 융합도 화면 설계서 보고서 설계서 [역방향] CRUD 매트릭스 소스 코드 단위 시험 계획 결과서	새벗 새빛 새틀 새품	프로그램 명세서 (PD221-10)	⊙	○	○
	[순방향] 개발 표준 정의서 기능 분해도 프로그램 명세서 [역방향] 소스 코드 단위 시험 계획 결과서 단위 오류 관리서	새벗 새빛 새틀 새품	프로그램 논리 설계서 (PD221-20)	⊙	○	○
통합 시험 계획 (PD222)	[순방향] 사업 수행 계획서 아키텍처 정의서 요구 사항 정의서 총괄 시험 계획서 [역방향] 해당사항 없음	새벗 새빛 새틀 새품	통합 시험 계획서 (PD222-10)			

▶ **표준 산출물 및 작성 구분(제 9 유형~제 10 유형)**

〈표 3-4-17〉 프로세스 작업 세그먼트의 유형 구분(설계 단계) 9~10

유형 번호	약어	생명 주기	SW 유형	개발 주체	사업 규모	DB 사용	적용빈도
9	고내자소미	고도화	내장 SW	자체	소규모	미사용	높음
10	고내자소사	고도화	내장 SW	자체	소규모	사용	낮음

〈표 3-4-18〉 프로세스 작업 세그먼트의 산출물 작성 구분(설계 단계) 9~10

<table>
<tr><td>단계/세그먼트</td><td colspan="6">설계 단계(PD200)/프로세스 작업(PD220)</td></tr>
<tr><td rowspan="2">태스크(task)</td><td rowspan="2">주요 참고 산출물</td><td rowspan="2">도구</td><td rowspan="2">산출물</td><td rowspan="2">필수 구분</td><td colspan="2">사업 유형</td></tr>
<tr><td>9</td><td>10</td></tr>
<tr><td rowspan="2">기능 설계
(PD221)</td><td>[순방향]
요구 사항 정의서
기능 분해도
비즈니스 융합도
화면 설계서
보고서 설계서
[역방향]
CRUD 매트릭스
소스 코드
단위 시험 계획 결과서</td><td>새벗
새빛
새틀
새품</td><td>프로그램 명세서
(PD221-10)</td><td>⊙</td><td>○</td><td>○</td></tr>
<tr><td>[순방향]
개발 표준 정의서
기능 분해도
프로그램 명세서
[역방향]
소스 코드
단위 시험 계획 결과서
단위 오류 관리서</td><td>새벗
새빛
새틀
새품</td><td>프로그램 논리 설계서
(PD221-20)</td><td>⊙</td><td>○</td><td>○</td></tr>
<tr><td>통합 시험 계획
(PD222)</td><td>[순방향]
사업 수행 계획서
아키텍처 정의서
요구 사항 정의서
총괄 시험 계획서
[역방향]
해당사항 없음</td><td>새벗
새빛
새틀
새품</td><td>통합 시험 계획서
(PD222-10)</td><td></td><td></td><td></td></tr>
</table>

[참고 3-4-2] 프로그램 논리 설계 시의 고려 사항

프로그램 논리 설계는 기능 분석의 결과 및 프로그램 소스 코드와 상호 연관을 맺어가면서 병렬적으로 수행할 수 있다.

프로그램 논리 설계는 TTAK.KO-11.0196 정보 통신 단체 표준인 '소프트웨어 논리 구조 표기 지침(Guidelines for Representing the Logic Structure of Software)'에 따라 수행한다.

자동화 도구로는 언어별로 선택하여 적용하는 것이 가능한 새틀(SETL: Software Engineering TooL)을 사용할 수 있다. 새틀을 채택할 경우, 기능 분해한 결과를 그대로 이용할 수 있다. 프로그램 논리 설계를 수행한 내역은 그대로 소스 코드로 변환할 수 있다. 해당 새틀 도구에서 컴파일 및 수행까지 가능하므로, 단위 시험과 일괄적으로 연계하여 검증하는 것이 가능하다.

(그림 3-4-4) 새틀을 이용한 프로그램 논리 설계를 소스 코드로 변환 사례

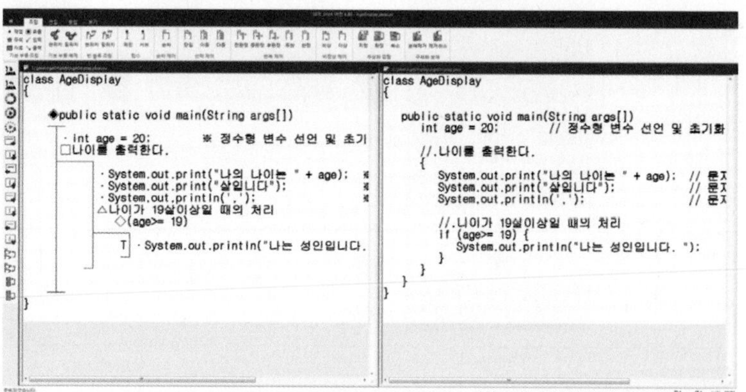

(그림 3-4-5) 새틀을 이용한 컴파일 및 수행 사례

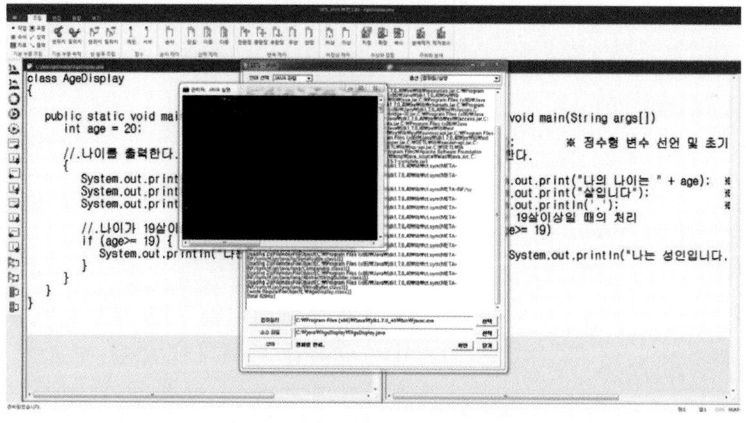

3.4.2.3 데이터 작업(PD230)

데이터 작업(PD230)은 데이터 관점의 설계 작업을 수행하는 세그먼트이다.

▶ 데이터 작업(PD230) 표준 절차도

(그림 3-4-6) 데이터 작업 세그먼트의 표준 절차(설계 단계)

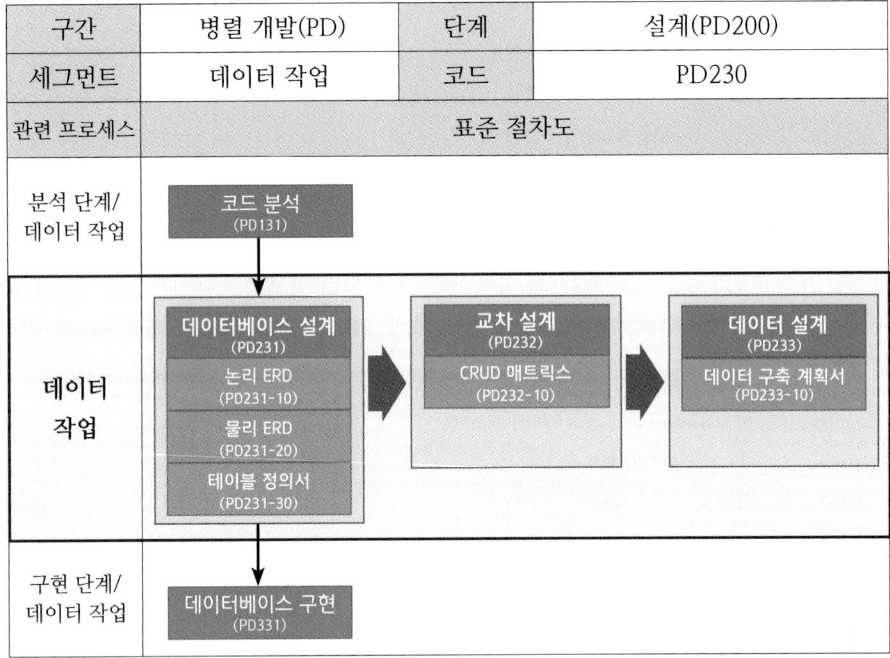

▶ 상세 태스크(task) 설명

〈표 3-4-19〉 데이터 작업 세그먼트의 상세 태스크(설계 단계)

NO	태스크명(코드)	설명	비고
1	데이터베이스 설계 (PD231)	논리 및 물리 데이터베이스 설계를 수행한다.	
2	교차 설계 (PD232)	프로그램 대 테이블 간의 교차 검증이 가능하도록 매트릭스 형태로 설계한다.	
3	데이터 설계 (PD233)	데이터베이스에 넣어 충분한 시험을 지원하는 초기 데이터와 기존 데이터베이스에 이미 구축한 데이터가 있을 경우 새로운 데이터베이스로 이행하기 위한 전환 데이터를 설계한다.	

▶ 표준 산출물 및 작성 구분(제 1 유형~제 3 유형)

〈표 3-4-20〉 데이터 작업 세그먼트의 유형 구분(설계 단계) 1~3

유형 번호	약어	생명 주기	SW 유형	개발 주체	사업 규모	DB 사용	적용빈도
1	신응외소사	신규 개발	응용 SW	외주	소규모	사용	높음
2	신응외중사	신규 개발	응용 SW	외주	중규모	사용	중간
3	신응외대사	신규 개발	응용 SW	외주	대규모	사용	낮음

〈표 3-4-21〉 데이터 작업 세그먼트의 산출물 작성 구분(설계 단계) 1~3

단계/세그먼트	설계 단계(PD200)/데이터 작업(PD230)						
태스크(task)	주요 참고 산출물	도구	산출물	필수 구분	사업 유형 1	사업 유형 2	사업 유형 3
데이터베이스 설계 (PD231)	[순방향] 비즈니스 융합도 코드 정의서 [역방향] 물리 ERD 테이블 정의서 물리 DB	새품	논리 ERD (PD231-10)	◉	○	○	○
	[순방향] 코드 정의서 논리 ERD [역방향] 테이블 정의서 물리 DB	새품	물리 ERD (PD231-20)	◉	○	○	○
	[순방향] 코드 정의서 논리 ERD 물리 ERD [역방향] CRUD 매트릭스 물리 DB	새품	테이블 정의서 (PD231-30)	◉	○	○	○

<table>
<tr><th>단계/세그먼트</th><th colspan="8">설계 단계(PD200)/데이터 작업(PD230)</th></tr>
<tr><th rowspan="2">태스크(task)</th><th rowspan="2">주요 참고 산출물</th><th rowspan="2">도구</th><th rowspan="2">산출물</th><th rowspan="2">필수 구분</th><th colspan="3">사업 유형</th></tr>
<tr><th>1</th><th>2</th><th>3</th></tr>
<tr><td rowspan="2">교차 설계
(PD232)</td><td>[순방향]
시스템 시험 계획서
프로그램 명세서
테이블 정의서</td><td rowspan="2">새품</td><td rowspan="2">CRUD 매트릭스
(PD232-10)</td><td rowspan="2">◉</td><td rowspan="2">○</td><td rowspan="2">○</td><td rowspan="2">○</td></tr>
<tr><td>[역방향]
소스 코드
물리 DB</td></tr>
<tr><td rowspan="2">데이터 설계
(PD233)</td><td>[순방향]
사업 수행 계획서
인터뷰 계획 결과서
요구 사항 정의서
코드 정의서
테이블 정의서</td><td rowspan="2">새품</td><td rowspan="2">데이터 구축 계획서
(PD233-10)</td><td rowspan="2"></td><td rowspan="2"></td><td rowspan="2"></td><td rowspan="2">○</td></tr>
<tr><td>[역방향]
해당사항 없음</td></tr>
</table>

▶ 표준 산출물 및 작성 구분(제 4 유형~제 6 유형)

〈표 3-4-22〉 데이터 작업 세그먼트의 유형 구분(설계 단계) 4~6

유형 번호	약어	생명 주기	SW 유형	개발 주체	사업 규모	DB 사용	적용빈도
4	고응외소사	고도화	응용 SW	외주	소규모	사용	높음
5	고응외중사	고도화	응용 SW	외주	중규모	사용	중간
6	고응외대사	고도화	응용 SW	외주	대규모	사용	낮음

〈표 3-4-23〉 데이터 작업 세그먼트의 산출물 작성 구분(설계 단계) 4~6

<table>
<tr><td>단계/세그먼트</td><td colspan="8">설계 단계(PD200)/데이터 작업(PD230)</td></tr>
<tr><td rowspan="2">태스크(task)</td><td rowspan="2">주요 참고 산출물</td><td rowspan="2">도구</td><td rowspan="2">산출물</td><td rowspan="2">필수 구분</td><td colspan="3">사업 유형</td></tr>
<tr><td>4</td><td>5</td><td>6</td></tr>
<tr><td rowspan="6">데이터베이스 설계
(PD231)</td><td>[순방향]
비즈니스 융합도
코드 정의서</td><td rowspan="2">새품</td><td rowspan="2">논리 ERD
(PD231-10)</td><td rowspan="2">◉</td><td rowspan="2">○</td><td rowspan="2">○</td><td rowspan="2">○</td></tr>
<tr><td>[역방향]
물리 ERD
테이블 정의서
물리 DB</td></tr>
<tr><td>[순방향]
코드 정의서
논리 ERD</td><td rowspan="2">새품</td><td rowspan="2">물리 ERD
(PD231-20)</td><td rowspan="2">◉</td><td rowspan="2">○</td><td rowspan="2">○</td><td rowspan="2">○</td></tr>
<tr><td>[역방향]
테이블 정의서
물리 DB</td></tr>
<tr><td>[순방향]
코드 정의서
논리 ERD
물리 ERD</td><td rowspan="2">새품</td><td rowspan="2">테이블 정의서
(PD231-30)</td><td rowspan="2">◉</td><td rowspan="2">○</td><td rowspan="2">○</td><td rowspan="2">○</td></tr>
<tr><td>[역방향]
CRUD 매트릭스
물리 DB</td></tr>
</table>

단계/세그먼트	설계 단계(PD200)/데이터 작업(PD230)						
태스크(task)	주요 참고 산출물	도구	산출물	필수 구분	사업 유형 4	사업 유형 5	사업 유형 6
교차 설계 (PD232)	[순방향] 시스템 시험 계획서 프로그램 명세서 테이블 정의서 [역방향] 소스 코드 물리 DB	새품	CRUD 매트릭스 (PD232-10)	◉	○	○	○
데이터 설계 (PD233)	[순방향] 사업 수행 계획서 인터뷰 계획 결과서 요구 사항 정의서 코드 정의서 테이블 정의서 [역방향] 해당사항 없음	새품	데이터 구축 계획서 (PD233-10)			○	○

▶ **표준 산출물 및 작성 구분(제 7 유형~제 8 유형)**

〈표 3-4-24〉 데이터 작업 세그먼트의 유형 구분(설계 단계) 7~8

유형 번호	약어	생명 주기	SW 유형	개발 주체	사업 규모	DB 사용	적용빈도
7	신내자소미	신규 개발	내장 SW	자체	소규모	미사용	높음
8	신내자소사	신규 개발	내장 SW	자체	소규모	사용	낮음

〈표 3-4-25〉 데이터 작업 세그먼트의 산출물 작성 구분(설계 단계) 7~8

단계/세그먼트	설계 단계(PD200)/데이터 작업(PD230)					
태스크(task)	주요 참고 산출물	도구	산출물	필수 구분	사업 유형	
					7	8
데이터베이스 설계 (PD231)	[순방향] 비즈니스 융합도 코드 정의서 / [역방향] 물리 ERD 테이블 정의서 물리 DB	새품	논리 ERD (PD231-10)			○
	[순방향] 코드 정의서 논리 ERD / [역방향] 테이블 정의서 물리 DB	새품	물리 ERD (PD231-20)			○
	[순방향] 코드 정의서 논리 ERD 물리 ERD / [역방향] CRUD 매트릭스 물리 DB	새품	테이블 정의서 (PD231-30)			○

단계/세그먼트	설계 단계(PD200)/데이터 작업(PD230)					
태스크(task)	주요 참고 산출물	도구	산출물	필수 구분	사업 유형	
					7	8
교차 설계 (PD232)	[순방향] 시스템 시험 계획서 프로그램 명세서 테이블 정의서 [역방향] 소스 코드 물리 DB	새품	CRUD 매트릭스 (PD232-10)			○
데이터 설계 (PD233)	[순방향] 사업 수행 계획서 인터뷰 계획 결과서 요구 사항 정의서 코드 정의서 테이블 정의서 [역방향] 해당사항 없음	새품	데이터 구축 계획서 (PD233-10)			

▶ 표준 산출물 및 작성 구분(제 9 유형~제 10 유형)

〈표 3-4-26〉 데이터 작업 세그먼트의 유형 구분(설계 단계) 9~10

유형 번호	약어	생명 주기	SW 유형	개발 주체	사업 규모	DB 사용	적용빈도
9	고내자소미	고도화	내장 SW	자체	소규모	미사용	높음
10	고내자소사	고도화	내장 SW	자체	소규모	사용	낮음

〈표 3-4-27〉 데이터 작업 세그먼트의 산출물 작성 구분(설계 단계) 9~10

<table>
<tr><td>단계/세그먼트</td><td colspan="6">설계 단계(PD200)/데이터 작업(PD230)</td></tr>
<tr><td rowspan="2">태스크(task)</td><td rowspan="2">주요 참고 산출물</td><td rowspan="2">도구</td><td rowspan="2">산출물</td><td rowspan="2">필수 구분</td><td colspan="2">사업 유형</td></tr>
<tr><td>9</td><td>10</td></tr>
<tr><td rowspan="6">데이터베이스
설계
(PD231)</td><td>[순방향]
비즈니스 융합도
코드 정의서</td><td rowspan="2">새품</td><td rowspan="2">논리 ERD
(PD231-10)</td><td rowspan="2"></td><td rowspan="2"></td><td rowspan="2">○</td></tr>
<tr><td>[역방향]
물리 ERD
테이블 정의서
물리 DB</td></tr>
<tr><td>[순방향]
코드 정의서
논리 ERD</td><td rowspan="2">새품</td><td rowspan="2">물리 ERD
(PD231-20)</td><td rowspan="2"></td><td rowspan="2"></td><td rowspan="2">○</td></tr>
<tr><td>[역방향]
테이블 정의서
물리 DB</td></tr>
<tr><td>[순방향]
코드 정의서
논리 ERD
물리 ERD</td><td rowspan="2">새품</td><td rowspan="2">테이블 정의서
(PD231-30)</td><td rowspan="2"></td><td rowspan="2"></td><td rowspan="2">○</td></tr>
<tr><td>[역방향]
CRUD 매트릭스
물리 DB</td></tr>
</table>

<table>
<tr><td>단계/세그먼트</td><td colspan="7">설계 단계(PD200)/데이터 작업(PD230)</td></tr>
<tr><td rowspan="2">태스크(task)</td><td rowspan="2">주요 참고 산출물</td><td rowspan="2">도구</td><td rowspan="2">산출물</td><td rowspan="2">필수 구분</td><td colspan="2">사업 유형</td></tr>
<tr><td>9</td><td>10</td></tr>
<tr><td rowspan="2">교차 설계
(PD232)</td><td>[순방향]
시스템 시험 계획서
프로그램 명세서
테이블 정의서</td><td rowspan="2">새품</td><td rowspan="2">CRUD 매트릭스
(PD232-10)</td><td rowspan="2"></td><td rowspan="2"></td><td rowspan="2">○</td></tr>
<tr><td>[역방향]
소스 코드
물리 DB</td></tr>
<tr><td rowspan="2">데이터 설계
(PD233)</td><td>[순방향]
사업 수행 계획서
인터뷰 계획 결과서
요구 사항 정의서
코드 정의서
테이블 정의서</td><td rowspan="2">새품</td><td rowspan="2">데이터 구축 계획서
(PD233-10)</td><td rowspan="2"></td><td rowspan="2"></td><td rowspan="2">○</td></tr>
<tr><td>[역방향]
해당사항 없음</td></tr>
</table>

[참고 3-4-3] ERD 및 테이블 정의서 작성 시의 고려 사항

ERD(Entity Relationship Diagram)와 테이블 정의서를 작성할 시에 몇 가지 고려할 사항이 있다.

'개체 관계도'라고도 불리는 ERD 작성 시의 고려 사항을 정리하면 다음과 같다.

첫째, 논리 ERD에서의 애트리뷰트 명은 코드 정의한 내역과 일치해야 한다. 그 이유는 코드 정의에서 코드 논리 명의 명확한 정의와 더불어 도메인까지 확정이 이루어지기 때문이다. 또한, 이를 논리 모델에 반영하는 것이 향후 코드의 관리 및 업무 이해의 일관성 유지에 도움을 주기 때문이다.

둘째, ERD의 코드 정의(code definition)를 설정하는 곳에 도메인 내역을 기술해야 한다. 그렇게 해야 논리 ERD만 보고도 업무의 각 요소간의 흐름과 관계를 명확하게 이해할 수 있다. 다만, 코드의 도메인이 매우 다양할 경우에는 이를 모두 ERD의 코드 정의 부분에 기술할 필요는 없다. 왜냐하면, ERD에서는 코드 도메인의 일부 사례만 가지고도 업무 이해에 아무런 문제가 없기 때문이다. 상세한 내역은 코드 정의서를 참조하는 것으로 충분하다.

셋째, 논리 ERD의 부모 엔티티와 자식 엔티티 간에 식별 관계 또는 비식별 관계를 형성할 경우에 업무의 필요상 애트리뷰트에 이음 동의어를 사용해야 할 경우가 있다. 이 경우에는 코드 정의서에 명확하게 동의어를 정리하여 기술해야 한다. 형식은 동의어 사전 형식을 유지하는 것이 좋다. 이때, 논리 ERD의 엔티티간의 관계 설정 시 역할 이름(role name)을 부여하여 이음 동의어의 설정이 이루어졌음을 알려주는 것이 필요하다.

테이블 정의서 작성 시의 고려 사항을 정리하면 다음과 같다.

첫째, 테이블 정의서에는 테이블 ID, 엔티티 명, 컬럼 ID, 애트리뷰트 명, 데이터 타입, 데이터 길이, PK(Primary Key), FK(Foreign Key), Not Null, 인덱스 등을 기본적으로 구성해야 한다. 특히, FK, Not Null, 인덱스 정의를 누락하지 않도록 꼭 확인해야 한다.

둘째, 테이블 정의서는 테이블 목록을 포함하며, 물리 ERD 및 향후 물리 DB의 내역과 완전히 동일한 구성 내역을 가져야 한다. 그 이유는 테이블 정의서가 물리 DB를 설계 수준에서 파악하기 위한 중요한 산출물이기 때문이다. 따라서 테이블 정의서는 명확하게 현행화할 수 있도록 관리해야 한다.

03 단계별 K-Method 적용 가이드

 3.5 구현 단계(PD300) : 병렬 개발 구간

병렬 개발 구간(PD)이 포함하고 있는 구현 단계의 전체 표준 절차를 구성하는 세그먼트와 태스크 간의 절차 흐름을 설명하면 다음과 같다.

3.5.1 구현 단계(PD300) 표준 절차도

구현 단계는 K-Method에서 구현 공정을 수행하는 단계이다.

구현 단계(PD300)는 병렬 개발(PD) 구간에 속하며, 사용자 작업(PD310), 프로세스 작업(PD320), 데이터 작업(PD330), 단위 시험 작업(PD340)의 4개의 세그먼트로 이루어진다.

(그림 3-5-1) 구현 단계의 표준 절차

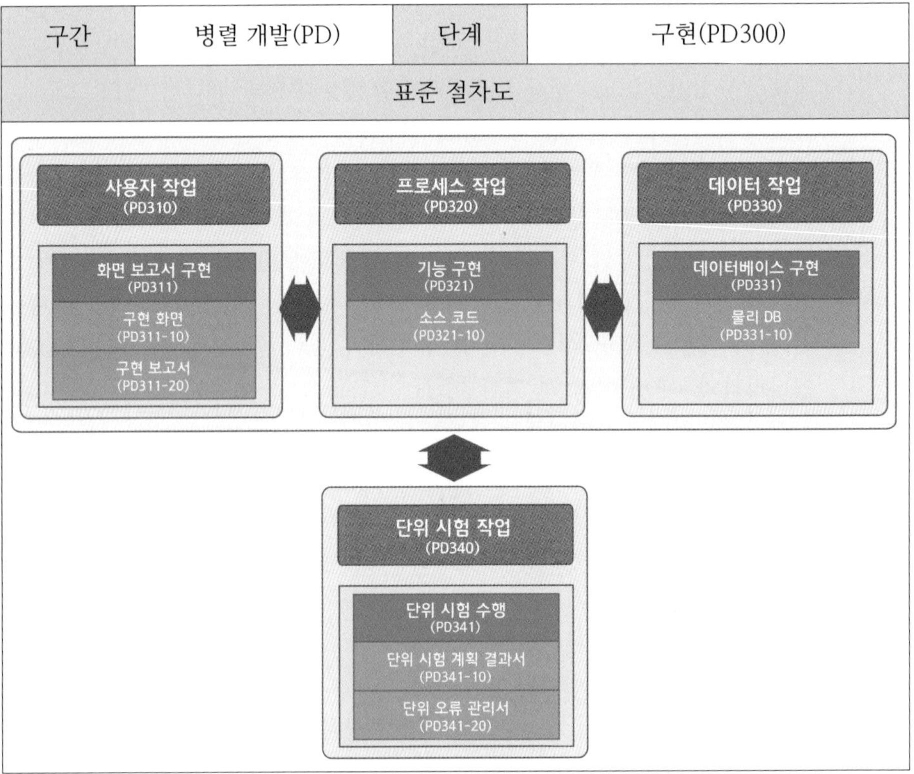

구현 단계는 K-Method에서 분석 단계 및 설계 단계와 연계하여 수행되는 단계이다.

사용자 작업 세그먼트에서는 화면 및 보고서를 구현한다. 프로세스 작업 세그먼트에서는 기능을 구현한다. 데이터 작업 세그먼트에서는 DB를 물리적으로 구현한다.

그리고 단위 시험 작업 세그먼트에서는 개발을 완료한 시스템을 사용자, 프로세스, 데이터를 연계하여 기능별로 단위 시험을 진화적으로 수행한다. 이를 통해, 요구 기능이 정상적으로 동작하는지 확인한다.

단위 시험 과정에서의 오류는 단위 오류 관리를 통해 수정 여부를 확인해야 한다.

3.5.2 구현 단계(PD300) 상세 절차

3.5.2.1 사용자 작업(PD310)

사용자 작업(PD310)은 사용자 관점의 구현 작업을 수행하는 세그먼트이다.

▶ 사용자 작업(PD310) 표준 절차도

(그림 3-5-2) 사용자 작업 세그먼트의 표준 절차(구현 단계)

구간	병렬 개발(PD)	단계	구현(PD300)
세그먼트	사용자 작업	코드	PD310
관련 프로세스	표준 절차도		
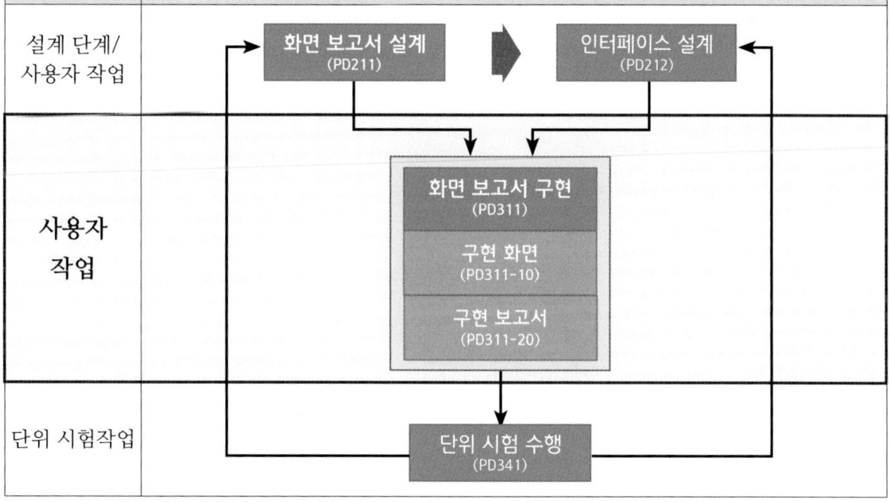 설계 단계/ 사용자 작업	화면 보고서 설계 (PD211) / 인터페이스 설계 (PD212)		
사용자 작업	화면 보고서 구현 (PD311) / 구현 화면 (PD311-10) / 구현 보고서 (PD311-20)		
단위 시험작업	단위 시험 수행 (PD341)		

▶ 상세 태스크(task) 설명

〈표 3-5-1〉 사용자 작업 세그먼트의 상세 태스크(구현 단계)

NO	태스크명(코드)	설명	비고
1	화면 보고서 구현 (PD311)	화면 및 보고서를 물리적으로 구현한다.	

▶ 표준 산출물 및 작성 구분(제 1 유형~제 3 유형)

〈표 3-5-2〉 사용자 작업 세그먼트의 유형 구분(구현 단계) 1~3

유형 번호	약어	생명 주기	SW 유형	개발 주체	사업 규모	DB 사용	적용빈도
1	신응외소사	신규 개발	응용 SW	외주	소규모	사용	높음
2	신응외중사	신규 개발	응용 SW	외주	중규모	사용	중간
3	신응외대사	신규 개발	응용 SW	외주	대규모	사용	낮음

〈표 3-5-3〉 사용자 작업 세그먼트의 산출물 작성 구분(구현 단계) 1~3

<table>
<tr><td>단계/세그먼트</td><td colspan="7">구현 단계(PD300)/사용자 작업(PD310)</td></tr>
<tr><td rowspan="2">태스크(task)</td><td rowspan="2">주요 참고 산출물</td><td rowspan="2">도구</td><td rowspan="2">산출물</td><td rowspan="2">필수 구분</td><td colspan="3">사업 유형</td></tr>
<tr><td>1</td><td>2</td><td>3</td></tr>
<tr><td rowspan="2">화면 보고서 구현 (PD311)</td><td>[순방향]
화면 설계서
프로그램 명세서
테이블 정의서

[역방향]
소스 코드
물리 DB
단위 시험 계획 결과서</td><td>새품</td><td>구현 화면
(PD311-10)</td><td>◉</td><td>○</td><td>○</td><td>○</td></tr>
<tr><td>[순방향]
화면 설계서
보고서 설계서
프로그램 명세서
테이블 정의서

[역방향]
소스 코드
물리 DB
단위 시험 계획 결과서</td><td>새품</td><td>구현 보고서
(PD311-20)</td><td>◉</td><td>○</td><td>○</td><td>○</td></tr>
</table>

▶ **표준 산출물 및 작성 구분(제 4 유형~제 6 유형)**

〈표 3-5-4〉 사용자 작업 세그먼트의 유형 구분(구현 단계) 4~6

유형 번호	약어	생명 주기	SW 유형	개발 주체	사업 규모	DB 사용	적용빈도
4	고응외소사	고도화	응용 SW	외주	소규모	사용	높음
5	고응외중사	고도화	응용 SW	외주	중규모	사용	중간
6	고응외대사	고도화	응용 SW	외주	대규모	사용	낮음

〈표 3-5-5〉 사용자 작업 세그먼트의 산출물 작성 구분(구현 단계) 4~6

<table>
<tr><td>단계/세그먼트</td><td colspan="7">구현 단계(PD300)/사용자 작업(PD310)</td></tr>
<tr><td rowspan="2">태스크(task)</td><td rowspan="2">주요 참고 산출물</td><td rowspan="2">도구</td><td rowspan="2">산출물</td><td rowspan="2">필수 구분</td><td colspan="3">사업 유형</td></tr>
<tr><td>4</td><td>5</td><td>6</td></tr>
<tr><td rowspan="4">화면 보고서 구현
(PD311)</td><td>[순방향]
화면 설계서
프로그램 명세서
테이블 정의서</td><td rowspan="2">새품</td><td rowspan="2">구현 화면
(PD311-10)</td><td rowspan="2">◉</td><td rowspan="2">○</td><td rowspan="2">○</td><td rowspan="2">○</td></tr>
<tr><td>[역방향]
소스 코드
물리 DB
단위 시험 계획 결과서</td></tr>
<tr><td>[순방향]
화면 설계서
보고서 설계서
프로그램 명세서
테이블 정의서</td><td rowspan="2">새품</td><td rowspan="2">구현 보고서
(PD311-20)</td><td rowspan="2">◉</td><td rowspan="2">○</td><td rowspan="2">○</td><td rowspan="2">○</td></tr>
<tr><td>[역방향]
소스 코드
물리 DB
단위 시험 계획 결과서</td></tr>
</table>

▶ 표준 산출물 및 작성 구분(제 7 유형~제 8 유형)

〈표 3-5-6〉 사용자 작업 세그먼트의 유형 구분(구현 단계) 7~8

유형 번호	약어	생명 주기	SW 유형	개발 주체	사업 규모	DB 사용	적용빈도
7	신내자소미	신규 개발	내장 SW	자체	소규모	미사용	높음
8	신내자소사	신규 개발	내장 SW	자체	소규모	사용	낮음

〈표 3-5-7〉 사용자 작업 세그먼트의 산출물 작성 구분(구현 단계) 7~8

<table>
<tr><td>단계/세그먼트</td><td colspan="7">구현 단계(PD300)/사용자 작업(PD310)</td></tr>
<tr><td rowspan="2">태스크(task)</td><td rowspan="2">주요 참고 산출물</td><td rowspan="2">도구</td><td rowspan="2">산출물</td><td rowspan="2">필수 구분</td><td colspan="2">사업 유형</td></tr>
<tr><td>7</td><td>8</td></tr>
<tr><td rowspan="4">화면 보고서
구현
(PD311)</td><td>[순방향]
화면 설계서
프로그램 명세서
테이블 정의서</td><td rowspan="2">새품</td><td rowspan="2">구현 화면
(PD311-10)</td><td rowspan="2"></td><td rowspan="2"></td><td rowspan="2">○</td></tr>
<tr><td>[역방향]
소스 코드
물리 DB
단위 시험 계획 결과서</td></tr>
<tr><td>[순방향]
화면 설계서
보고서 설계서
프로그램 명세서
테이블 정의서</td><td rowspan="2">새품</td><td rowspan="2">구현 보고서
(PD311-20)</td><td rowspan="2"></td><td rowspan="2"></td><td rowspan="2"></td></tr>
<tr><td>[역방향]
소스 코드
물리 DB
단위 시험 계획 결과서</td></tr>
</table>

▶ 표준 산출물 및 작성 구분(제 9 유형~제 10 유형)

〈표 3-5-8〉 사용자 작업 세그먼트의 유형 구분(구현 단계) 9~10

유형 번호	약어	생명 주기	SW 유형	개발 주체	사업 규모	DB 사용	적용빈도
9	고내자소미	고도화	내장 SW	자체	소규모	미사용	높음
10	고내자소사	고도화	내장 SW	자체	소규모	사용	낮음

〈표 3-5-9〉 사용자 작업 세그먼트의 산출물 작성 구분(구현 단계) 9~10

<table>
<tr><td>단계/세그먼트</td><td colspan="7">구현 단계(PD300)/사용자 작업(PD310)</td></tr>
<tr><td rowspan="2">태스크(task)</td><td rowspan="2">주요 참고 산출물</td><td rowspan="2">도구</td><td rowspan="2">산출물</td><td rowspan="2">필수 구분</td><td colspan="2">사업 유형</td></tr>
<tr><td>9</td><td>10</td></tr>
<tr><td rowspan="4">화면 보고서
구현
(PD311)</td><td>[순방향]
화면 설계서
프로그램 명세서
테이블 정의서</td><td rowspan="2">새품</td><td rowspan="2">구현 화면
(PD311-10)</td><td rowspan="2"></td><td rowspan="2"></td><td rowspan="2">○</td></tr>
<tr><td>[역방향]
소스 코드
물리 DB
단위 시험 계획 결과서</td></tr>
<tr><td>[순방향]
화면 설계서
보고서 설계서
프로그램 명세서
테이블 정의서</td><td rowspan="2">새품</td><td rowspan="2">구현 보고서
(PD311-20)</td><td rowspan="2"></td><td rowspan="2"></td><td rowspan="2"></td></tr>
<tr><td>[역방향]
소스 코드
물리 DB
단위 시험 계획 결과서</td></tr>
</table>

[참고 3-5-1] 화면과 보고서 구현 시의 고려 사항

화면과 보고서를 구현할 때 여러가지 고려해야 할 사항이 있다.

화면 구현 시의 주요 고려 사항을 정리하면 다음과 같다

첫째, 화면 구현에 있어서 장애인 차별 금지 및 권리 구제 등에 관한 법률(일명, 장애인 차별 금지법)에 근거하여 웹 표준(크로스 브라우징 포함), 웹 접근성 등에 대한 고려를 해야 한다. 이를 위해, SI(System Integration) 사업 수행의 일환으로 정보시스템 구축을 행하는 당사자의 경우 W3C의 표준 준수 여부에 대한 점검과 한국형 웹 콘텐츠 접근성 지침의 준수 여부에 대한 점검을 할 필요가 있다. 특히, SI 사업 수행을 하는 경우에는 주관기관에서 웹 접근성 품질 인증을 요구할 수도 있으므로, 이에 대한 확인을 통해 사전에 철저히 대비해야 한다.

둘째, 웹 표준을 점검할 때는 기본적으로 W3C 표준 준수 여부를 점검할 수 있는 자동화 도구의 지원을 받는 것이 필요하다.

셋째, 크로스 브라우징을 점검할 때는 현실적으로 크로스 브라우징의 완전성을 모든 브라우저에 적용하여 확보하는 것이 불가능한 점을 감안해야 한다. 따라서, 해당 시점에서 가장 중요한 브라우저(예를 들어 IE, chrome, firefox, safari 등)의 적용 범위와 적용 버전을 확인하여 대응해야 한다.

넷째, 웹 콘텐츠 접근성 확보여부에 대한 확인을 위해서는 자동화 도구와 병행하여 수동 점검을 병행하는 것이 필요하다.

보고서 구현 시의 주요 고려 사항을 정리하면 다음과 같다

첫째, 보고서의 경우에는 보고서의 양식을 다양한 형태의 파일 포맷으로 적용할 수 있는 점을 고려해야 한다. 이를 감안하여, 보고서를 가장 최적의 형태로 실제의 문서와 가장 유사하거나 동일하게 출력하여 사용할 수 있도록 강구해야 한다.

둘째, 해당 보고서를 만들기 위한 오피스 소프트웨어의 환경을 확인한다. 그런 후, 소프트웨어 라이센스에 문제가 없도록 사전에 철저히 준비하여 대응해야 한다.

셋째, 자동화 도구를 사용한 가시화 소프트웨어 공학(VSE : Visualized Software Engineering) 기술 기반의 보고서 상시 확인 기술에 대한 관심을 가질 필요가 있다. 이러한 기술은 향후 개발 생산성(development productivity) 및 유지 보수성(maintainability)의 제고는 물론, 업무의 편의성을 향상시켜줄 수 있다.

3.5.2.2 프로세스 작업(PD320)

프로세스 작업(PD320)은 프로세스 관점의 구현 작업을 수행하는 세그먼트이다.

병렬 개발 구간에서는 프로그래밍을 할 때, 설계를 먼저 할 수도 있고, 코딩을 먼저 할 수도 있다. 또한, 기능 분해도와 설계를 변행하여 수행할 수도 있다. 이는 자동화 기술을 이용함으로써 가능해진다. 이때, 코딩을 먼저 수행한다고 하더라도 즉각적으로 설계에 반영할 수 있기 때문에 분석, 설계, 구현 간의 자유로운 소통이 가능한 특징을 가진다.

▶ 프로세스 작업(PD320) 표준 절차도

(그림 3-5-3) 프로세스 작업 세그먼트의 표준 절차(구현 단계)

구간	병렬 개발(PD)	단계	구현(PD300)
세그먼트	프로세스 작업	코드	PD320
관련 프로세스	표준 절차도		
설계 단계/ 프로세스 작업	기능 설계 (PD221) → 통합 시험 계획 (PD222)		
프로세스 작업	기능 구현 (PD321) / 소스 코드 (PD321-10)		
단위 시험작업	단위 시험 수행 (PD341)		

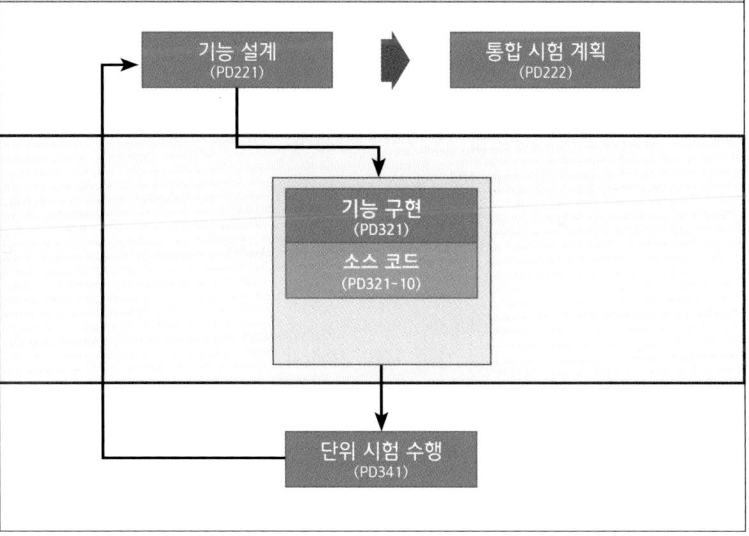

▶ 상세 태스크(task) 설명

〈표 3-5-10〉 프로세스 작업 세그먼트의 상세 태스크(구현 단계)

NO	태스크명(코드)	설명	비고
1	기능 구현 (PD321)	프로그램 기능을 물리적으로 구현한다.	

▶ **표준 산출물 및 작성 구분(제 1 유형~제 3 유형)**

〈표 3-5-11〉 프로세스 작업 세그먼트의 유형 구분(구현 단계) 1~3

유형 번호	약어	생명 주기	SW 유형	개발 주체	사업 규모	DB 사용	적용빈도
1	신응외소사	신규 개발	응용 SW	외주	소규모	사용	높음
2	신응외중사	신규 개발	응용 SW	외주	중규모	사용	중간
3	신응외대사	신규 개발	응용 SW	외주	대규모	사용	낮음

〈표 3-5-12〉 프로세스 작업 세그먼트의 산출물 작성 구분(구현 단계) 1~3

단계/세그먼트	구현 단계(PD300)/프로세스 작업(PD320)						
태스크(task)	주요 참고 산출물	도구	산출물	필수 구분	사업 유형		
					1	2	3
기능 구현 (PD321)	[순방향] 화면 설계서 보고서 설계서 프로그램 명세서 프로그램 논리 설계서 테이블 정의서 구현 화면 [역방향] 물리 DB 단위 시험 계획 결과서	새품 새벗 새룰 새틀 새빛	소스 코드 (PD321-10)	◉	○	○	○

▶ 표준 산출물 및 작성 구분(제 4 유형~제 6 유형)

〈표 3-5-13〉 프로세스 작업 세그먼트의 유형 구분(구현 단계) 4~6

유형 번호	약어	생명 주기	SW 유형	개발 주체	사업 규모	DB 사용	적용빈도
4	고응외소사	고도화	응용 SW	외주	소규모	사용	높음
5	고응외중사	고도화	응용 SW	외주	중규모	사용	중간
6	고응외대사	고도화	응용 SW	외주	대규모	사용	낮음

〈표 3-5-14〉 프로세스 작업 세그먼트의 산출물 작성 구분(구현 단계) 4~6

단계/세그먼트	구현 단계(PD300)/프로세스 작업(PD320)						
태스크(task)	주요 참고 산출물	도구	산출물	필수 구분	사업 유형		
					4	5	6
기능 구현 (PD321)	[순방향] 화면 설계서 보고서 설계서 프로그램 명세서 프로그램 논리 설계서 테이블 정의서 구현 화면 [역방향] 물리 DB 단위 시험 계획 결과서	새품 새벗 새룰 새틀 새빛	소스 코드 (PD321-10)	⊙	○	○	○

▶ **표준 산출물 및 작성 구분(제 7 유형~제 8 유형)**

〈표 3-5-15〉 프로세스 작업 세그먼트의 유형 구분(구현 단계) 7~8

유형 번호	약어	생명 주기	SW 유형	개발 주체	사업 규모	DB 사용	적용빈도
7	신내자소미	신규 개발	내장 SW	자체	소규모	미사용	높음
8	신내자소사	신규 개발	내장 SW	자체	소규모	사용	낮음

〈표 3-5-16〉 프로세스 작업 세그먼트의 산출물 작성 구분(구현 단계) 7~8

단계/세그먼트	구현 단계(PD300)/프로세스 작업(PD320)					
태스크(task)	주요 참고 산출물	도구	산출물	필수 구분	사업 유형	
					7	8
기능 구현 (PD321)	[순방향] 화면 설계서 보고서 설계서 프로그램 명세서 프로그램 논리 설계서 테이블 정의서 구현 화면 [역방향] 물리 DB 단위 시험 계획 결과서	새품 새벗 새룰 새틀 새빛	소스 코드 (PD321-10)	⦿	○	○

▶ 표준 산출물 및 작성 구분(제 9 유형~제 10 유형)

〈표 3-5-17〉 프로세스 작업 세그먼트의 유형 구분(구현 단계) 9~10

유형 번호	약어	생명 주기	SW 유형	개발 주체	사업 규모	DB 사용	적용빈도
9	고내자소미	고도화	내장 SW	자체	소규모	미사용	높음
10	고내자소사	고도화	내장 SW	자체	소규모	사용	낮음

〈표 3-5-18〉 프로세스 작업 세그먼트의 산출물 작성 구분(구현 단계) 9~10

<table>
<tr><td>단계/세그먼트</td><td colspan="6">구현 단계(PD300)/프로세스 작업(PD320)</td></tr>
<tr><td rowspan="2">태스크(task)</td><td rowspan="2">주요 참고 산출물</td><td rowspan="2">도구</td><td rowspan="2">산출물</td><td rowspan="2">필수 구분</td><td colspan="2">사업 유형</td></tr>
<tr><td>9</td><td>10</td></tr>
<tr><td rowspan="2">기능 구현
(PD321)</td><td>[순방향]
화면 설계서
보고서 설계서
프로그램 명세서
프로그램 논리 설계서
테이블 정의서
구현 화면</td><td rowspan="2">새품
새벗
새룰
새틀
새빛</td><td rowspan="2">소스 코드
(PD321-10)</td><td rowspan="2">◉</td><td rowspan="2">○</td><td rowspan="2">○</td></tr>
<tr><td>[역방향]
물리 DB
단위 시험 계획 결과서</td></tr>
</table>

[참고 3-5-2] 소스 코드 구현 시의 고려 사항

소스 코드는 언어별로 다른 형태로 생성이 이루어진다. 따라서, 일반적인 직렬형 개발에서는 해당 언어에 맞는 통합 개발 환경(IDE: Integrated Development Environment)에서 작성하여 빌드한다. 그러나 병렬형 개발에서는 구현 단계가 분석 및 설계 단계와 유기적인 연동을 해나가야 한다. 그렇기 때문에, 이러한 기능을 지원하는 전용 자동화 도구가 필요하다.

새틀(SETL: Software Engineering TooL)은 C, C++, Arduino(C의 일종으로 ino라는 확장자를 가지며 Arduino 환경에 특화한 것임), Java 등과 같은 다양한 언어 환경을 지원하는 도구이다. 따라서 각 언어별 새틀을 사용하면, 프로그램 논리 설계 내역을 즉각 소스 코드로 변환할 수 있으며(순공학 기능), 역으로 소스 코드로 부터 프로그램 논리 설계를 즉각 재생해 낼 수 있다(역공학 기능).

또한, Java 언어에 특화된 새빛(SEVIT: Software Engineering Visualized Integration Tool)이라는 도구가 있다. 이 도구는 Java 소스 코드와 시스템 다이어그램(system diagram), 패키지 다이어그램(package diagram), 클래스 다이어그램(class diagram), 시퀀스 다이어그램(sequence diagram), 플로우 다이어그램(flow diagram) 등 5개의 다이어그램을 연동시키는 것이 가능하다.

(그림 3-5-4) 새빛을 이용한 다이어그램 구현 사례

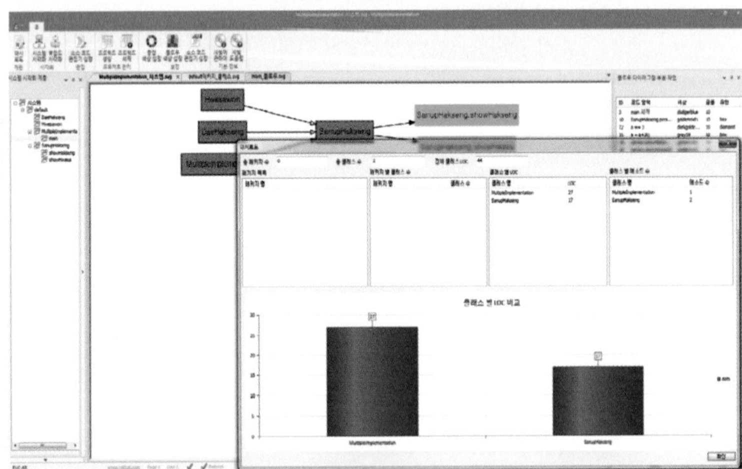

Java의 코딩 표준은 정보통신 단체 표준으로 제정한 '소프트웨어 품질 향상을 위한 Java 코딩 지침(TTAK.KO-11.0183, 2014. 12. 17일 제정)'을 따른다.

3.5.2.3 데이터 작업(PD330)

데이터 작업(PD330)은 데이터 관점의 구현 작업을 수행하는 세그먼트이다.

데이터 작업은 주로 데이터베이스 관리 시스템(DBMS: DataBase Management System)을 이용하여 데이터베이스 구축 작업을 수행하는 것을 의미한다. 데이터 웨어하우스(data warehouse)나 데이터 마트(data mart)도 모두 데이터 작업에 포함시켜 적용한다. 데이터 작업이 포함하는 데이터베이스 구현은 물리적으로 구현하는 것이다. 그렇기 때문에, 물리 DB 자체를 산출물로 본다.

▶ **데이터 작업(PD330) 표준 절차도**

(그림 3-5-5) 데이터 작업 세그먼트의 표준 절차(구현 단계)

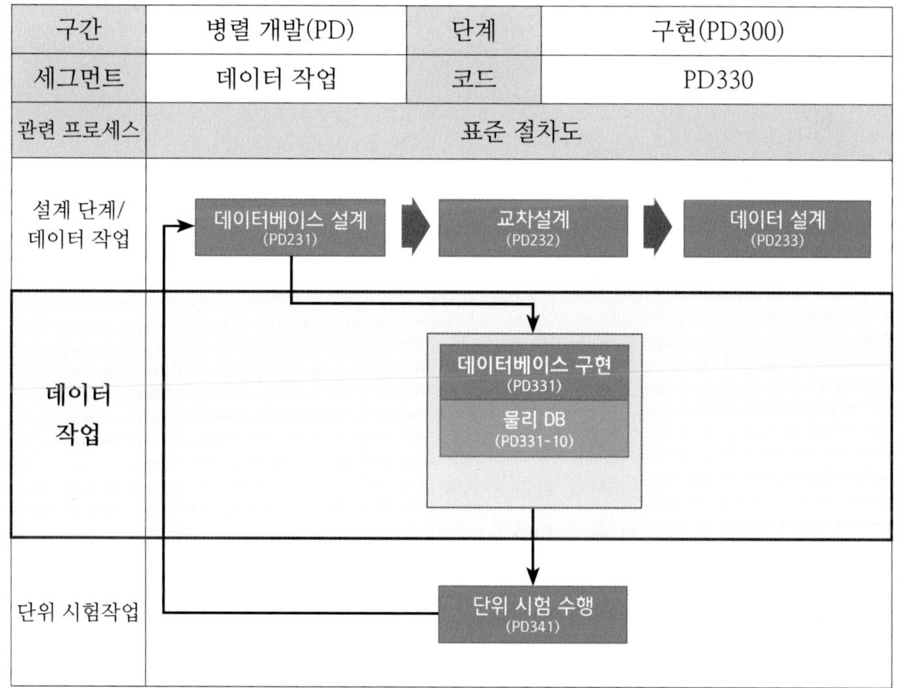

▶ **상세 태스크(task) 설명**

〈표 3-5-19〉 데이터 작업 세그먼트의 상세 태스크(구현 단계)

NO	태스크명(코드)	설명	비고
1	데이터베이스 구현 (PD331)	데이터베이스를 물리적으로 구현한다.	

▶ 표준 산출물 및 작성 구분(제 1 유형~제 3 유형)

〈표 3-5-20〉 데이터 작업 세그먼트의 유형 구분(구현 단계) 1~3

유형 번호	약어	생명 주기	SW 유형	개발 주체	사업 규모	DB 사용	적용빈도
1	신응외소사	신규 개발	응용 SW	외주	소규모	사용	높음
2	신응외중사	신규 개발	응용 SW	외주	중규모	사용	중간
3	신응외대사	신규 개발	응용 SW	외주	대규모	사용	낮음

〈표 3-5-21〉 데이터 작업 세그먼트의 산출물 작성 구분(구현 단계) 1~3

단계/세그먼트	구현 단계(PD300)/데이터 작업(PD330)						
태스크(task)	주요 참고 산출물	도구	산출물	필수 구분	사업 유형 1	사업 유형 2	사업 유형 3
데이터베이스 구현(PD331)	[순방향] 코드 정의서 물리 ERD 테이블 정의서 데이터 구축 계획서 구현 화면 소스 코드 [역방향] 단위 시험 계획 결과서 단위 오류 관리서 데이터 구축 결과서	새품 새빛	물리 DB (PD331-10)	⊙	○	○	○

▶ 표준 산출물 및 작성 구분(제 4 유형~제 6 유형)

〈표 3-5-22〉 데이터 작업 세그먼트의 유형 구분(구현 단계) 4~6

유형 번호	약어	생명 주기	SW 유형	개발 주체	사업 규모	DB 사용	적용빈도
4	고응외소사	고도화	응용 SW	외주	소규모	사용	높음
5	고응외중사	고도화	응용 SW	외주	중규모	사용	중간
6	고응외대사	고도화	응용 SW	외주	대규모	사용	낮음

〈표 3-5-23〉 데이터 작업 세그먼트의 산출물 작성 구분(구현 단계) 4~6

단계/세그먼트	구현 단계(PD300)/데이터 작업(PD330)						
태스크(task)	주요 참고 산출물	도구	산출물	필수 구분	사업 유형		
					4	5	6
데이터베이스 구현(PD331)	[순방향] 코드 정의서 물리 ERD 테이블 정의서 데이터 구축 계획서 구현 화면 소스 코드 [역방향] 단위 시험 계획 결과서 단위 오류 관리서 데이터 구축 결과서	새품 새빛	물리 DB (PD331-10)	◉	○	○	○

▶ 표준 산출물 및 작성 구분(제 7 유형~제 8 유형)

〈표 3-5-24〉 데이터 작업 세그먼트의 유형 구분(구현 단계) 7~8

유형 번호	약어	생명 주기	SW 유형	개발 주체	사업 규모	DB 사용	적용빈도
7	신내자소미	신규 개발	내장 SW	자체	소규모	미사용	높음
8	신내자소사	신규 개발	내장 SW	자체	소규모	사용	낮음

〈표 3-5-25〉 데이터 작업 세그먼트의 산출물 작성 구분(구현 단계) 7~8

<table>
<tr><td>단계/세그먼트</td><td colspan="6">구현 단계(PD300)/데이터 작업(PD330)</td></tr>
<tr><td rowspan="2">태스크(task)</td><td rowspan="2">주요 참고 산출물</td><td rowspan="2">도구</td><td rowspan="2">산출물</td><td rowspan="2">필수 구분</td><td colspan="2">사업 유형</td></tr>
<tr><td>7</td><td>8</td></tr>
<tr><td rowspan="2">데이터베이스 구현(PD331)</td><td>[순방향]
코드 정의서
물리 ERD
테이블 정의서
데이터 구축 계획서
구현 화면
소스 코드</td><td rowspan="2">새품
새빛</td><td rowspan="2">물리 DB
(PD331-10)</td><td rowspan="2"></td><td rowspan="2"></td><td rowspan="2">○</td></tr>
<tr><td>[역방향]
단위 시험 계획 결과서
단위 오류 관리서
데이터 구축 결과서</td></tr>
</table>

▶ 표준 산출물 및 작성 구분(제 9 유형~제 10 유형)

〈표 3-5-26〉 데이터 작업 세그먼트의 유형 구분(구현 단계) 9~10

유형 번호	약어	생명 주기	SW 유형	개발 주체	사업 규모	DB 사용	적용빈도
9	고내자소미	고도화	내장 SW	자체	소규모	미사용	높음
10	고내자소사	고도화	내장 SW	자체	소규모	사용	낮음

〈표 3-5-27〉 데이터 작업 세그먼트의 산출물 작성 구분(구현 단계) 9~10

<table>
<tr><td>단계/세그먼트</td><td colspan="6">구현 단계(PD300)/데이터 작업(PD330)</td></tr>
<tr><td rowspan="2">태스크(task)</td><td rowspan="2">주요 참고 산출물</td><td rowspan="2">도구</td><td rowspan="2">산출물</td><td rowspan="2">필수 구분</td><td colspan="2">사업 유형</td></tr>
<tr><td>9</td><td>10</td></tr>
<tr><td rowspan="2">데이터베이스 구현(PD331)</td><td>[순방향]
코드 정의서
물리 ERD
테이블 정의서
데이터 구축 계획서
구현 화면
소스 코드</td><td rowspan="2">새품
새빛</td><td rowspan="2">물리 DB
(PD331-10)</td><td rowspan="2"></td><td rowspan="2"></td><td rowspan="2">○</td></tr>
<tr><td>[역방향]
단위 시험 계획 결과서
단위 오류 관리서
데이터 구축 결과서</td></tr>
</table>

[참고 3-5-3] 물리 DB 구현 시의 고려 사항

물리 DB는 소프트웨어 시스템의 구조에 해당하는 부분이기 때문에 아주 중요하다.

물리 DB를 구현함에 있어서 고려해야 할 사항을 크게 다섯가지로 정리하면 다음과 같다.

첫째, 물리 DB를 구현할 때에는 해당 구현 내역을 테이블 정의서의 내역에 100% 일치시켜주어야 한다. 그 이유는 물리 DB 설계를 대표하는 테이블 정의서를 보고 물리 DB를 파악할 수 있어야 하기 때문이다.

둘째, 물리 DB가 테이블 정의서의 내역과 일치하는가를 확인하기 위해서는 반드시 물리 DB를 카탈로깅한 결과를 가지고 비교해보아야 한다. 특히, 물리 DB를 카탈로깅했을 때 테이블 ID, 엔터티 명, 컬럼 ID, 속성 명(attribute name), 데이터 타입, 데이터 길이, PK(Primary Key), FK(Foreign Key), Not Null 등의 정보가 테이블 정의서와 상이해서는 안된다.

셋째, 테이블 정의서를 누실했을 경우 물리 DB로부터 물리 DB 설계 및 논리 DB 설계를 역공학으로 재생해낼 수 있도록 세심한 사전 대응이 중요하다. 물리 DB로부터 물리 ERD 및 논리 ERD를 재생해내기 위한 사전 점검 대응 방안을 3가지로 정리하면 아래와 같다.

① 물리 DB의 테이블 커멘트에는 엔티티 명, 물리 DB의 컬럼 커멘트에는 속성 명을 기록하는 방법으로 구현해야 한다.

② 어떠한 경우에도 물리 DB의 테이블 커멘트나 컬럼 커멘트를 생략하거나 부분적으로 불완전하게 기술하지 않아야 한다.

③ 물리 DB의 테이블 커멘트와 컬럼 커멘트에는 엉뚱한 내용이 들어가지 않도록 반드시 세심한 확인을 통한 보완이 필요하다. 예를 들어, 쿼리 문이나 계산 공식, 설명 문구, 특수 문자 등 엔티티 명과 속성 명 이외의 어떠한 것도 허용하지 말아야 한다.

넷째, 물리 DB에서 변경이 일어날 경우에는, 해당 내역을 물리 DB 설계 및 논리 DB 설계에 반영해야 한다. 이 경우, 테이블 정의서(테이블 목록 포함), 물리 ERD, 논리 ERD, 코드 정의서 등에 일괄적으로 현행화하여 반영하는 것이 필요하다.

다섯째, 물리 DB는 정보시스템에서 프레임에 해당하는 아주 중요하고도 치명적인 부분이다. 따라서, 아무나 접근할 수 있도록 허용해서는 안된다. 접근 권한을 부여한 정당한 사용자만 접근할 수 있도록 해야 책임성 있는 관리가 가능해진다. 아울러, 보안 규정에 DB 접근 가능자 명단을 포함한 접근 권한 부여 방법을 기술하고 준수해야 한다.

3.5.2.4 단위 시험 작업(PD340)

단위 시험 작업(PD340)은 구현한 단위 기능의 시험 작업을 수행하는 세그먼트이다. 단위 시험 작업은 구현 작업과 병행하여 작업을 해야 하기 때문에 아래의 그림처럼 태극 모양의 순환 관계를 형성한다.

(그림 3-5-6) 단위시험 작업의 순환 관계 1

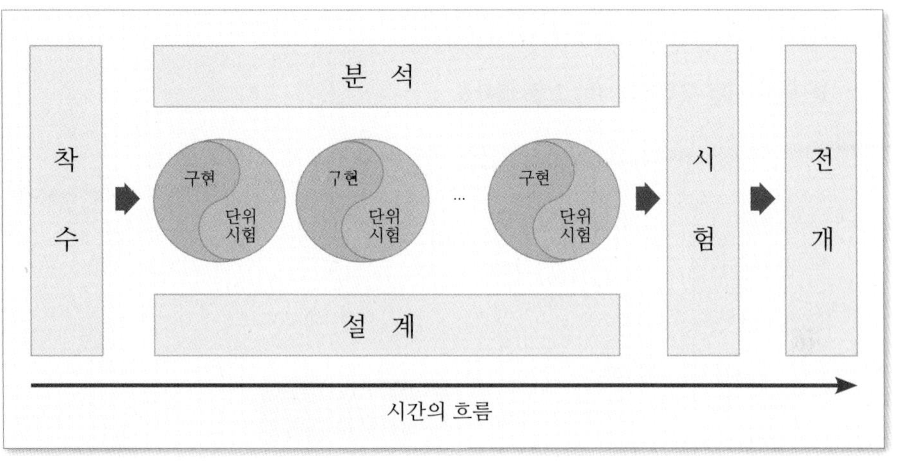

구현 작업을 단위 시험을 포함하여 순환적으로 진행함에 따라, 단위 시험이 단순히 1개의 기능만을 대상으로 한정지어지지는 않는다. 일반적으로, 아래의 그림처럼 부분적인 통합 시험 형태로 연결하여 행하는 경우도 충분히 예상할 수 있다.

(그림 3-5-7) 단위시험 작업의 순환 관계 2

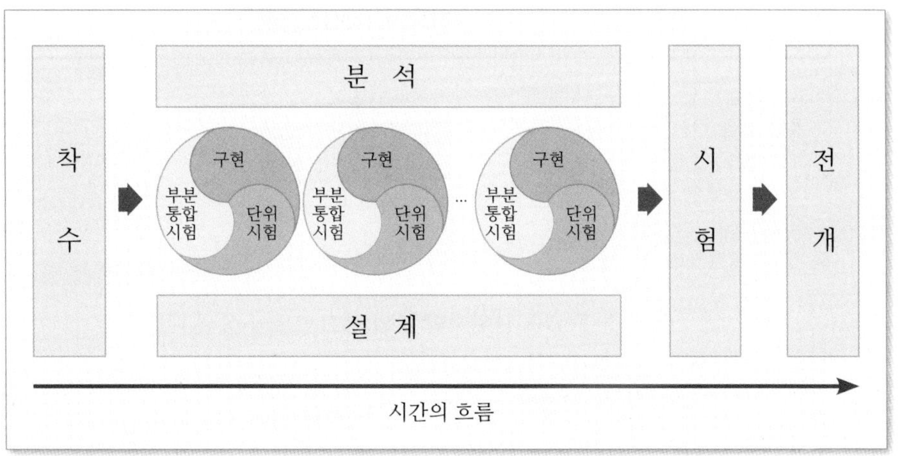

이런 경우에는 구현, 단위 시험, 부분 통합 시험이 삼태극과 같은 순환 관계를 형성한다.

그렇다 하더라도, 전체적으로 부분 통합 시험은 단위 시험 작업(PD340)의 범주에 속하는 것으로 간주한다. 즉, 단위 시험이라는 하나의 작업에 포함시켜 생각하는 것을 원칙으로 한다.

다시 말해서, K-Method에서는 모든 기능을 완성하고 전체적으로 통합하여 시험을 실시하는 것만을 통합 시험이라고 한다. 단위 기능을 몇 개 엮어서 부분적으로 통합하여 시험하는 것들은 모두 단위 시험의 범주에 속하는 것으로 간주한다.

이 점에 대한 선행적인 이해를 해야 방법론 적용상에 있어 혼란을 예방할 수 있다.

▶ 단위 시험 작업(PD340) 표준 절차도

(그림 3-5-8) 단위시험 작업 세그먼트의 표준 절차

구간	병렬 개발(PD)	단계	구현(PD300)
세그먼트	단위 시험 작업	코드	PD340
관련 프로세스	표준 절차도		
착수 단계/요구 정의 작업	요구 검증 계획 수립 (PR133)		
단위 시험 작업	단위 시험 수행 (PD341) 단위 시험 계획 결과서 (PD341-10) 단위 오류 관리서 (PD341-20)		
시험 단계/통합 시험 작업	통합 시험 수행 (CC111)		

▶ 상세 태스크(task) 설명

〈표 3-5-28〉 단위시험 작업 세그먼트의 상세 태스크

NO	태스크명(코드)	설명	비고
1	단위 시험 수행 (PD341)	구현한 단위 기능에 대한 시험을 수행한다. 부분 통합 시험의 경우에는 단위 시험으로 간주한다.	

▶ 표준 산출물 및 작성 구분(제 1 유형~제 3 유형)

〈표 3-5-29〉 단위시험 작업 세그먼트의 유형 구분 1~3

유형 번호	약어	생명 주기	SW 유형	개발 주체	사업 규모	DB 사용	적용빈도
1	신응외소사	신규 개발	응용 SW	외주	소규모	사용	높음
2	신응외중사	신규 개발	응용 SW	외주	중규모	사용	중간
3	신응외대사	신규 개발	응용 SW	외주	대규모	사용	낮음

〈표 3-5-30〉 단위시험 작업 세그먼트의 산출물 작성 구분 1~3

단계/세그먼트	구현 단계(PD300)/단위 시험 작업(PD340)						
태스크(task)	주요 참고 산출물	도구	산출물	필수 구분	사업 유형		
					1	2	3
단위 시험 수행 (PD341)	[순방향] 요구 사항 추적표 총괄 시험 계획서 구현 화면 구현 보고서 소스 코드 물리 DB [역방향] 단위 오류 관리서	새틀 새품	단위 시험 계획 결과서 (PD341-10)	◉	○	○	○
	[순방향] 구현 화면 소스 코드 물리 DB 단위 시험 계획 결과서 [역방향] 구현 화면 소스 코드 물리 DB 단위 시험 계획 결과서	새틀 새품	단위 오류 관리서 (PD341-20)	◉	○	○	○

▶ **표준 산출물 및 작성 구분(제 4 유형~제 6 유형)**

〈표 3-5-31〉 단위시험 작업 세그먼트의 유형 구분 4~6

유형 번호	약어	생명 주기	SW 유형	개발 주체	사업 규모	DB 사용	적용빈도
4	고응외소사	고도화	응용 SW	외주	소규모	사용	높음
5	고응외중사	고도화	응용 SW	외주	중규모	사용	중간
6	고응외대사	고도화	응용 SW	외주	대규모	사용	낮음

〈표 3-5-32〉 단위시험 작업 세그먼트의 산출물 작성 구분 4~6

단계/세그먼트	구현 단계(PD300)/단위 시험 작업(PD340)						
태스크(task)	주요 참고 산출물	도구	산출물	필수 구분	사업 유형		
					4	5	6
단위 시험 수행 (PD341)	[순방향] 요구 사항 추적표 총괄 시험 계획서 구현 화면 구현 보고서 소스 코드 물리 DB [역방향] 단위 오류 관리서	새틀 새품	단위 시험 계획 결과서 (PD341-10)	◉	○	○	○
	[순방향] 구현 화면 소스 코드 물리 DB 단위 시험 계획 결과서 [역방향] 구현 화면 소스 코드 물리 DB 단위 시험 계획 결과서	새틀 새품	단위 오류 관리서 (PD341-20)	◉	○	○	○

▶ **표준 산출물 및 작성 구분(제 7 유형~제 8 유형)**

〈표 3-5-33〉 단위시험 작업 세그먼트의 유형 구분 7~8

유형 번호	약어	생명 주기	SW 유형	개발 주체	사업 규모	DB 사용	적용빈도
7	신내자소미	신규 개발	내장 SW	자체	소규모	미사용	높음
8	신내자소사	신규 개발	내장 SW	자체	소규모	사용	낮음

〈표 3-5-34〉 단위시험 작업 세그먼트의 산출물 작성 구분 7~8

단계/세그먼트	구현 단계(PD300)/단위 시험 작업(PD340)					
태스크(task)	주요 참고 산출물	도구	산출물	필수 구분	사업 유형	
					7	8
단위 시험 수행 (PD341)	[순방향] 요구 사항 추적표 총괄 시험 계획서 구현 화면 구현 보고서 소스 코드 물리 DB	새틀 새품	단위 시험 계획 결과서 (PD341-10)	◉	○	○
	[역방향] 단위 오류 관리서					
	[순방향] 구현 화면 소스 코드 물리 DB 단위 시험 계획 결과서	새틀 새품	단위 오류 관리서 (PD341-20)	◉	○	○
	[역방향] 구현 화면 소스 코드 물리 DB 단위 시험 계획 결과서					

▶ **표준 산출물 및 작성 구분(제 9 유형~제 10 유형)**

〈표 3-5-35〉 단위시험 작업 세그먼트의 유형 구분 9~10

유형 번호	약어	생명 주기	SW 유형	개발 주체	사업 규모	DB 사용	적용빈도
9	고내자소미	고도화	내장 SW	자체	소규모	미사용	높음
10	고내자소사	고도화	내장 SW	자체	소규모	사용	낮음

〈표 3-5-36〉 단위시험 작업 세그먼트의 산출물 작성 구분 9~10

<table>
<tr><td>단계/세그먼트</td><td colspan="7">구현 단계(PD300)/단위 시험 작업(PD340)</td></tr>
<tr><td rowspan="2">태스크(task)</td><td rowspan="2">주요 참고 산출물</td><td rowspan="2">도구</td><td rowspan="2">산출물</td><td rowspan="2">필수 구분</td><td colspan="2">사업 유형</td></tr>
<tr><td>9</td><td>10</td></tr>
<tr><td rowspan="4">단위 시험 수행
(PD341)</td><td>[순방향]
요구 사항 추적표
총괄 시험 계획서
구현 화면
구현 보고서
소스 코드
물리 DB</td><td rowspan="2">새틀
새품</td><td rowspan="2">단위 시험 계획
결과서
(PD341-10)</td><td rowspan="2">◉</td><td rowspan="2">○</td><td rowspan="2">○</td></tr>
<tr><td>[역방향]
단위 오류 관리서</td></tr>
<tr><td>[순방향]
구현 화면
소스 코드
물리 DB
단위 시험 계획 결과서</td><td rowspan="2">새틀
새품</td><td rowspan="2">단위 오류 관리서
(PD341-20)</td><td rowspan="2">◉</td><td rowspan="2">○</td><td rowspan="2">○</td></tr>
<tr><td>[역방향]
구현 화면
소스 코드
물리 DB
단위 시험 계획 결과서</td></tr>
</table>

[참고 3-5-4] 단위 시험 시의 고려 사항

일반적인 직렬형 개발 방법에서는 단위 시험을 시험 공정에 포함시킨다. 그렇기 때문에, 단위 시험 계획서와 단위 시험 결과서를 별도로 작성하는 것이 관례였다.

하지만 병렬형 소프트웨어 개발 방법론인 K-Method에서는 병렬 개발 구간이 분석, 설계, 구현 단계를 모두 포함하고 있다. 특히, 구현 단계 내에 단위 시험 세그먼트를 포함하고 있다.

구현과 단위 시험이 순환적으로 이루어지기 때문에 단위 시험 계획서와 단위 시험 결과서를 별도로 만드는 것은 의미가 없다. 따라서 단위 시험 계획 결과서 형태로 통합시켜, 단위 시험 계획과 시험 결과를 융합하여 관리하도록 하고 있다.

단위 오류 관리서의 경우에는 단위 시험 과정에서 발생한 오류를 관리한다.

단위 오류는 시스템의 안정성을 담보하기 위한 가장 첫 단계이면서도 가장 중요한 해결 대상이다. 그러므로 세심한 관리를 통한 해결이 중요하다. 이에 대한 대응 시 고려해야 할 주요 사항을 크게 세가지로 정리하면 다음과 같다.

첫째, 단위 시험은 주로 오류와 편의성 중심으로 이루어진다. 그러므로 단위 오류 관리서도 주로 오류 관리 대장 형태로 만들어야 한다. 여기에는 기본적으로 오류 유형(예: 오류, 편의성 등), 오류 ID, 오류 명, 오류 내용, 발견 일자, 발견자, 조치 일자, 조치자, 수정 내용, 확인 일자, 확인자, 완료 구분(예: 완료, 진행, 보류, 폐기, 취소 등) 등의 내용을 포함시켜야 한다. 철저하게 책임성 있는 단위 시험 결과 관리가 이루어질 수 있도록 만전을 기해야 한다.

둘째, 단위 시험은 부분적인 통합 시험을 포함할 수 있다. 따라서, 이에 대한 고려가 필요하다. 개념적으로 단위 시험은 하나의 단위 기능에 대한 시험을 의미한다. 하지만, 현실적으로 단위 시험은 반드시 부분적인 통합 시험을 동반할 수밖에 없다. 그렇기 때문에, 단위 시험에 따른 오류 관리에 있어서도 이러한 부분을 고려해야 한다. 가장 바람직한 방법은 단위 기능을 연결하여 시험할 때 연관이 있는 단위 기능에 문제가 발생하는 것들은 모두 별도로 단위 오류 관리서에서 관리해주는 형태가 바람직하다.

셋째, 단위 시험이 충분히 이루어지기 위해서는 일정 기간 동안에 많은 반복 시험을 해야 한다. 이 경우, 단위 시험 결과서에 오류의 유형 분류, 오류의 발생추이 및 오류의 해결 추이를 그래프 형태로 관리하여, 오류에 대한 대응 능력을 맞춤형으로 향상시킬 수 있도록 강구해 줄 필요가 있다.

 3.6 시험 단계(CC100) : 종료 구간

종료 구간(CC)이 포함하고 있는 시험 단계의 전체 표준 절차를 구성하는 세그먼트와 태스크 간의 절차 흐름을 설명하면 다음과 같다.

3.6.1 시험 단계(CC100) 표준 절차도

시험 단계는 K-Method에서 기능적인 측면의 인터페이스 시험을 포함한 통합 시험 및 비기능적인 측면의 시스템 시험 공정을 수행하는 단계이다.

시험 단계(CC100)는 종료(CC) 구간에 속하며, 통합 시험 작업(CC110), 시스템 시험 작업(CC120)의 2개의 세그먼트로 이루어진다.

(그림 3-6-1) 시험 단계의 표준 절차

구간	종료(CC)	단계	시험(CC100)
표준 절차도			

통합 시험 작업 (CC110)
- 통합 시험 수행 (CC111)
- 통합 시험 결과서 (CC111-10)
- 통합 오류 관리서 (CC111-20)

→

시스템 시험 작업 (CC120)
- 시스템 시험 수행 (CC121)
- 시스템 시험 결과서 (CC121-10)
- 시스템 오류 관리서 (CC121-20)

시험 단계는 병렬 개발 구간이 포함하는 분석 단계, 설계 단계, 구현 단계를 모두 진행하여 개발을 완료한 시스템에 대한 시험을 수행하는 단계이다.

통합 시험 작업 세그먼트에서는 개발을 완료한 시스템에 대해 기능 및 인터페이스에 대한 통합적인 비즈니스 프로세스 관점의 통합 시험을 수행한다. 시스템 시험 작업 세그먼트에서는 성능, 품질, 표준, 보안 등 사용자의 비기능 요구 사항이 정확하게 시스템으로 구현되었는지 확인하는 시스템 시험을 수행한다.

통합 시험 및 시스템 시험 과정에서 오류가 발생하면, 발생한 오류를 분석하고 개선 방안을 수립한 후 적용하여 오류를 수정한다.

3.6.2 시험 단계(CC100) 상세 절차

3.6.2.1 통합 시험 작업(CC110)

통합 시험 작업(CC110)은 구현한 단위 기능과 내·외부 인터페이스를 통합한 기능을 인터페이스 중심의 시험 작업을 수행하는 세그먼트이다.

▶ 통합 시험 작업(CC110) 표준 절차도

(그림 3-6-2) 통합 시험 작업 세그먼트의 표준 절차

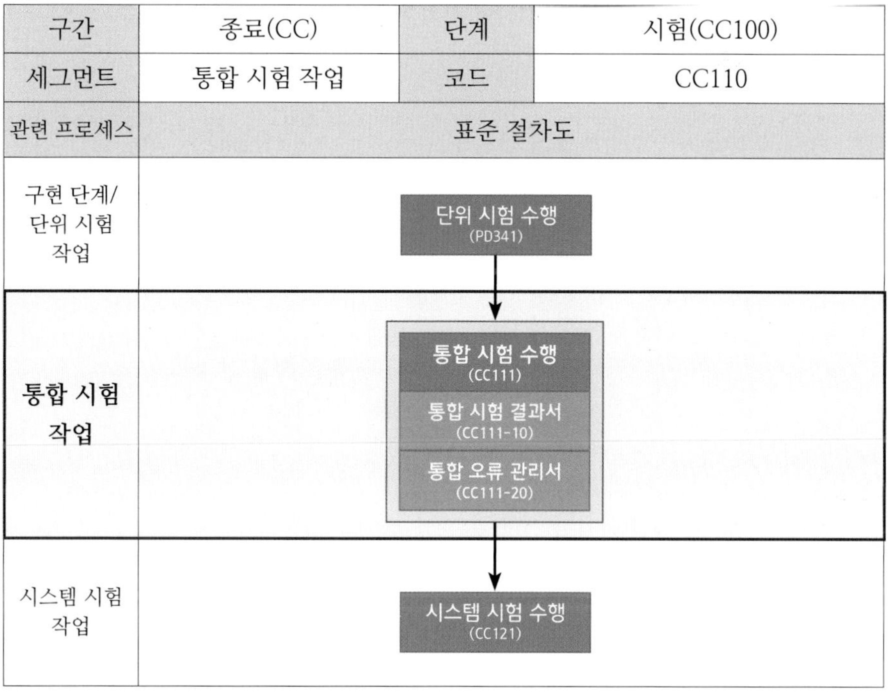

구간	종료(CC)	단계	시험(CC100)
세그먼트	통합 시험 작업	코드	CC110
관련 프로세스	표준 절차도		
구현 단계/단위 시험 작업	단위 시험 수행 (PD341)		
통합 시험 작업	통합 시험 수행 (CC111) 통합 시험 결과서 (CC111-10) 통합 오류 관리서 (CC111-20)		
시스템 시험 작업	시스템 시험 수행 (CC121)		

▶ 상세 태스크(task) 설명

〈표 3-6-1〉 통합 시험 세그먼트의 상세 태스크

NO	태스크명(코드)	설명	비고
1	통합 시험 수행 (CC111)	기능 요구 사항 및 인터페이스에 대한 통합적인 시험을 수행한다.	

▶ **표준 산출물 및 작성 구분(제 1 유형~제 3 유형)**

〈표 3-6-2〉 통합 시험 작업 세그먼트의 유형 구분 1~3

유형 번호	약어	생명 주기	SW 유형	개발 주체	사업 규모	DB 사용	적용빈도
1	신응외소사	신규 개발	응용 SW	외주	소규모	사용	높음
2	신응외중사	신규 개발	응용 SW	외주	중규모	사용	중간
3	신응외대사	신규 개발	응용 SW	외주	대규모	사용	낮음

〈표 3-6-3〉 통합 시험 작업 세그먼트의 산출물 작성 구분 1~3

단계/세그먼트	시험 단계(CC100)/통합 시험 작업(CC110)						
태스크(task)	주요 참고 산출물	도구	산출물	필수 구분	사업 유형		
					1	2	3
통합 시험 수행 (CC111)	[순방향] 총괄 시험 계획서 프로그램 논리 설계서 통합 시험 계획서 테이블 정의서 구현 화면 소스 코드 물리 DB 단위 시험 계획 결과서 단위 오류 관리서	새품 새벗 새틀 새빛	통합 시험 결과서 (CC111-10)	⊙	○	○	○
	[순방향] 요구 사항 정의서 인터페이스 설계서 프로그램 논리 설계서 통합 시험 계획서 구현 화면 소스 코드 물리 DB 통합 시험 결과서	새품 새벗 새틀 새빛	통합 오류 관리서 (CC111-20)	⊙	○	○	○

▶ **표준 산출물 및 작성 구분(제 4 유형~제 6 유형)**

〈표 3-6-4〉 통합 시험 작업 세그먼트의 유형 구분 4~6

유형 번호	약어	생명 주기	SW 유형	개발 주체	사업 규모	DB 사용	적용빈도
4	고응외소사	고도화	응용 SW	외주	소규모	사용	높음
5	고응외중사	고도화	응용 SW	외주	중규모	사용	중간
6	고응외대사	고도화	응용 SW	외주	대규모	사용	낮음

〈표 3-6-5〉 통합 시험 작업 세그먼트의 산출물 작성 구분 4~6

단계/세그먼트	시험 단계(CC100)/통합 시험 작업(CC110)						
태스크(task)	주요 참고 산출물	도구	산출물	필수 구분	사업 유형		
					4	5	6
통합 시험 수행 (CC111)	[순방향] 총괄 시험 계획서 프로그램 논리 설계서 통합 시험 계획서 테이블 정의서 구현 화면 소스 코드 물리 DB 단위 시험 계획 결과서 단위 오류 관리서	새품 새벗 새틀 새빛	통합 시험 결과서 (CC111-10)	⊙	○	○	○
	[순방향] 요구 사항 정의서 인터페이스 설계서 프로그램 논리 설계서 통합 시험 계획서 구현 화면 소스 코드 물리 DB 통합 시험 결과서	새품 새벗 새틀 새빛	통합 오류 관리서 (CC111-20)	⊙	○	○	○

▶ **표준 산출물 및 작성 구분(제 7 유형~제 8 유형)**

〈표 3-6-6〉 통합 시험 작업 세그먼트의 유형 구분 7~8

유형 번호	약어	생명 주기	SW 유형	개발 주체	사업 규모	DB 사용	적용빈도
7	신내자소미	신규 개발	내장 SW	자체	소규모	미사용	높음
8	신내자소사	신규 개발	내장 SW	자체	소규모	사용	낮음

〈표 3-6-7〉 통합 시험 작업 세그먼트의 산출물 작성 구분 7~8

단계/세그먼트	시험 단계(CC100)/통합 시험 작업(CC110)					
태스크(task)	주요 참고 산출물	도구	산출물	필수 구분	사업 유형	
					7	8
통합 시험 수행 (CC111)	[순방향] 총괄 시험 계획서 프로그램 논리 설계서 통합 시험 계획서 테이블 정의서 구현 화면 소스 코드 물리 DB 단위 시험 계획 결과서 단위 오류 관리서	새품 새벗 새틀 새빛	통합 시험 결과서 (CC111-10)			
	[순방향] 요구 사항 정의서 인터페이스 설계서 프로그램 논리 설계서 통합 시험 계획서 구현 화면 소스 코드 물리 DB 통합 시험 결과서	새품 새벗 새틀 새빛	통합 오류 관리서 (CC111-20)			

▶ 표준 산출물 및 작성 구분(제 9 유형~제 10 유형)

〈표 3-6-8〉 통합 시험 작업 세그먼트의 유형 구분 9~10

유형 번호	약어	생명 주기	SW 유형	개발 주체	사업 규모	DB 사용	적용빈도
9	고내자소미	고도화	내장 SW	자체	소규모	미사용	높음
10	고내자소사	고도화	내장 SW	자체	소규모	사용	낮음

〈표 3-6-9〉 통합 시험 작업 세그먼트의 산출물 작성 구분 9~10

단계/세그먼트	시험 단계(CC100)/통합 시험 작업(CC110)					
태스크(task)	주요 참고 산출물	도구	산출물	필수 구분	사업 유형 9	사업 유형 10
통합 시험 수행 (CC111)	[순방향] 총괄 시험 계획서 프로그램 논리 설계서 통합 시험 계획서 테이블 정의서 구현 화면 소스 코드 물리 DB 단위 시험 계획 결과서 단위 오류 관리서	새품 새벗 새틀 새빛	통합 시험 결과서 (CC111-10)			
	[순방향] 요구 사항 정의서 인터페이스 설계서 프로그램 논리 설계서 통합 시험 계획서 구현 화면 소스 코드 물리 DB 통합 시험 결과서	새품 새벗 새틀 새빛	통합 오류 관리서 (CC111-20)			

[참고 3-6-1] 통합 시험 시의 고려 사항

통합 시험과 관련하여 고려해야 할 사항을 크게 여섯가지로 정리하면 다음과 같다.

첫째, 통합 시험 공정은 전체 통합 시험만 해당한다. K-Method에서는 부분적인 통합 시험을 모두 단위 시험에 속하는 것으로 간주한다. 그 이유는 통합이라는 개념 자체를 전체 통합의 시각으로만 인정하는 것을 원칙으로 하기 때문이다.

둘째, 통합 시험부터는 직렬형 소프트웨어 개발 방법론과 병렬형 소프트웨어 개발 방법론 간에 큰 차이가 없으며 거의 비슷하게 진행한다. 그렇기 때문에 착수, 분석, 설계, 구현의 각 공정에서 시험 계획을 수립하고 단위 시험, 통합 시험, 시스템 시험, 인수 시험으로 이어지는 전형적인 V-모델 형태의 시험 체계를 형성한다.

셋째, 시험 단계는 통합 시험 단계부터 인정한다. 단위 시험의 경우에는 구현 단계에서 사용자 작업, 프로세스 작업, 데이터 작업 세그먼트를 결합한 작업과 순환적으로 작업이 이루어지기 때문에 구현 단계내의 세그먼트로 편입하여 시험 공정으로부터 분리하는 점이 K-Method와 다른 개발 방법론과의 차이점이다.

넷째, 일반적으로 외주를 주었을 때 행하는 인수 시험의 경우에는 통합 시험과 시스템 시험에 준하여 행한다. 따라서, 별도로 정의하지 않는다. 자체 개발일 경우에는 생략한다. 외주 형태의 SI 사업에서도 거의 통합 시험 및 시스템 시험과 같은 형태로 진행한다. 이를 감안하여 K-Method에서는 인수 시험을 별도로 정의하지 않고 생략한다. 인수 시험을 별도로 하는 곳에서는 K-Method의 통합 시험과 시스템 시험 프로세스를 그대로 적용하면 한다.

다섯째, 통합 시험에서는 내·외부 인터페이스 시험까지 포함하여 수행한다. 그 이유는 통합 시험은 전체적인 업무의 연결이 문제 해결의 시작으로부터 종결에 이르기까지 유연하고 안정적으로 이루어지는가를 확인하는 것이기때문이다.

여섯째, 통합 오류 관리서의 경우에는 통합 시험 과정에서 발생한 오류를 관리한다. 이때, 통합 시험 기간 동안의 오류 유형별 발생 건수 및 해결 추이를 모니터링할 수 있도록 그래프 형태로 기술하여 관리하는 것이 바람직하다.

통합 시험은 비즈니스 프로세스(business process)의 전체 문제 해결 과정을 테스트 하는 것이다. 그렇기때문에, 단위 시험의 완전한 이행을 전제로 수행하는 것을 원칙으로 한다. 따라서, 단위 시험 태스크를 수행할 때 부분적인 통합 시험을 최대한 병행하여 충분한 검증을 해놓는 것이 바람직하다.

3.6.2.2 시스템 시험 작업(CC120)

시스템 시험 작업(CC120)은 요구 사항 전반에 걸쳐 시스템의 비기능 중심의 시험 작업을 수행하는 세그먼트이다.

시스템 시험은 실무 현장에서 다양한 형태로 이름붙여 시행하고 있다. 성능 시험, 부하 시험, 보안성 테스트 등의 이름이 붙은 것은 모두 시스템 시험의 유형에 속한다고 보면 된다. 단지, 혼란을 피하기 위해 K-Method에서는 모든 비기능 시험을 시스템 시험으로 간주한다. 세부 유형은 장으로 구분하여 실시한다.

▶ 시스템 시험 작업(CC120) 표준 절차도

(그림 3-6-3) 시스템 시험 작업 세그먼트의 표준 절차

구간	종료(CC)	단계	시험(CC100)
세그먼트	시스템 시험 작업	코드	CC120
관련 프로세스	표준 절차도		
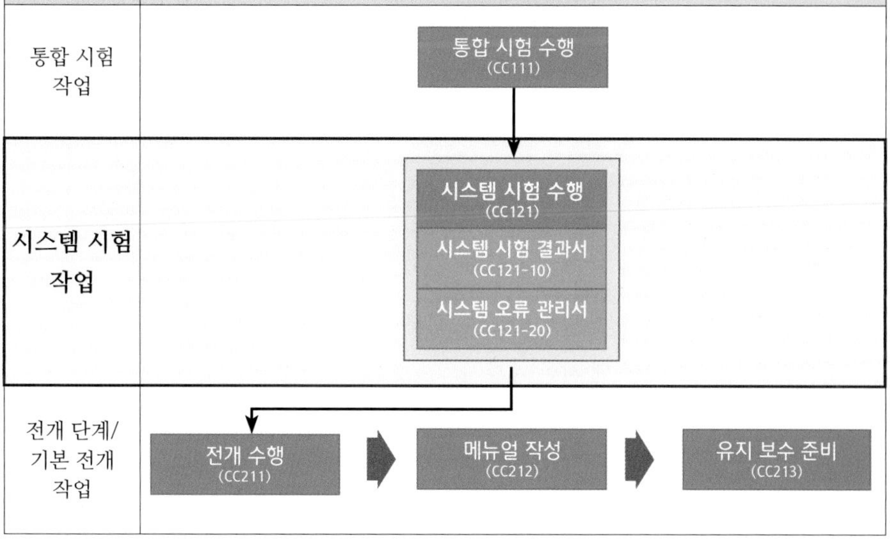 통합 시험 작업	통합 시험 수행 (CC111)		
시스템 시험 작업	시스템 시험 수행 (CC121) 시스템 시험 결과서 (CC121-10) 시스템 오류 관리서 (CC121-20)		
전개 단계/ 기본 전개 작업	전개 수행 (CC211) → 메뉴얼 작성 (CC212) → 유지 보수 준비 (CC213)		

▶ 상세 태스크(task) 설명

〈표 3-6-10〉 시스템 시험 세그먼트의 상세 태스크

NO	태스크명(코드)	설명	비고
1	시스템 시험 수행 (CC121)	비기능 요구 사항에 대한 시험을 수행한다.	

▶ **표준 산출물 및 작성 구분(제 1 유형~제 3 유형)**

〈표 3-6-11〉 시스템 시험 작업 세그먼트의 유형 구분 1~3

유형 번호	약어	생명 주기	SW 유형	개발 주체	사업 규모	DB 사용	적용빈도
1	신응외소사	신규 개발	응용 SW	외주	소규모	사용	높음
2	신응외중사	신규 개발	응용 SW	외주	중규모	사용	중간
3	신응외대사	신규 개발	응용 SW	외주	대규모	사용	낮음

〈표 3-6-12〉 시스템 시험 작업 세그먼트의 산출물 작성 구분 1~3

단계/세그먼트	시험 단계(CC100)/시스템 시험 작업(CC120)						
태스크(task)	주요 참고 산출물	도구	산출물	필수 구분	사업 유형		
					1	2	3
시스템 시험 수행 (CC121)	[순방향] 요구 사항 정의서 시스템 시험 계획서 인터페이스 설계서 소스 코드 단위 오류 관리서 통합 오류 관리서	새벗 새빛 새틀 새품	시스템 시험 결과서 (CC121-10)			○	○
	[순방향] 요구 사항 정의서 시스템 시험 계획서 인터페이스 설계서 프로그램 명세서 테이블 정의서 CRUD 매트릭스 시스템 시험 결과서	새벗 새빛 새틀 새품	시스템 오류 관리서 (CC121-20)			○	○

▶ 표준 산출물 및 작성 구분(제 4 유형~제 6 유형)

〈표 3-6-13〉 시스템 시험 작업 세그먼트의 유형 구분 4~6

유형 번호	약어	생명 주기	SW 유형	개발 주체	사업 규모	DB 사용	적용빈도
4	고응외소사	고도화	응용 SW	외주	소규모	사용	높음
5	고응외중사	고도화	응용 SW	외주	중규모	사용	중간
6	고응외대사	고도화	응용 SW	외주	대규모	사용	낮음

〈표 3-6-14〉 시스템 시험 작업 세ㅗ먼트의 산출물 작성 구분 4~6

단계/세그먼트	시험 단계(CC100)/시스템 시험 작업(CC120)						
태스크(task)	주요 참고 산출물	도구	산출물	필수 구분	사업 유형		
					4	5	6
시스템 시험 수행 (CC121)	[순방향] 요구 사항 정의서 시스템 시험 계획서 인터페이스 설계서 소스 코드 단위 오류 관리서 통합 오류 관리서	새벗 새빛 새틀 새품	시스템 시험 결과서 (CC121-10)			○	○
	[순방향] 요구 사항 정의서 시스템 시험 계획서 인터페이스 설계서 프로그램 명세서 테이블 정의서 CRUD 매트릭스 시스템 시험 결과서	새벗 새빛 새틀 새품	시스템 오류 관리서 (CC121-20)			○	○

▶ **표준 산출물 및 작성 구분(제 7 유형~제 8 유형)**

〈표 3-6-15〉 시스템 시험 작업 세그먼트의 유형 구분 7~8

유형 번호	약어	생명 주기	SW 유형	개발 주체	사업 규모	DB 사용	적용빈도
7	신내자소미	신규 개발	내장 SW	자체	소규모	미사용	높음
8	신내자소사	신규 개발	내장 SW	자체	소규모	사용	낮음

〈표 3-6-16〉 시스템 시험 작업 세그먼트의 산출물 작성 구분 7~8

단계/세그먼트	시험 단계(CC100)/시스템 시험 작업(CC120)					
태스크(task)	주요 참고 산출물	도구	산출물	필수 구분	사업 유형	
					7	8
시스템 시험 수행 (CC121)	[순방향] 요구 사항 정의서 시스템 시험 계획서 인터페이스 설계서 소스 코드 단위 오류 관리서 통합 오류 관리서	새벗 새빛 새틀 새품	시스템 시험 결과서 (CC121-10)			
	[순방향] 요구 사항 정의서 시스템 시험 계획서 인터페이스 설계서 프로그램 명세서 테이블 정의서 CRUD 매트릭스 시스템 시험 결과서	새벗 새빛 새틀 새품	시스템 오류 관리서 (CC121-20)			

▶ 표준 산출물 및 작성 구분(제 9 유형~제 10 유형)

〈표 3-6-17〉 시스템 시험 작업 세그먼트의 유형 구분 9~10

유형 번호	약어	생명 주기	SW 유형	개발 주체	사업 규모	DB 사용	적용빈도
9	고내자소미	고도화	내장 SW	자체	소규모	미사용	높음
10	고내자소사	고도화	내장 SW	자체	소규모	사용	낮음

〈표 3-6-18〉 시스템 시험 작업 세그먼트의 산출물 작성 구분 9~10

단계/세그먼트	시험 단계(CC100)/시스템 시험 작업(CC120)					
태스크(task)	주요 참고 산출물	도구	산출물	필수 구분	사업 유형	
					9	10
시스템 시험 수행 (CC121)	[순방향] 요구 사항 정의서 시스템 시험 계획서 인터페이스 설계서 소스 코드 단위 오류 관리서 통합 오류 관리서	새벗 새빛 새틀 새품	시스템 시험 결과서 (CC121-10)			
	[순방향] 요구 사항 정의서 시스템 시험 계획서 인터페이스 설계서 프로그램 명세서 테이블 정의서 CRUD 매트릭스 시스템 시험 결과서	새벗 새빛 새틀 새품	시스템 오류 관리서 (CC121-20)			

[참고 3-6-2] 시스템 시험 시의 고려 사항

시스템 시험과 관련하여 고려해야 할 사항을 크게 다섯가지로 정리하면 다음과 같다.

첫째, 시스템 시험 공정은 테스트하는 것이 가능한 모든 비기능 요구 사항의 테스트를 포함한다. 성능, 보안, 표준, 시스템간 연계를 포함하여 테스트할 수 있는 모든 비기능 요구 사항에 대하여 시험이 이루어질 수 있도록 강구하여야 한다.

둘째, 시스템 시험 공정의 경우에도 직렬형 소프트웨어 개발 방법론과 병렬형 소프트웨어 개발 방법론 간에 큰 차이가 없으며 거의 비슷하게 진행한다. 그렇기 때문에 착수, 분석, 설계, 구현의 각 공정에서 시험 계획을 수립하고 단위 시험, 통합 시험, 시스템 시험, 인수 시험으로 이어지는 전형적인 V-모델 형태의 시험을 적용한다.

셋째, 경우에 따라 시스템 시험을 성능 부하 시험, 보안성 시험 등과 같이 특화한 이름을 부여하지 않도록 주의해야 한다. 시스템 시험이 비기능 요구 사항의 이행여부를 점검하는 점을 감안할 필요가 있다. 그렇기 때문에 성능 부하 시험, 보안성 시험 등과 같이 어떤 특정 비기능 요구 사항에 대한 이행 여부의 시험으로 특화하는 경우가 있을 수 있다. 그러나 K-Method에서는 시험 체계의 혼란을 방지하기 위해, 어떠한 형태로 특화한 시험일지라도 시스템 시험이라는 큰 틀에서 장별로 구분하여 반영할 수 있도록 대응할 것을 강조한다.

넷째, 시큐어 코딩에 대한 점검을 시스템 시험에 포함하더라도 시스템 시험이라는 큰 틀을 유지해야 한다. K-Method에서는 외부적으로 어떠한 경우에도 시스템 시험이라는 명칭을 유지하는 것을 원칙으로 한다. 그러한 원칙을 준수하는 것을 전제로, 내부에서 시큐어 코딩 시험을 포함하도록 지도한다.

다섯째, 시스템 오류 관리서의 경우에는 시스템 시험 과정에서 발생한 오류를 관리한다. 이때, 시스템 시험의 유형별 시험 목표 대비 시험 결과를 시험의 유형별 목표 대비 실적 형태로 비교하여 파악할 수 있도록 할 필요가 있다. 이를 위해 가급적 그래프 형태로 기술하여 관리하는 것이 바람직하다.

특히, 시스템 시험은 시험 단계의 최종 절차임을 감안하여, 충분한 검증이 이루어질 수 있도록 사업 초기부터 철저한 계획을 세울 필요가 있다. 또한, 사업의 진행 과정에서 시간을 두고 보강하여 예외적인 상황이 발생하지 않도록 체계적이고 완전하게 진행할 수 있도록 해야한다. 시스템 시험 이후에 인수 시험(acceptance test)이 있다. 이것은 통합 시험과 유사한 형태로 주관 기관이 수행하는 것이다. 따라서, K-Method에서는 다루지않는다.

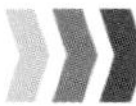

3.7 전개 단계(CC200) : 종료 구간

종료 구간(CC)이 포함하고 있는 전개 단계의 전체 표준 절차를 구성하는 세그먼트와 태스크 간의 절차 흐름을 설명하면 다음과 같다.

3.7.1 전개 단계(CC200) 표준 절차도

전개 단계는 K-Method에서 전개 및 인도 공정을 수행하는 단계이다.

전개 단계(CC200)는 종료(CC) 구간에 속하며, 기본 전개 작업(CC210), 인도 작업(CC220)의 2개의 세그먼트로 이루어진다.

(그림 3-7-1) 전개 단계의 표준 절차

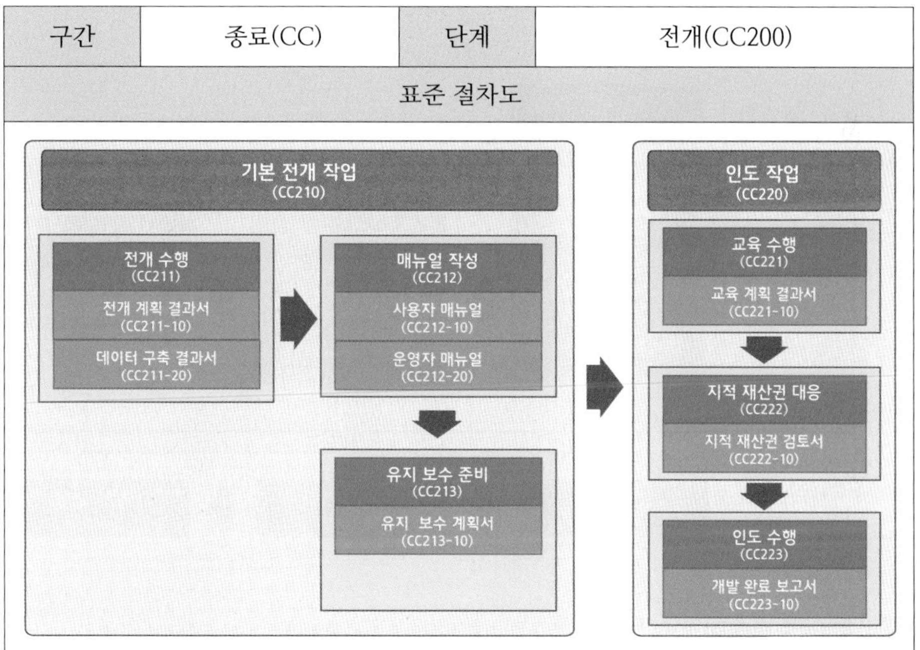

전개 단계는 K-Method에서 시험을 완료한 시스템을 전개 계획에 따라 개발 환경에서 운영 환경으로 전개 작업을 수행한 후 인도까지 수행하는 단계이다.

기본 전개 작업 세그먼트에서는 전개 계획을 세워 전개를 수행한다. 이 과정에서 사용자 및 운영자 매뉴얼을 작성하고 유지 보수(하자 보수) 계획을 수립한다. 인도 작업 세그먼트에서는 교육 계획에 따라 사용자 및 운영자 교육을 수행하고 구축 시스템의 지적 재산권 검토를 마무리한다. 이를 기반으로 모든 개발 단계를 완료하면, 마지막으로 개발 완료 보고를 한다. 이를 통해, 공식적으로 시스템 개발 종료를 선언하고, 발주사의 사업 종료 프로세스에 따라 행정 처리를 완료한다.

3.7.2 전개 단계(CC200) 상세 절차

3.7.2.1 기본 전개 작업(CC210)

기본 전개 작업(CC210)은 시험을 완료한 결과물을 인도하기 위해 필요한 기본적인 전개 작업을 수행하는 세그먼트이다.

▶ **기본 전개 작업(CC210) 표준 절차도**

(그림 3-7-2) 기본 전개 작업 세그먼트의 표준 절차

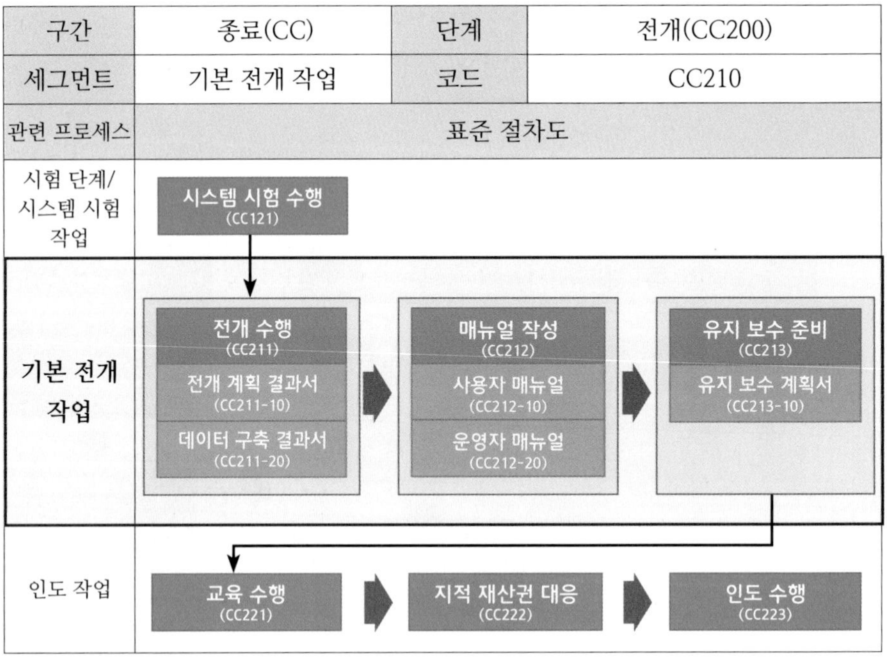

구간	종료(CC)	단계	전개(CC200)
세그먼트	기본 전개 작업	코드	CC210
관련 프로세스	표준 절차도		
시험 단계/ 시스템 시험 작업	시스템 시험 수행 (CC121)		
기본 전개 작업	전개 수행 (CC211) 전개 계획 결과서 (CC211-10) 데이터 구축 결과서 (CC211-20)	매뉴얼 작성 (CC212) 사용자 매뉴얼 (CC212-10) 운영자 매뉴얼 (CC212-20)	유지 보수 준비 (CC213) 유지 보수 계획서 (CC213-10)
인도 작업	교육 수행 (CC221)	지적 재산권 대응 (CC222)	인도 수행 (CC223)

▶ **상세 태스크(task) 설명**

〈표 3-7-1〉 기본 전개 작업 세그먼트의 상세 태스크

NO	태스크명(코드)	설명	비고
1	전개 수행 (CC211)	전개 계획을 수립하고 기본 전개 작업에 따른 결과를 정리한다.	
2	매뉴얼 작성 (CC212)	사용자 매뉴얼과 운영자 매뉴얼을 작성한다.	
3	유지 보수 준비 (CC213)	유지 보수 작업을 수행하기 위한 계획을 마련한다.	

▶ **표준 산출물 및 작성 구분(제 1 유형~제 3 유형)**

〈표 3-7-2〉 기본 전개 작업 세그먼트의 유형 구분 1~3

유형 번호	약어	생명 주기	SW 유형	개발 주체	사업 규모	DB 사용	적용빈도
1	신응외소사	신규 개발	응용 SW	외주	소규모	사용	높음
2	신응외중사	신규 개발	응용 SW	외주	중규모	사용	중간
3	신응외대사	신규 개발	응용 SW	외주	대규모	사용	낮음

〈표 3-7-3〉 기본 전개 작업 세그먼트의 산출물 작성 구분 1~3

<table>
<tr><td>단계/세그먼트</td><td colspan="7">전개 단계(CC200)/기본 전개 작업(CC210)</td></tr>
<tr><td rowspan="2">태스크(task)</td><td rowspan="2">주요 참고 산출물</td><td rowspan="2">도구</td><td rowspan="2">산출물</td><td rowspan="2">필수 구분</td><td colspan="3">사업 유형</td></tr>
<tr><td>1</td><td>2</td><td>3</td></tr>
<tr><td rowspan="2">전개 수행
(CC211)</td><td>[순방향]
아키텍처 정의서
인터페이스 설계서
데이터 구축 계획서
통합 시험 결과서
통합 오류 관리서
시스템 시험 결과서
시스템 오류 관리서</td><td>새품
새북</td><td>전개 계획 결과서
(CC211-10)</td><td></td><td></td><td>○</td><td>○</td></tr>
<tr><td>[순방향]
코드 정의서
테이블 정의서
데이터 구축 계획서
물리 DB</td><td>새품
새북</td><td>데이터 구축 결과서
(CC211-20)</td><td>⦿</td><td>○</td><td>○</td><td>○</td></tr>
</table>

<table>
<tr><th>단계/세그먼트</th><th colspan="8">전개 단계(CC200)/기본 전개 작업(CC210)</th></tr>
<tr><th rowspan="2">태스크(task)</th><th rowspan="2">주요 참고 산출물</th><th rowspan="2">도구</th><th rowspan="2">산출물</th><th rowspan="2">필수
구분</th><th colspan="3">사업 유형</th></tr>
<tr><th>1</th><th>2</th><th>3</th></tr>
<tr><td rowspan="2">매뉴얼 작성
(CC212)</td><td>[순방향]
아키텍처 정의서
기능 분해도
비즈니스 융합도
화면 설계서
인터페이스 설계서</td><td>새북</td><td>사용자 매뉴얼
(CC212-10)</td><td>◉</td><td>○</td><td>○</td><td>○</td></tr>
<tr><td>[순방향]
아키텍처 정의서
요구 사항 정의서
기능 분해도
비즈니스 융합도
화면 설계서
인터페이스 설계서
프로그램 명세서
프로그램 논리 설계서</td><td>새북</td><td>운영자 매뉴얼
(CC212-20)</td><td></td><td></td><td>○</td><td>○</td></tr>
<tr><td>유지 보수 준비
(CC213)</td><td>[순방향]
사업 수행 계획서
아키텍처 정의서
요구 사항 정의서
전개 계획 결과서
운영자 매뉴얼</td><td>새품
새북</td><td>유지 보수 계획서
(CC213-10)</td><td>◉</td><td>○</td><td>○</td><td>○</td></tr>
</table>

▶ **표준 산출물 및 작성 구분(제 4 유형~제 6 유형)**

〈표 3-7-4〉 기본 전개 작업 세그먼트의 유형 구분 4~6

유형 번호	약어	생명 주기	SW 유형	개발 주체	사업 규모	DB 사용	적용빈도
4	고응외소사	고도화	응용 SW	외주	소규모	사용	높음
5	고응외중사	고도화	응용 SW	외주	중규모	사용	중간
6	고응외대사	고도화	응용 SW	외주	대규모	사용	낮음

〈표 3-7-5〉 기본 전개 작업 세그먼트의 산출물 작성 구분 4~6

단계/세그먼트	전개 단계(CC200)/기본 전개 작업(CC210)						
태스크(task)	주요 참고 산출물	도구	산출물	필수 구분	사업 유형 4	사업 유형 5	사업 유형 6
전개 수행 (CC211)	[순방향] 아키텍처 정의서 인터페이스 설계서 데이터 구축 계획서 통합 시험 결과서 통합 오류 관리서 시스템 시험 결과서 시스템 오류 관리서	새품 새북	전개 계획 결과서 (CC211-10)			○	○
	[순방향] 코드 정의서 테이블 정의서 데이터 구축 계획서 물리 DB	새품 새북	데이터 구축 결과서 (CC211-20)	◉	○	○	○

단계/세그먼트	전개 단계(CC200)/기본 전개 작업(CC210)						
태스크(task)	주요 참고 산출물	도구	산출물	필수 구분	사업 유형		
					4	5	6
매뉴얼 작성 (CC212)	[순방향] 아키텍처 정의서 기능 분해도 비즈니스 융합도 화면 설계서 인터페이스 설계서	새북	사용자 매뉴얼 (CC212-10)	◉	○	○	○
	[순방향] 아키텍처 정의서 요구 사항 정의서 기능 분해도 비즈니스 융합도 화면 설계서 인터페이스 설계서 프로그램 명세서 프로그램 논리 설계서	새북	운영자 매뉴얼 (CC212-20)			○	○
유지 보수 준비 (CC213)	[순방향] 사업 수행 계획서 아키텍처 정의서 요구 사항 정의서 전개 계획 결과서 운영자 매뉴얼	새품 새북	유지 보수 계획서 (CC213-10)	◉	○	○	○

▶ 표준 산출물 및 작성 구분(제 7 유형~제 8 유형)

〈표 3-7-6〉 기본 전개 작업 세그먼트의 유형 구분 7~8

유형 번호	약어	생명 주기	SW 유형	개발 주체	사업 규모	DB 사용	적용빈도
7	신내자소미	신규 개발	내장 SW	자체	소규모	미사용	높음
8	신내자소사	신규 개발	내장 SW	자체	소규모	사용	낮음

〈표 3-7-7〉 기본 전개 작업 세그먼트의 산출물 작성 구분 7~8

단계/세그먼트	전개 단계(CC200)/기본 전개 작업(CC210)					
태스크(task)	주요 참고 산출물	도구	산출물	필수 구분	사업 유형	
					7	8
전개 수행 (CC211)	[순방향] 아키텍처 정의서 인터페이스 설계서 데이터 구축 계획서 통합 시험 결과서 통합 오류 관리서 시스템 시험 결과서 시스템 오류 관리서	새품 새북	전개 계획 결과서 (CC211-10)			
	[순방향] 코드 정의서 테이블 정의서 데이터 구축 계획서 물리 DB	새품 새북	데이터 구축 결과서 (CC211-20)			○

03 단계별 K-Method 적용 가이드

단계/세그먼트	전개 단계(CC200)/기본 전개 작업(CC210)					
태스크(task)	주요 참고 산출물	도구	산출물	필수 구분	사업 유형	
					7	8
매뉴얼 작성 (CC212)	[순방향] 아키텍처 정의서 기능 분해도 비즈니스 융합도 화면 설계서 인터페이스 설계서	새북	사용자 매뉴얼 (CC212-10)	⊙	○	○
	[순방향] 아키텍처 정의서 요구 사항 정의서 기능 분해도 비즈니스 융합도 화면 설계서 인터페이스 설계서 프로그램 명세서 프로그램 논리 설계서	새북	운영자 매뉴얼 (CC212-20)	⊙	○	○
유지 보수 준비 (CC213)	[순방향] 사업 수행 계획서 아키텍처 정의서 요구 사항 정의서 전개 계획 결과서 운영자 매뉴얼	새품 새북	유지 보수 계획서 (CC213-10)			

▶ **표준 산출물 및 작성 구분(제 9 유형~제 10 유형)**

〈표 3-7-8〉 기본 전개 작업 세그먼트의 유형 구분 9~10

유형 번호	약어	생명 주기	SW 유형	개발 주체	사업 규모	DB 사용	적용빈도
9	고내자소미	고도화	내장 SW	자체	소규모	미사용	높음
10	고내자소사	고도화	내장 SW	자체	소규모	사용	낮음

〈표 3-7-9〉 기본 전개 작업 세그먼트의 산출물 작성 구분 9~10

단계/세그먼트	전개 단계(CC200)/기본 전개 작업(CC210)					
태스크(task)	주요 참고 산출물	도구	산출물	필수 구분	사업 유형	
					9	10
전개 수행 (CC211)	[순방향] 아키텍처 정의서 인터페이스 설계서 데이터 구축 계획서 통합 시험 결과서 통합 오류 관리서 시스템 시험 결과서 시스템 오류 관리서	새품 새북	전개 계획 결과서 (CC211-10)			
	[순방향] 코드 정의서 테이블 정의서 데이터 구축 계획서 물리 DB	새품 새북	데이터 구축 결과서 (CC211-20)			○

03 단계별 K-Method 적용 가이드

단계/세그먼트	전개 단계(CC200)/기본 전개 작업(CC210)					
태스크(task)	주요 참고 산출물	도구	산출물	필수 구분	사업 유형	
					9	10
매뉴얼 작성 (CC212)	[순방향] 아키텍처 정의서 기능 분해도 비즈니스 융합도 화면 설계서 인터페이스 설계서	새북	사용자 매뉴얼 (CC212-10)	⦿	○	○
	[순방향] 아키텍처 정의서 요구 사항 정의서 기능 분해도 비즈니스 융합도 화면 설계서 인터페이스 설계서 프로그램 명세서 프로그램 논리 설계서	새북	운영자 매뉴얼 (CC212-20)	⦿	○	○
유지 보수 준비 (CC213)	[순방향] 사업 수행 계획서 아키텍처 정의서 요구 사항 정의서 전개 계획 결과서 운영자 매뉴얼	새품 새북	유지 보수 계획서 (CC213-10)			

03 단계별 K-Method 적용 가이드

[참고 3-7-1] 매뉴얼 작성 시의 고려 사항

매뉴얼 작성 시의 고려 사항을 세가지로 정리하면 다음과 같다.

첫째, 매뉴얼 작성은 크게 사용자 매뉴얼과 운영자 매뉴얼로 구분하여 작성한다. 사용자 매뉴얼은 해당 소프트웨어 시스템을 사용하는 사람들을 위한 매뉴얼이다. 그러므로 사용상의 편의성을 위한 기술에 중점을 두어야 한다. 운영자 매뉴얼은 해당 소프트웨어 시스템을 운영 관리하는 사람들을 위한 매뉴얼이다. 따라서 단순한 사용법을 넘어, 기술적인 대응 방안까지 포함해야 한다.

둘째, 매뉴얼의 작성 내역을 교육 수행에 반영할 수 있도록 세부 교육 계획을 작성한다. 이 때, 최소한 최종 목차를 완성하여 전달할 수 있어야 한다. 그래야 소프트웨어의 개발에 따른 사용자 및 운영자 교육을 체계적이고 효율적으로 진행할 수 있도록 안정적인 교육 계획을 지원할 수 있다.

셋째, 매뉴얼의 효용성을 높이기 위해 쌍방향 제어가 가능한 스마트 러닝 소프트웨어의 사용을 권장한다. 매뉴얼은 기본적으로 정적인 책자 형태로 만들어진다. 그러나 K-Method에서는 집단 지성(collective intelligence)을 강화하는 유연한 형태의 매뉴얼 구성을 추구한다. 이를 위해, 동적인 동영상 설명 파일과 정적인 PDF 파일 형태로 작성한 자료를 쌍방향으로 엮어 배포하는 소프트웨어의 사용을 권장한다. '새북(SEBOOK: Software Engineering Book)'이라는 소프트웨어가 이러한 기능을 지원하고 있다.

(그림 3-7-3) 새북을 활용한 매뉴얼 작성 사례

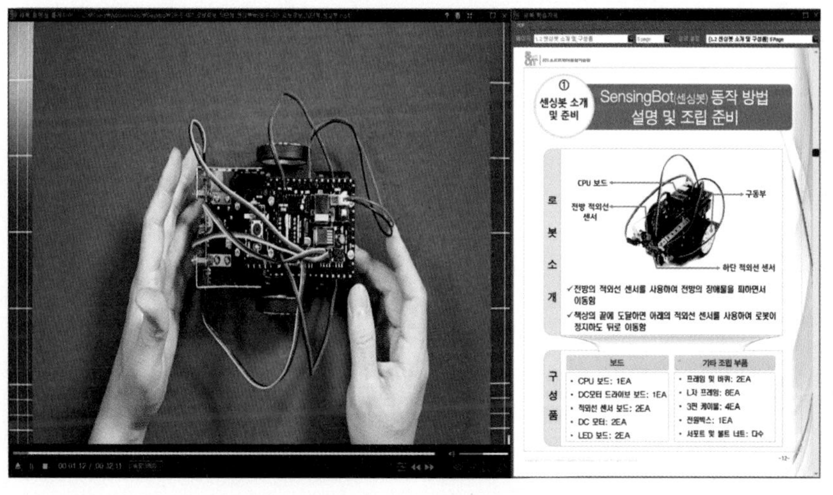

3.7.2.2 인도 작업(CC220)

인도 작업(CC220)은 최종적으로 결과물을 인도하여 운영할 수 있도록 하기 위한 작업을 수행하는 세그먼트이다.

▶ 인도 작업(CC220) 표준 절차도

(그림 3-7-4) 인도 작업 세그먼트의 표준 절차

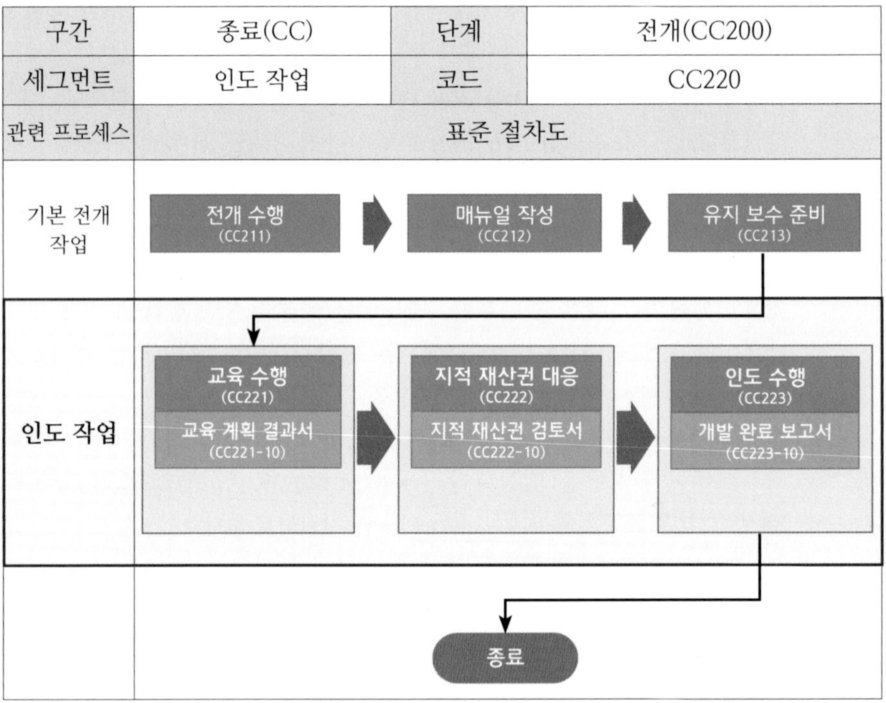

▶ 상세 태스크(task) 설명

〈표 3-7-10〉 인도 작업 세그먼트의 상세 태스크

NO	태스크명(코드)	설명	비고
1	교육 수행 (CC221)	교육 계획을 마련하고 인도 과정에서 교육을 실시한다.	
2	지적 재산권 대응 (CC222)	예상되는 지적 재산권 관련 대응을 세심히 검토한다.	
3	인도 수행 (CC223)	제반 개발 과정에서의 성과물을 정리하여 인도함으로써 개발을 최종 완료한다.	

▶ **표준 산출물 및 작성 구분(제 1 유형~제 3 유형)**

〈표 3-7-11〉 인도 작업 세그먼트의 유형 구분 1~3

유형 번호	약어	생명 주기	SW 유형	개발 주체	사업 규모	DB 사용	적용빈도
1	신응외소사	신규 개발	응용 SW	외주	소규모	사용	높음
2	신응외중사	신규 개발	응용 SW	외주	중규모	사용	중간
3	신응외대사	신규 개발	응용 SW	외주	대규모	사용	낮음

〈표 3-7-12〉 인도 작업 세그먼트의 산출물 작성 구분 1~3

단계/세그먼트	전개 단계(CC200)/기본 전개 작업(CC210)						
태스크(task)	주요 참고 산출물	도구	산출물	필수 구분	사업 유형		
					1	2	3
교육 수행 (CC221)	[순방향] 사업 수행 계획서 개발 표준 정의서 산출물 표준 양식 사용자 매뉴얼 운영자 매뉴얼 유지 보수 계획서	새품 새북	교육 계획 결과서 (CC221-10)	⊙	○	○	○
지적 재산권 대응 (CC222)	[순방향] 사업 수행 계획서 아키텍처 정의서 요구 사항 정의서 프로그램 명세서	새품 새북	지적 재산권 검토서 (CC222-10)			○	○
인도 수행 (CC223)	[순방향] 사업 수행 계획서 개발 산출물 일체	새품 새북	개발 완료 보고서 (CC223-10)	⊙	○	○	○

▶ **표준 산출물 및 작성 구분(제 4 유형~제 6 유형)**

〈표 3-7-13〉 인도 작업 세그먼트의 유형 구분 4~6

유형 번호	약어	생명 주기	SW 유형	개발 주체	사업 규모	DB 사용	적용빈도
4	고응외소사	고도화	응용 SW	외주	소규모	사용	높음
5	고응외중사	고도화	응용 SW	외주	중규모	사용	중간
6	고응외대사	고도화	응용 SW	외주	대규모	사용	낮음

〈표 3-7-14〉 인도 작업 세그먼트의 산출물 작성 구분 4~6

단계/세그먼트	전개 단계(CC200)/기본 전개 작업(CC210)						
태스크(task)	주요 참고 산출물	도구	산출물	필수 구분	사업 유형		
					4	5	6
교육 수행 (CC221)	[순방향] 사업 수행 계획서 개발 표준 정의서 산출물 표준 양식 사용자 매뉴얼 운영자 매뉴얼 유지 보수 계획서	새품 새북	교육 계획 결과서 (CC221-10)	◉	○	○	○
지적 재산권 대응 (CC222)	[순방향] 사업 수행 계획서 아키텍처 정의서 요구 사항 정의서 프로그램 명세서	새품 새북	지적 재산권 검토서 (CC222-10)			○	○
인도 수행 (CC223)	[순방향] 사업 수행 계획서 개발 산출물 일체	새품 새북	개발 완료 보고서 (CC223-10)	◉	○	○	○

▶ 표준 산출물 및 작성 구분(제 7 유형~제 8 유형)

〈표 3-7-15〉 인도 작업 세그먼트의 유형 구분 7~8

유형 번호	약어	생명 주기	SW 유형	개발 주체	사업 규모	DB 사용	적용빈도
7	신내자소미	신규 개발	내장 SW	자체	소규모	미사용	높음
8	신내자소사	신규 개발	내장 SW	자체	소규모	사용	낮음

〈표 3-7-16〉 인도 작업 세그먼트의 산출물 작성 구분 7~8

<table>
<tr><td>단계/세그먼트</td><td colspan="6">전개 단계(CC200)/기본 전개 작업(CC210)</td></tr>
<tr><td rowspan="2">태스크(task)</td><td rowspan="2">주요 참고 산출물</td><td rowspan="2">도구</td><td rowspan="2">산출물</td><td rowspan="2">필수 구분</td><td colspan="2">사업 유형</td></tr>
<tr><td>7</td><td>8</td></tr>
<tr><td>교육 수행
(CC221)</td><td>[순방향]
사업 수행 계획서
개발 표준 정의서
산출물 표준 양식
사용자 매뉴얼
운영자 매뉴얼
유지 보수 계획서</td><td>새품
새북</td><td>교육 계획 결과서
(CC221-10)</td><td></td><td></td><td></td></tr>
<tr><td>지적 재산권 대응
(CC222)</td><td>[순방향]
사업 수행 계획서
아키텍처 정의서
요구 사항 정의서
프로그램 명세서</td><td>새품
새북</td><td>지적 재산권 검토서
(CC222-10)</td><td>◉</td><td>○</td><td>○</td></tr>
<tr><td>인도 수행
(CC223)</td><td>[순방향]
사업 수행 계획서
개발 산출물 일체</td><td>새품
새북</td><td>개발 완료 보고서
(CC223-10)</td><td>◉</td><td>○</td><td>○</td></tr>
</table>

▶ **표준 산출물 및 작성 구분(제 9 유형~제 10 유형)**

〈표 3-7-17〉 인도 작업 세그먼트의 유형 구분 9~10

유형 번호	약어	생명 주기	SW 유형	개발 주체	사업 규모	DB 사용	적용빈도
9	고내자소미	고도화	내장 SW	자체	소규모	미사용	높음
10	고내자소사	고도화	내장 SW	자체	소규모	사용	낮음

〈표 3-7-18〉 인도 작업 세그먼트의 산출물 작성 구분 9~10

단계/세그먼트	전개 단계(CC200)/기본 전개 작업(CC210)					
태스크(task)	주요 참고 산출물	도구	산출물	필수 구분	사업 유형	
					9	10
교육 수행 (CC221)	[순방향] 사업 수행 계획서 개발 표준 정의서 산출물 표준 양식 사용자 매뉴얼 운영자 매뉴얼 유지 보수 계획서	새품 새북	교육 계획 결과서 (CC221-10)			
지적 재산권 대응 (CC222)	[순방향] 사업 수행 계획서 아키텍처 정의서 요구 사항 정의서 프로그램 명세서	새품 새북	지적 재산권 검토서 (CC222-10)	⊙	○	○
인도 수행 (CC223)	[순방향] 사업 수행 계획서 개발 산출물 일체	새품 새북	개발 완료 보고서 (CC223-10)	⊙	○	○

[참고 3-7-2] 산출물 참고와 교육 시의 고려 사항

K-Method의 각 공정 단계에서 태스크별로 입력하는 산출물에 대해 고려해야 할 사항을 크게 두가지로 정리하면 다음과 같다.

첫째, 주요 참고 산출물로 기술하고 있지 않을 경우에도 공정상 상위 공정에서 생성하거나 입력받은 산출물은 자유롭게 참고할 수 있다. 마찬가지로 주요 영향 산출물로 기술하고 있지 않아도 공정상 하위 공정 산출물에는 자연스럽게 영향을 줄 수 있다. 그 이유는 주요한 것을 위주로 기술한 것이기 때문이다.

둘째, '개발 산출물 일체'라 함은 K-Method에 근거하여 해당 공정이후의 개발 산출물 전체를 의미한다. '적용 대상 산출물 일체'라 함은 해당 공정이후의 공정 중에서 적용 대상이 되는 산출물 전체를 의미한다.
이렇게 기술하는 경우는 다양한 참조가 이루어질 경우에 해당한다.

교육 수행과 관련한 고려 사항을 크게 네가지로 정리하면 다음과 같다.

첫째, K-Method에서는 교육 계획을 후반기에 수립하여 수행하는 것을 원칙으로 한다. 교육 계획 및 교육 결과의 경우 일반적인 직렬형 소프트웨어 개발 방법론에서는 사업 초기부터 교육 계획을 마련해야 한다. 그에 따른 수행을 사업의 진행 과정 및 말기에 하도록 하고 있다. 그러나 병렬형 소프트웨어 개발 방법론인 K-Method에서는 분석, 설계, 구현 공정을 여러 개의 차선으로 나눠 병렬로 진행하기 때문에 테스트의 충분성을 확보할 수 있다. 따라서, 교육 계획 및 결과는 후반기에 수행한다.

둘째, 개괄적인 교육 계획은 사업 수행 계획서에 기술해야 한다. K-Method의 교육과 관련한 기본 원칙에도 불구하고, SI(System Integration) 사업과 같이 외주 용역을 수행할 경우에는 초기에 교육 계획의 제시를 요구받는 경우가 있다. 이럴 경우에는 제안 단계에서 교육 계획과 관련하여 제시한 기본적인 내역을 사업 수행 계획서 작성 시점에 일부 보완하여 반영하는 정도의 수준에서만 대응한다.

셋째, 교육 결과서에는 가급적 교육 예상 참가자 수 대비 실제 참가자를 기술하고 참여율 및 만족도를 반영할 것을 권장한다. 그래야 중요한 교육의 경우 추후 보완 교육 등을 효율적으로 실시할 수 있는 근거가 된다. 아울러, 교육 과정에서의 만족도 조사를 통해 교육 및 시스템 개선의 동력을 확보할 수 있다.

넷째, 새북(SEBOOK)을 이용해 사용자 매뉴얼과 운영자 매뉴얼을 만들 경우에는 상방향 기능의 최대한 활용을 권장한다. 그렇게 하면, 동영상과 매뉴얼의 쌍방향 연계를 통해 학습 역량의 극대화를 도모할 수 있다.

[참고 3-7-3] 지적 재산권 대응 시의 고려 사항

지적 재산권 대응과 관련하여 고려해야 할 사항을 크게 다섯 가지로 정리하면 다음과 같다.

첫째, 지적 재산권 대응을 위해서는 K-Method 방법론에서 제시하는 산출물 이외에도 다양한 형태의 법적 검토 자료가 필요하다. 따라서, 개발 소프트웨어의 출시 전에 반드시 지적 재산권 대응상의 문제가 일어날 수 있는 소프트웨어의 경우 연관 자료의 철저한 검토를 해야 한다. 이를 위해 필요시 변리사 또는 특허 전문 변호사의 자문을 받거나 회사 내부의 지적 재산권 담당자의 세밀한 검토가 요구된다.

둘째, 지적 재산권 문제는 내부적으로 전혀 문제가 발생할 가능성이 없는 특수한 경우를 제외하고는 필수 검토 사항으로 해야 한다.
최근에 오픈 소스의 활용, 다양한 SDK(Software Development Kit)와 같은 개발 지원 도구, 지원 라이브러리 형태의 보조 소프트웨어의 사용으로 인해 라이센스 문제 등이 빈번하게 일어나고 있다. 오픈 소스라 할지라도 그것을 개발 소프트웨어에 탑재하여 배포하는 경우 지적 재산권에 저촉받을 수 있다. 따라서 제반 지적 재산권과 관련한 세밀한 검토가 필요하다.

셋째, 지적 재산권은 어느 특정한 분야가 아니라, 특허, 저작권, 사용권 등을 포함한 폭넓은 분야에 걸친 전방위적인 자료의 검토를 동반해야 한다. K-Method에서는 개발을 완료하여 인도 작업을 수행하는 시점이 오면 인도 전에 지적 재산권 검토를 전방위적으로 수행하도록 규정하고 있다. 지적 재산권에 대한 고려 없이 개발을 완료할 경우 안정적인 소프트웨어 배포 및 사용에 장애 요소로 작용할 수 있다. 따라서, 사전에 지적 재산권에 대한 검토를 통해, 배포 후에 생길 수 있는 다양한 위험을 사전에 통제할 수 있다.

다섯째, 방어적인 목적뿐만이 아니라 공격적인 목적으로 지적 재산권을 보호해나가는 방법에 대해서도 검토할 필요가 있다. 최근에는 지적 재산권을 방어적으로만 사용하는 것을 뛰어넘어 공격적으로 지적 재산권을 행사하는 기업이 증가하고 있다. 이러한 추세가 더욱 강화하는 흐름을 보이고 있다. 따라서, 개발하는 소프트웨어의 가치가 충분히 지적 재산권의 보호는 물론 권리 해상에 충분할 경우에는 적극적으로 연관 특허를 비롯하여 제반 지적 재산권 행사가 가능한 대응을 사전에 해둘 필요가 있다.

이상과 같이 지적 재산권과 연관하여 세심하고도 철저한 대응이 필요하며, 이를 통해 소프트웨어 개발 결과의 보호는 물론 권리 행사가 가능해진다.

부록

1. 산출물 예시
2. 품질점검 지원 서비스 개요

1. 산출물 예시

▶ [PR111-10] 사업 수행 계획서

구간		준비 구간(PR)					
단계		세그먼트		태스크		관련 산출물	
PR100	착수 단계	PR110	총괄 준비 작업	PR111	수행 계획 수립	PR111-10	사업 수행 계획서

가. 목차

1. 사업 명

2. 사업 기간

3. 사업 목적
3.1 사업 배경 및 필요성
3.2 사업 목표
3.3 추진 전략

4. 사업 구분 및 범위
4.1 사업 구분
4.2 사업 범위
4.2.1 OO 프로그램 개발
4.2.2 △△ 콘텐츠 예제 개발
4.2.3 기타

5. 사업 수행 방안
5.1 SW 개발 방법론
5.1.1 K-Method 개요
5.1.2 K-Method 특징
5.1.3 K-Method 프레임워크
5.1.4 K-Method 전체 구성도
5.2 OO 프로그램 개발 방안
5.3 △△ 콘텐츠 구축 방안
5.4 시험 방안
5.4.1 단위 시험
5.4.2 통합 시험
5.4.3 시스템 시험

6. 개발 및 운영 환경
6.1 하드웨어 및 네트워크 구성도
6.2 소프트웨어 구성도
6.3 개발 환경 구성

7. 사업 수행 체계
7.1 사업 수행 조직
7.2 업무 분장

8. 사업 추진 절차

9. 사업 일정
9.1 사업 수행 일정
9.2 참여 인력

10. 산출물 작성 및 자동화 도구 적용 계획
10.1 산출물 작성 계획
10.2 자동화 도구 적용 계획

11. 사업 관리 계획
11.1 보고 계획
11.2 품질 보증 계획
11.2.1 품질 보증 조직
11.2.2 품질 보증 조직의 업무 분장
11.2.3 품질 보증 활동 및 개선 절차
11.2.4 품질 보증 관리 대상
11.3 보안 대책
11.4 유지 보수 계획
11.4.1 유지 보수 절차
11.4.2 장애 처리 절차
11.4.3 유지 보수 및 장애 처리 대상
11.5 교육 계획
11.6 형상 관리 방안
11.6.1 형상 관리 목적
11.6.2 적용 범위
11.6.3 형상 관리 절차
11.7 변경 관리 방안
11.7.1 변경 관리 목적
11.7.2 변경 관리 대상
11.7.3 변경 관리 절차

▶ [PR111-20] 방법론 조정 결과서

구간		준비 구간(PR)					
단계		세그먼트		태스크		관련 산출물	
PR100	착수 단계	PR110	총괄 준비 작업	PR111	수행 계획 수립	PR111-20	방법론 조정 결과서

가. 방법론 조정 결과

K-Method 조정 전					필수	적용	K-Method 조정 후			조정
단계	세그먼트	태스크	산출물	산출물 관리 번호	여부	여부	태스크	산출물	산출물 관리 번호	사유
착수 단계	총괄 준비 작업	수행 계획 수립	사업 수행 계획서	PR111-10						
			방법론 조정 결과서	PR111-20						
		개발 표준 설정	개발 표준 정의서	PR112-10						
			산출물 표준 양식	PR112-20						
		개발 도구 지정	도구 적용 계획서	PR113-10						
	시스템 정의 작업	인터뷰 수행	인터뷰 계획 결과서	PR121-10						
		시스템 분석	현행 시스템 분석서	PR122-10						
		아키텍처 정의	아키텍처 정의서	PR123-10						
	요구정의 작업	개발 범위 확인	범위 비교표	PR131-10						
		요구 사항 정의	요구 사항 정의서	PR132-10						
			요구 사항 추적표	PR132-20						
		요구 검증 계획 수립	총괄 시험 계획서	PR133-10						
분석 단계	…	…	…	…						
⋮										

▶ [PR112-10] 개발 표준 정의서

구간		준비 구간(PR)					
단계		세그먼트		태스크		관련 산출물	
PR100	착수 단계	PR110	총괄 준비 작업	PR112	개발 표준 설정	PR112-10	개발 표준 정의서

가. 목차

1. 개요
   1.1 표준의 목적
   1.2 표준의 필요성
   1.3 표준의 대상
   1.4 표준의 적용 예외

2. 명명 규칙
   2.1 명명 표기 유형
   2.2 구분별 명명 규칙

3. 모델링 방법
   3.1 모델링 대상 범위
   3.2 모델링 적용 표준
   3.3 세부 모델링 방법

4. 코딩 규칙
   4.1 코딩 규칙 대상 언어
   4.2 코딩 순서
   4.3 세부 코딩 규칙

5. 도구별 표준 적용 가이드
   5.1 표준 적용 대상 도구
   5.2 도구 유형
   5.3 도구별 세부 적용 표준

▶ **[PR112-20] 산출물 표준 양식**

구간		준비 구간(PR)					
단계		세그먼트		태스크		관련 산출물	
PR100	착수 단계	PR110	총괄 준비 작업	PR112	개발 표준 설정	PR112-20	산출물 표준 양식

가. 목차

1. 총칙
 1.1 목적
 1.2 적용 범위
 1.3 문서 작성 시 고려사항

2. 산출물 작성 지침
 2.1 문서 구성
  2.1.1 개정이력
  2.1.2 목차
  2.1.3 본문 및 별첨
 2.2 산출물 설정
  2.2.1 서식 설정
  2.2.2 산출물 일반 설정
 2.3 산출물 작성
  2.3.1 항목 번호 및 본문
  2.3.2 표
  2.3.3 글머리표
  2.3.4 그림
  2.3.5 영문의 사용
  2.3.6 날짜의 표현

3. 문서 작성 지침
 3.1 문서 작성
 3.2 용지 및 제본
 3.3 문서 저장 및 인도
 3.4 문서 작성 도구

4. 산출물 관리
 4.1 용어 정의
 4.2 역할과 책임
 4.3 산출물 관리 절차

5. 작성 대상 산출물
 5.1 작성 대상 산출물 개요
 5.2 단계별 작성 산출물

별첨1. 표준 서식
- 워드 표준 문서-가로/세로
- 엑셀 표준 문서-가로/세로

▶ [PR113-10] 도구 적용 계획서

구간		준비 구간(PR)					
단계		세그먼트		태스크		관련 산출물	
PR100	착수 단계	PR110	총괄 준비 작업	PR113	개발 도구 지정	PR113-10	도구 적용 계획서

가. 도구 적용 계획

단계	세그먼트	태스크	도구명	제조사/사양	가격	사용 목적	예상 결과	비고

▶ [PR121-10] 인터뷰 계획 결과서

구간		준비 구간(PR)					
단계		세그먼트		태스크		관련 산출물	
PR100	착수 단계	PR120	시스템 정의작업	PR121	인터뷰 수행	PR121-10	인터뷰 계획 결과서

가. 인터뷰 계획

1. 인터뷰 기간

   20xx. . . ~ 20xx. . .

2. 인터뷰 대상

No	소속	부서	성명	담당 업무

3. 주요 내용

구분	요구 사항 ID	주요 내용

3. 기타

나. 인터뷰 결과

구분		요구 사항 ID		일시	
인터뷰 대상		진행자		장소	
인터뷰 내용					
Q					
A					
Q					
A					

▶ [PR122-10] 현행 시스템 분석서

구간		준비 구간(PR)					
단계		세그먼트		태스크		관련 산출물	
PR100	착수 단계	PR120	시스템 정의 작업	PR122	시스템 분석	PR122-10	현행 시스템 분석서

가. 목차

1. 현행 시스템 분석 개요
   1.1 목적
   1.2 현행 시스템 개관

2. 현행 시스템 아키텍처
   2.1 현행 시스템 아키텍처 구성도
   2.2 SW 구성
   2.3 HW 구성
   2.4 NW 구성

3. 현행 시스템 업무 분석
   3.1 전체 업무 구성도
   3.2 00 업무 구성 및 절차 설명
   3.3 xx 업무 구성 및 절차 설명

4. 현행 시스템 데이터 분석
   4.1 현행 시스템 DB 구성
   4.2 데이터 사전 정의
   4.3 데이터 전환 대상 분석
   4.4 데이터 구현 범위 정의

5. 내 • 외부 연계 분석
   5.1 내 • 외부 연계 구성도
   5.2 내 • 외부 연계 상세 정보

6. 개선 방안
   6.1 현행 시스템 문제점
   6.2 현행 시스템 개선 방안

▶ [PR123-10] 아키텍처 정의서

구간		준비 구간(PR)					
단계		세그먼트		태스크		관련 산출물	
PR100	착수 단계	PR120	시스템 정의 작업	PR123	아키텍처 정의	PR123-10	아키텍처 정의서

가. 목차

1. 개요
   - 1.1 목적
   - 1.2 적용 범위

2. 시스템 아키텍처 요구 사항 및 구현 방안
   - 2.1 시스템 아키텍처 요구 사항
   - 2.2 구현 방안

3. 시스템 아키텍처 구성
   - 3.1 현행 시스템 아키텍처
     - 3.1.1 현행 시스템 개요
     - 3.1.2 현행 시스템 구성도
   - 3.2 목표 시스템 아키텍처
     - 3.2.1 목표 시스템 개요
     - 3.2.2 목표 시스템 구성도

4. 시스템 아키텍처 구성 요소 (SW, HW, NW)
   - 4.1 SW
     - 4.1.1 SW 개요 및 구성도
     - 4.1.2 SW 상세 내역
   - 4.2 HW
     - 4.2.1 HW 개요 및 구성도
     - 4.2.2 HW 상세 내역
   - 4.3 NW
     - 4.3.1 NW 개요 및 구성도
     - 4.3.2 NW 상세 내역

5. 시스템 보안
   - 5.1 시스템 보안 개요 및 구성도
   - 5.2 시스템 보안 상세 내역

6. 제약 사항

단, '범정부 EA 메타 모델'을 적용하는 경우에는 그에 따름.

▶ [PR131-10] 요구 사항 정의서

구간		준비 구간(PR)					
단계		세그먼트		태스크		관련 산출물	
PR100	착수 단계	PR130	요구 정의 작업	PR131	요구 사항 정의	PR131-10	요구 사항 정의서

가. 요구 사항 목록

NO	요구 사항 구분 (기능/비기능)	요구 사항 ID	요구 사항 명	비고

나. 요구 사항 정의

요구 사항 구분	근거 ID	요구 사항 ID	요구 사항 명	요구 사항 내용	우선순위	수용 여부	비고

다. 검사 기준

요구 사항 ID	요구 사항 명	검사 방법	예상 결과	판정 기준

▶ [PR132-10] 범위 비교표

구간		준비 구간(PR)					
단계		세그먼트		태스크		관련 산출물	
PR100	착수 단계	PR130	요구 정의 작업	PR132	개발 범위 확인	PR132-10	범위 비교표

가. 범위 비교표

NO	제안 요청서 (RFP)	제안서	기술 협상서	과업 내용서	사업 수행 계획서	요구 사항 정의서	요구 사항 구분	요구 사항 ID	요구 사항 명	비고

〈근거 구분〉

- 제안 요청서 : 제안 요청서 상에서 설정한 범위
- 제안서 : 제안서 상에서 설정한 범위
- 기술 협상서 : 기술 협상 시에 설정한 범위
- 과업 내용서(과업 지시서, 과업 내역서) : 계약 시에 설정한 범위
- 사업 수행 계획서 : 사업 수행 계획 수립 시에 설정한 범위
- 요구 사항 정의서 : 최초 요구 사항을 정의한 문서

▶ [PR132-20] 요구 사항 추적표

구간		준비 구간(PR)					
단계		세그먼트		태스크		관련 산출물	
PR100	착수 단계	PR130	요구 정의 작업	PR132	개발 범위 확인	PR132-20	요구 사항 추적표

가. 기능 요구 사항

NO	요구 사항 ID	요구 사항 명	분석 단계	설계 단계		구현 단계	시험 단계	비고
			기능 ID	화면 ID	프로그램 ID	단위시험 ID	통합시험 ID	

나. 비기능 요구 사항

NO	요구 사항 ID	요구 사항 명	작업내용	관련증빙 자료	완료구분	상세내용

▶ [PR133-10] 총괄 시험 계획서

구간		준비 구간(PR)					
단계		세그먼트		태스크		관련 산출물	
PR100	착수 단계	PR130	요구 정의 작업	PR133	요구 검증 계획 수립	PR133-10	총괄 시험 계획서

가. 목차

1. 총괄시험 개요
 1.1 목적
 1.2 시험 환경
  1.2.1 하드웨어 및 네트워크 구성
  1.2.2 소프트웨어 구성
  1.2.3 가정 및 제약 사항
 1.3 시험 조직 및 역할
  1.3.1 시험 조직도
  1.3.2 시험 조직별 역할 및 책임

2. 시험 전략 및 목표
 2.1 시험 유형
  2.1.1 시스템 기능 검증
  2.1.2 사용자 인터페이스 시험
  2.1.3 데이터 무결성 검증
  2.1.4 성능 및 스트레스 시험
 2.2 시험 케이스 도출 전략
 2.3 단계별 시험 수행 전략
 2.4 시험 목표 및 시험 데이터 구축
  2.4.1 시험 목표
  2.4.2 시험 데이터 구축

3. 시험 대상 및 범위
 3.1 시험 대상 시스템
 3.2 시험 범위

4. 단계별 시험 실행 계획
 4.1 단위 시험
  4.1.1 단위 시험 전략
  4.1.2 단위 시험 절차 및 방법
  4.1.3 주요 점검 사항 및 점검 도구
  4.1.4 진척 관리 및 완료 기준

4.2 통합 시험
 4.2.1 통합 시험 전략
 4.2.2 통합 시험 절차 및 방법
 4.2.3 주요 점검 사항 및 점검 도구
 4.2.4 진척 관리 및 완료 기준
4.3 시스템 시험
 4.3.1 시스템 시험 전략
 4.3.2 시스템 시험 절차 및 방법
 4.3.3 시스템 시험 점검 항목
 4.3.4 주요 점검 사항 및 도구
 4.3.5 진척 관리 및 완료 기준

5. 총괄 시험 계획
 5.1 총괄 시험 절차
 5.2 단계별 시험 일정

6. 시험 관리 활동
 6.1 결함 관리
  6.1.1 결함 관리 절차
  6.1.2 결함 개선 방법
 6.2 위험 및 이슈 관리
 6.3 시험 산출물 관리

▶ [PD111-10] 이벤트 정의서

구간		병렬 개발 구간(PD)					
단계		세그먼트		태스크		관련 산출물	
PD100	분석 단계	PD110	사용자 작업	PD111	사용자 이벤트 분석	PD111-10	이벤트 정의서

가. 이벤트 목록

NO	이벤트 ID	이벤트 명	비고

나. 이벤트 정의

시스템 명						서브 시스템 명			
업무	이벤트 유형	이벤트 ID	이벤트 명	이벤트 설명	반응 ID	반응 설명	빈도	발생 시점	비고

〈유형 설명〉
- 외부 : 외부 조직, 사람, 시스템 등의 요인으로 발생하는 이벤트
- 내부 : 내부 조직, 내부 운영 시스템 등의 요인으로 발생하는 이벤트
- 시간 : 특정 시점에 주기적으로 발생하는 이벤트

※유형은 사업의 특성에 맞추어 추가 및 변경이 가능함.

▶ [PD121-10] 기능 분해도

구간		병렬 개발 구간(PD)					
단계		세그먼트		태스크		관련 산출물	
PD100	분석 단계	PD120	프로세스 작업	PD121	기능 및 인과 분석	PD121-10	기능 분해도

가. 기능 목록

NO	요구 사항 ID	기능 ID	기능 명	비고

나. 기능 분해

1) 000 시스템

대분류	중분류	소분류	기능 ID	기능 명	레벨

※ 기능 분류나 레벨은 대상 사업에 따라 달라질 수 있음.

▶ [PD121-20] 비즈니스 융합도

구간		병렬 개발 구간(PD)					
단계		세그먼트		태스크		관련 산출물	
PD100	분석 단계	PD120	프로세스 작업	PD121	기능 및 인과 분석	PD121-20	비즈니스 융합도

가. 비즈니스 융합도

XX BCD		OOOOO(업무명)	작성자	
비즈니스 융합 ID			버 전	
최초 작성 일			개정 일	

수행 주체 1	
수행 주체 2	
수행 주체 n	

순서	수행 주체	업무 프로세스 상세 내역	비고

▶ [PD122-10] 시스템 시험 계획서

구간		병렬 개발 구간(PD)					
단계		세그먼트		태스크		관련 산출물	
PD100	분석 단계	PD120	프로세스 작업	PD122	시스템 시험 계획	PD122-10	시스템 시험 계획서

가. 목차

1. 시스템 시험 개요
   - 1.1 목적
   - 1.2 시스템 구성
   - 1.3 시험 조직 및 역할

2. 시스템 시험 환경 및 대상
   - 2.1 시험 환경
   - 2.2 시스템 시험 대상
   - 2.3 시험 범위(비기능 요구 사항 중심)

3. 시스템 시험 전략
   - 3.1 시험 절차
   - 3.2 시험 방법
   - 3.3 자동화 도구
   - 3.4 평가 방법 및 통과 기준

4. 시스템 시험 일정

5. 관련 사항
   - 5.1 관련 문서
   - 5.2 제약 사항
   - 5.3 참고 사항

▶ [PD131-10] 코드 정의서

구간		병렬 개발 구간(PD)					
단계		세그먼트		태스크		관련 산출물	
PD100	분석 단계	PD130	데이터 작업	PD131	코드 분석	PD131-10	코드 정의서

가. 코드 정의 목록

NO	시스템 명	단위 업무 명	코드 논리 명	코드 ID	코드 정의	비고

나. 코드 정의

시스템 명				단위 업무 명				
코드 논리 명	코드 ID	데이터 형	자릿수	코드 값	코드 정의	코드 설명	동의어	비고

다. 코드 부여 규칙

1. 코드 체계
2. 부여 규칙
3. 관리 방법
4. 처리 권한

라. 코드 매핑 정의

시스템 명				단위 업무 명			
코드 논리 명	AS-IS 코드			TO-BE 코드			비고
	코드 ID	코드 값	코드 설명	코드 ID	코드 값	코드 설명	

▶ [PD211-10] 화면 설계서

구간		병렬 개발 구간(PD)					
단계		세그먼트		태스크		관련 산출물	
PD200	설계 단계	PD210	사용자 작업	PD211	화면 보고서 설계	PD211-10	화면 설계서

가. 화면 목록

NO	요구 사항 ID	화면 ID	화면 명	비고

나. 화면 설계서

시스템 명				요구 사항 ID	
화면 ID		화면 명		관련 테이블 명	
화면 설명					
화면 설계					

제어 객체 명	이벤트 명	이벤트 설명	연결 프로그램 ID	연결 화면 ID	연결 보고서 ID

▶ [PD211-20] 보고서 설계서

구간		병렬 개발 구간(PD)					
단계		세그먼트		태스크		관련 산출물	
PD200	설계 단계	PD210	사용자 작업	PD211	화면 보고서 설계	PD211-20	보고서 설계서

가. 보고서 목록

NO	요구 사항 ID	보고서 ID	보고서 명	관련 파일 명	비고

나. 보고서 설계서

<table>
<tr><td>시스템 명</td><td colspan="3"></td><td>요구 사항 ID</td><td colspan="2"></td></tr>
<tr><td>보고서 ID</td><td></td><td>보고서 명</td><td></td><td>관련 화면 ID</td><td colspan="2"></td></tr>
<tr><td>보고서 설명</td><td colspan="6"></td></tr>
<tr><td rowspan="12">보고서 설계</td><td colspan="4" rowspan="12"></td><td colspan="2">용지 규격</td></tr>
<tr><td colspan="2"></td></tr>
<tr><td colspan="2">출력 방향</td></tr>
<tr><td colspan="2"></td></tr>
<tr><td colspan="2">출력 방식</td></tr>
<tr><td colspan="2"></td></tr>
<tr><td colspan="2">관련 파일 명</td></tr>
<tr><td colspan="2"></td></tr>
<tr><td colspan="2">관련 보고서 ID</td></tr>
<tr><td colspan="2"></td></tr>
<tr><td colspan="2">관련 프로그램 ID</td></tr>
<tr><td colspan="2"></td></tr>
</table>

NO	항목 명	연관 테이블	연관 컬럼	비고

▶ [PD212-10] 인터페이스 설계서

구간		병렬 개발 구간(PD)					
단계		세그먼트		태스크		관련 산출물	
PD200	설계 단계	PD210	사용자 작업	PD212	인터페이스 설계	PD212-10	인터페이스 설계서

가. 인터페이스 목록

요구사항 ID	인터페이스 ID	송신			수신			방식			비고
		일련번호	시스템명	프로그램 ID	일련번호	시스템명	프로그램 ID	처리형태	인터페이스 방식	발생빈도	

나. 인터페이스 정의

인터페이스 ID	송신						수신					
	시스템명	프로그램 ID	자료저장소명	컬럼명	데이터형	데이터길이	시스템명	프로그램 ID	자료저장소명	컬럼명	데이터형	데이터길이

▶ [PD221-10] 프로그램 명세서

<table>
<tr><th>구간</th><th colspan="7">병렬 개발 구간(PD)</th></tr>
<tr><th colspan="2">단계</th><th colspan="2">세그먼트</th><th colspan="2">태스크</th><th colspan="2">관련 산출물</th></tr>
<tr><td>PD200</td><td>설계 단계</td><td>PD220</td><td>프로세스 작업</td><td>PD221</td><td>기능 설계</td><td>PD221-10</td><td>프로그램 명세서</td></tr>
</table>

가. 프로그램 목록

NO	요구 사항 ID	프로그램 ID	프로그램 명	비고

나. 프로그램 명세서

<table>
<tr><td>시스템 명</td><td colspan="3"></td><td>요구 사항 ID</td><td></td></tr>
<tr><td>프로그램 ID</td><td></td><td>프로그램 명</td><td></td><td>관련 테이블 명</td><td></td></tr>
<tr><td>프로그램 설명</td><td colspan="5"></td></tr>
<tr><td rowspan="8">프로그램 처리 로직</td><td colspan="4" rowspan="8"></td><td>구성 함수(메소드)</td></tr>
<tr><td></td></tr>
<tr><td>관련 함수(메소드)</td></tr>
<tr><td></td></tr>
<tr><td>관련 화면 ID</td></tr>
<tr><td></td></tr>
<tr><td>관련 보고서 ID</td></tr>
<tr><td></td></tr>
</table>

▶ [PD221-20] 프로그램 논리 설계서

구간		병렬 개발 구간(PD)					
단계		세그먼트		태스크		관련 산출물	
PD200	설계 단계	PD220	프로세스 작업	PD221	기능 설계	PD221-20	프로그램 논리 설계서

정해진 서식은 없으며, 정보 통신 단체 표준 TTAK.KO-11.0196 소프트웨어 논리 구조 표기 지침에 의거한 SOC(Structured Object Component)을 이용하여 작성하고 관리함.
자동화 도구로는 SOC에 특화된 새틀(SETL: Software Engineering TooL)을 이용함.

▶ [PD222-10] 통합 시험 계획서

<table>
<tr><th colspan="2">구간</th><th colspan="6">병렬 개발 구간(PD)</th></tr>
<tr><th colspan="2">단계</th><th colspan="2">세그먼트</th><th colspan="2">태스크</th><th colspan="2">관련 산출물</th></tr>
<tr><td>PD200</td><td>설계 단계</td><td>PD220</td><td>프로세스 작업</td><td>PD222</td><td>통합 시험 계획</td><td>PD222-10</td><td>통합 시험 계획서</td></tr>
</table>

가. 목록

1. 통합 시험 개요
   1.1 목적
   1.2 시스템 구성
   1.3 시험 조직 및 역할

2. 통합 시험 환경 및 대상
   2.1 시험 환경
   2.2 통합 시험 대상
   2.3 시험 범위(기능 요구 사항 중심)

3. 통합 시험 전략
   3.1 시험 절차
   3.2 시험 방법
   3.3 자동화 도구
   3.4 평가 방법 및 통과 기준

4. 통합 시험 일정

5. 관련 사항
   5.1 관련 문서
   5.2 제약 사항
   5.3 참고 사항

▶ [PD231-10] 논리 ERD

구간		병렬 개발 구간(PD)					
단계		세그먼트		태스크		관련 산출물	
PD200	설계 단계	PD230	데이터 작업	PD231	데이터베이스 설계	PD231-10	논리 ERD

정해진 서식은 없으며, 보통 "ER-Win" 등의 툴을 사용하여 논리 ERD를 생성하고 관리함.

▶ [PD231-20] 물리 ERD

구간		병렬 개발 구간(PD)					
단계		세그먼트		태스크		관련 산출물	
PD200	설계 단계	PD230	데이터 작업	PD231	데이터베이스 설계	PD231-20	물리 ERD

정해진 서식은 없으며, 보통 "ER-Win" 등의 툴을 사용하여 물리 ERD를 관리함.

▶ [PD231-30] 테이블 정의서

구간		병렬 개발 구간(PD)					
단계		세그먼트		태스크		관련 산출물	
PD200	설계 단계	PD230	데이터 작업	PD231	데이터베이스 설계	PD231-30	테이블 정의서

가. 테이블 목록

시스템 명						버전		작성일		작성자	
DB 명	구분	테이블 스페이스 명	테이블 명	엔티티 명	초기 건수	최대 건수	평균 건수	보존 기간	발생 주기	테이블 유형	비고

- 구분 : 테이블의 구분을 기존 사용, 기존 미사용, 신규, 변경 등을 구분하여 입력함.

나. 테이블 정의서

시스템 명					서브시스템 명					
테이블 명	엔티티 명	컬럼 명	속성 명	데이터 형	데이터 길이	PK	FK	Not Null	인덱스	비고

▶ [PD232-10] CRUD 매트릭스

구간		병렬 개발 구간(PD)					
단계		세그먼트		태스크		관련 산출물	
PD200	설계 단계	PD230	데이터 작업	PD232	교차 설계	PD232-10	CRUD 매트릭스

가. CRUD 매트릭스

시스템 명			서브시스템 명		
테이블 정보 / 프로그램 정보	테이블 명 1	테이블 명 2	…	…	…
프로그램 ID 1	CRUD	C			
프로그램 ID 2	R	CRUD			
…					
…					

〈유형 설명〉
- C :테이블 생성(Create Table)
- R :테이블 읽기(Read Table)
- U :테이블 갱신(Update Table)
- D :테이블 삭제(Delete Table)

▶ [PD233-10] 데이터 구축 계획서

구간		병렬 개발 구간(PD)					
단계		세그먼트		태스크		관련 산출물	
PD200	설계 단계	PD230	데이터 작업	PD233	데이터 설계	PD233-10	데이터 구축 계획서

가. 초기 데이터 구축 범위

영역	구축 테이블 명	구축 엔티티 명	구축 자료 량(건)	데이터 수집처	데이터 수집 방법	데이터 구축 방법	데이터 검증 방법	비고

나. 데이터 전환 대상 및 방법

구분	전환 대상(from)		전환 방법	전환 대상(to)		비고
	테이블 명	엔티티 명		테이블 명	엔티티 명	

다. 데이터 구축 일정

데이터 구축 작업 구분	데이터 구축 작업 기간	담당자	비고

▶ [PD311-10] 구현 화면

구간		병렬 개발 구간(PD)					
단계		세그먼트		태스크		관련 산출물	
PD300	구현 단계	PD310	사용자 작업	PD311	화면 보고서 구현	PD311-10	구현 화면

정해진 서식은 없으며, 사용하는 DB에 적합한 관리툴을 사용함.

▶ [PD311-20] 구현 보고서

구간		병렬 개발 구간(PD)					
단계		세그먼트		태스크		관련 산출물	
PD300	구현 단계	PD310	사용자 작업	PD311	화면 보고서 구현	PD311-20	구현 보고서

정해진 서식은 없으며, 사용하는 DB 관리툴에서 보고서를 출력하여 활용함.

▶ [PD321-10] 소스 코드

구간		병렬 개발 구간(PD)					
단계		세그먼트		태스크		관련 산출물	
PD300	구현 단계	PD320	프로세스 작업	PD321	기능 구현	PD321-10	소스 코드

개발한 프로그램 언어의 소스코드를 개발 표준에 따라 관리함.

▶ [PD331-10] 물리 DB

구간		병렬 개발 구간(PD)					
단계		세그먼트		태스크		관련 산출물	
PD300	구현 단계	PD330	데이터 작업	PD331	데이터베이스 구현	PD331-10	물리 DB

정해진 서식은 없으며, 사용하는 DB의 관리툴로 물리DB를 관리함.

▶ [PD341-10] 단위 시험 계획 결과서

구간		병렬 개발 구간(PD)					
단계		세그먼트		태스크		관련 산출물	
PD300	구현 단계	PD340	단위 시험 작업	PD341	단위 시험 수행	PD341-10	단위 시험 계획 결과서

가. 목차

1. 단위 시험 개요
   1.1 목적
   1.2 시스템 구성
   1.3 시험 조직 및 역할

2. 단위 시험 환경 및 대상
   2.1 시험 환경
   2.2 단위 시험 대상
   2.3 시험 범위(기능 요구 사항 중심)

3. 시험 전략
   3.1 시험 절차
   3.2 시험 방법
   3.3 자동화 도구
   3.4 평가 방법 및 통과 기준

4. 단위 시험 케이스

5. 단위 시험 결과

나. 단위 시험 케이스

NO	단위 시험 ID	단위 시험 케이스 명	프로그램 ID	화면 ID	화면 명	구분	입력 값	시험 조건	예상 결과	비고

- 구분 : 단위 시험 대상 화면을 조회, 관리, 보고서 등을 구분하여 입력함.

다. 단위 시험 결과

NO	단위 시험 ID	단위 시험 케이스 명	프로그램 ID	화면 ID	화면 명	시험 내용	시험 결과	시험 일자	시험자	검토 일자	검토자	비고

▶ [PD341-20] 단위 오류 관리서

구간		병렬 개발 구간(PD)					
단계		세그먼트		태스크		관련 산출물	
PD300	구현 단계	PD340	단위 시험 작업	PD341	단위 시험 수행	PD341-20	단위 오류 관리서

가. 단위 오류 관리서

NO	단위 오류 정보					발견 정보		오류 수정 정보			조치 확인 정보			비고
	오류 구분	단위 시험 ID	단위 시험 오류 ID	오류 명	오류 내용	발견 일자	발견 자	조치 일자	조치 자	수정 내용	확인 일자	확인 자	조치 구분	

〈오류 구분〉
- 중결함 : 심각한 오류가 발생한 경우
- 경결함 : 가벼운 오류가 발생한 경우
- 편의성 : 오류는 아니지만, 사용자 관점의 편의성이 저하한 경우

〈조치 구분〉
- 완료 : 해당 오류를 개선한 경우
- 보류 : 다른 여러가지 요인으로 오류에 대한 진행을 멈춘 경우
- 진행중 : 해당 오류를 개선 중인 경우

▶ [CC111-10] 통합 시험 결과서

구간		종료 구간(CC)					
단계		세그먼트		태스크		관련 산출물	
CC100	시험 단계	CC110	통합 시험 작업	CC111	통합 시험 수행	CC111-10	통합 시험 결과서

가. 통합 시험 시나리오

통합 시험 ID	시험 유형	시나리오 ID	시나리오 명	시나리오 내용	비고

- 시험 유형 : 조회, 정보 등록 등 통합 시험 시나리오에 해당하는 유형을 구분하여 입력함.

나. 통합 시험 케이스

NO	통합 시험 ID	시나리오 ID	시나리오 명	화면 ID	화면 명	입력 값	사전 조건	예상 결과	프로그램 ID	비고

다. 통합 시험 결과

NO	통합 시험 ID	시나리오 ID	시나리오 명	화면 ID	화면 명	프로그램 ID	통합 시험 결과				비고
							시험자	시작 일자	완료 일자	시험 결과	

〈시험결과〉
- 통 과 : 해당 프로그램이 정상적으로 동작한 경우
- 중결함 : 심각한 오류가 발생한 경우
- 경결함 : 가벼운 오류가 발생한 경우
- 편의성 : 오류는 아니지만, 사용자 관점의 편의성이 저하한 경우

▶ [CC111-20] 통합 오류 관리서

구간		종료 구간(CC)					
단계		세그먼트		태스크		관련 산출물	
CC100	시험 단계	CC110	통합 시험 작업	CC111	통합 시험 수행	CC111-20	통합 오류 관리서

가. 통합오류 관리서

NO	통합 시험 오류 정보						발견 정보		오류 수정 정보			조치 확인 정보			비고
	오류 구분	통합 시험 ID	시나리오 ID	통합 시험 오류 ID	오류 명	오류 내용	발견 일자	발견 자	조치 일자	조치 자	수정 내용	확인 일자	확인 자	조치 구분	

〈오류 구분〉
- 중결함 : 심각한 오류가 발생한 경우
- 경결함 : 가벼운 오류가 발생한 경우
- 편의성 : 오류는 아니지만, 사용자 관점의 편의성이 저하한 경우

〈조치 구분〉
- 완료 : 해당 오류를 개선한 경우
- 보류 : 다른 여러가지 요인으로 오류에 대한 진행을 멈춘 경우
- 진행중 : 해당 오류를 개선 중인 경우

▶ [CC121-10] 시스템 시험 결과서

구간		종료 구간(CC)					
단계		세그먼트		태스크		관련 산출물	
CC100	시험 단계	CC120	시스템 시험 작업	CC121	시스템 시험 수행	CC121-10	시스템 시험 결과서

가. 시스템 시험 시나리오

요구 사항 ID	시스템 시험 ID	시험 유형	시나리오 ID	시나리오 명	시험 절차	시험 방법	비고

- 시험 유형 : 응답 속도, 웹 표준, 시큐어 코딩 등 시스템 시험 시나리오에 해당하는 유형을 구분하여 입력

나. 시스템 시험 결과

NO	요구 사항 ID	시스템 시험 ID	시험 유형	시나리오 ID	시나리오 명	시험 절차	통합 시험 결과					비고
							시험자	시작 일자	완료 일자	시험 결과	근거 문서	

〈시험결과〉
- 통 과 : 해당 프로그램이 정상적으로 동작한 경우
- 중결함 : 심각한 오류가 발생한 경우
- 경결함 : 가벼운 오류가 발생한 경우
- 편의성 : 오류는 아니지만, 사용자 관점의 편의성이 저하한 경우

※'시험 결과' 구분은 사업의 특성에 맞추어 추가 및 변경이 가능함

▶ [CC121-20] 시스템 오류 관리서

구간		종료 구간(CC)					
단계		세그먼트		태스크		관련 산출물	
CC100	시험 단계	CC120	시스템 시험 작업	CC121	시스템 시험 수행	CC121-20	시스템 오류 관리서

가. 시스템 오류 관리서

NO	시스템 시험 오류 정보						발견 정보		오류 수정 정보			조치 확인 정보			비고
	오류 구분	시스템 시험 ID	시나리오 ID	시스템 시험 오류 ID	오류명	오류 내용	발견 일자	발견자	조치 일자	조치자	수정 내용	확인 일자	확인자	조치 구분	

〈오류 구분〉
- 중결함 : 심각한 오류가 발생한 경우
- 경결함 : 가벼운 오류가 발생한 경우
- 편의성 : 오류는 아니지만, 사용자 관점의 편의성이 저하한 경우

〈조치 구분〉
- 완료 : 해당 오류를 개선한 경우
- 보류 : 다른 여러가지 요인으로 오류에 대한 진행을 멈춘 경우
- 진행중 : 해당 오류를 개선 중인 경우

▶ [CC211-10] 전개 계획 결과서

구간		종료 구간(CC)					
단계		세그먼트		태스크		관련 산출물	
CC200	전개 단계	CC210	기본전개 작업	CC211	전개 수행	CC211-10	전개 계획 결과서

가. 전개 계획 목차

1. 개요
   1.1 전개 정의
   1.2 전개 대상

2. 세부 전개 내역
   2.1 시스템 변경 내역
   2.2 데이터베이스 변경 내역
   2.3 응용 프로그램 변경 내역

3. 운영 환경 구성 내역

4. 추진 방안
   4.1 추진 조직 구성
   4.2 추진 조직별 역할
   4.3 전개 항목별 담당자 및 비상 연락 망
   4.4 각 항목별 추진 일정
   4.5 전개 관리

5. 고려 사항

나. 전개 결과 목차

1. 개요
   1.1 전개 일시
   1.2 전개 참여 인원
   1.3 전개 내용

2. 전개 결과
   2.1 기반 시스템 설치 점검 결과
   2.2 응용 시스템 설치 점검 결과
   2.3 DBMS 설치 및 데이터 전환 점검 결과
   2.4 정보 기반 종합 점검 결과

3. 기존 시스템 회귀 테스트

4. 전개 오류 조치 계획
   4.1 조치 대상
   4.2 조치 일정
   4.3 조치 방안

▶ [CC211-20] 데이터 구축 결과서

<table>
<tr><th colspan="2">구간</th><th colspan="6">종료 구간(CC)</th></tr>
<tr><th colspan="2">단계</th><th colspan="2">세그먼트</th><th colspan="2">태스크</th><th colspan="2">관련 산출물</th></tr>
<tr><td>CC200</td><td>전개 단계</td><td>CC210</td><td>기본 전개 작업</td><td>CC211</td><td>전개 수행</td><td>CC211-20</td><td>데이터 구축 결과서</td></tr>
</table>

가. 초기 데이터 구축 결과

영역	구축 테이블 명	구축 자료 량 (건)	데이터 검증 방법	데이터 검증 쿼리	데이터 검증 결과	비고

나. 데이터 전환 결과

<table>
<tr><th rowspan="2">구분</th><th colspan="2">전환 대상(From)</th><th rowspan="2">전환 방법</th><th>전환 대상(To)</th><th rowspan="2">건수 검증 쿼리</th><th rowspan="2">값 검증 쿼리</th><th rowspan="2">비고</th></tr>
<tr><th>테이블 명</th><th>엔티티 명</th><th>테이블 명</th></tr>
<tr><td></td><td></td><td></td><td></td><td></td><td></td><td></td><td></td></tr>
<tr><td></td><td></td><td></td><td></td><td></td><td></td><td></td><td></td></tr>
<tr><td></td><td></td><td></td><td></td><td></td><td></td><td></td><td></td></tr>
</table>

다. 데이터 구축 일정 결과

데이터 구축 작업 구분	데이터 구축 기간	담당자	비고

▶ [CC212-10] 사용자 매뉴얼

구간		종료 구간(CC)					
단계		세그먼트		태스크		관련 산출물	
CC200	전개 단계	CC210	기본 전개 작업	CC212	매뉴얼 작성	CC212-10	사용자 매뉴얼

가. 목차

1. 시작하기
   1.1 개요
   1.2 설치 및 가동

2. 주요 기능
   2.1 업무 흐름도
   2.2 업무 기능 분해도
   2.3 주요 기능 설명

3. 상세 사용법
   3.1 'OOOO' 업무
      3.1.1 업무 개요
      3.1.2 화면 및 구성 요소
      3.1.3 기능 상세 설명
      3.1.4 주의 사항
      3.1.5 오류 메시지 및 원인
   3.2 '□□□□' 업무

4. 기타

▶ [CC212-20] 운영자 매뉴얼

<table>
<tr><th colspan="2">구간</th><th colspan="6">종료 구간(CC)</th></tr>
<tr><th colspan="2">단계</th><th colspan="2">세그먼트</th><th colspan="2">태스크</th><th colspan="2">관련 산출물</th></tr>
<tr><td>CC200</td><td>전개 단계</td><td>CC210</td><td>기본 전개 작업</td><td>CC212</td><td>매뉴얼 작성</td><td>CC212-20</td><td>운영자 매뉴얼</td></tr>
</table>

가. 목차

1. 시작하기
  1.1 개요
  1.2 설치 및 설정
  1.3 권한 인증

2. 시스템 환경
  2.1 아키텍처 구성
    2.1.1 시스템 구성도
    2.1.2 하드웨어 구성
    2.1.3 네트워크 구성
    2.1.4 SW 구성
  2.2 운영 환경 구성
  2.3 응용 프로그램 구성
    2.3.1 프로그램 구성
    2.3.2 프로그램 디렉토리 구성

3. 주요 업무
  3.1 업무 개요
    3.1.1 업무 흐름도
    3.1.2 업무 기능 분해도
    3.1.3 주요 기능 설명
  3.2 업무 절차
  3.3 시스템 모니터링 방법
    3.3.1 운영 업무 모니터링
    3.3.2 배치 프로그램 모니터링

4. 업무별 주요 운영 방법
  4.1 '0000' 기능
    4.1.1 기능 설명
    4.1.2 운영 업무
    4.1.3 주의 사항
    4.1.4 오류 및 예외 처리 방법

〈붙임1〉 개발 표준 정의서

▶ [CC213-10] 유지 보수 계획서

구간		종료 구간(CC)					
단계		세그먼트		태스크		관련 산출물	
CC200	전개 단계	CC210	기본 전개 작업	CC213	유지 보수 준비	CC213-10	유지 보수 계획서

가. 목차

1. 유지 보수 개요
 1.1 목적
 1.2 대상 및 기간
 1.3 범위 및 내용
  1.3.1 유지 보수 방안
  1.3.2 무상 유지 보수 범위 및 내용
  1.3.3 하드웨어 및 소프트웨어 등
  1.3.4 유상 유지 보수에 대한 범위 정의
 1.4 지적 재산권

2. 유지 보수 체계 및 절차
 2.1 유지 보수 조직
  2.1.1 유지 보수 조직 구성
  2.1.2 비상 연락 체계
  2.1.3 비상 연락망
  2.1.4 Help Desk 운영 및 연락처
 2.2 안정화 조직
  2.2.1 안정화 조직 구성
  2.2.2 안정화 조직 연락처
  2.2.3 안정화 내용

3. 유지 보수 절차
 3.1 유지 보수 절차도
 3.2 절차 수행 시 고려 사항

4. 장애 처리
 4.1 장애 접수 및 처리 절차
 4.2 등급별 장애 처리

5. 기타 유지 보수 관련 사항

▶ [CC221-10] 교육 계획 결과서

구간		종료 구간(CC)					
단계		세그먼트		태스크		관련 산출물	
CC200	전개 단계	CC220	인도 작업	CC221	교육 수행	CC221-10	교육 계획 결과서

가. 목차

1. 교육 개요
 1.1 목적
 1.2 교육 기간
 1.3 교육 장소
 1.4 교육 대상

2. 교육 방법 및 형식
 2.1 교육 방법
 2.2 교육 형식

3. 교육 과정
 3.1 교육 과목
 3.2 교육 자료
 3.3 교육 도구

4. 교육 결과
 4.1 교육 실적표
 4.2 교육 성과

5. 기타 협조 사항

▶ [CC222-10] 지적 재산권 검토서

구간		종료 구간(CC)					
단계		세그먼트		태스크		관련 산출물	
CC200	전개 단계	CC220	인도 작업	CC222	지적 재산권 대응	CC222-10	지적 재산권 검토서

가. 지적 재산권 검토 결과

영역	지적 재산권 유형	예상 위험	대응 방안 검토 결과	담당자	완료(예상) 일자	완료 여부	비고

▶ [CC223-10] 개발 완료 보고서

구간		종료 구간(CC)					
단계		세그먼트		태스크		관련 산출물	
CC200	전개 단계	CC220	인도 작업	CC223	인도 수행	CC223-10	개발 완료 보고서

가. 목차

1. 사업 개요
 1.1 사업 개요
 1.2 사업 예산
 1.3 일정 및 범위

2. 사업 배경 및 목적
 2.1 사업 추진 배경
 2.2 사업 목적
 2.3 기대 효과

3. 사업 추진 체계
 3.1 총괄 조직도
 3.2 조직별 역할
 3.3 업무 분장 및 투입 인력

4. 시스템 개발 내용
 4.1 개발 및 운영 환경
  4.1.1 HW 부문
  4.1.2 SW 부문
 4.2 개발 대상 업무
 4.3 주요 화면 설명
 4.4 상세 기능 설명
 4.5 주요 데이터 설명

5. 운영 방안 및 발전 방향
 5.1 시스템 운영 방안
 5.2 시스템 유지 보수 방안
 5.3 향후 시스템 발전 방향

2. 품질 점검 지원 서비스 개요

정보시스템 개발 환경이 복잡해지고 개발 규모가 커짐에 따라 정보시스템의 품질에 대한 중요성이 높아지고 있습니다.

소프트웨어의 품질을 높이기 위해서는 사업에 최적화된 개발 방법론의 적용과 함께 단계별 품질 점검이 필요합니다. 날로 복잡화·대형화 되고 있는 정보시스템을 품질 보증 인력을 통해 품질 점검을 하는데는 한계가 있습니다. 따라서, 자동화 도구의 지원이 반드시 필요합니다.

(주)소프트웨어품질기술원에서는 K-Method의 정립과 함께 자동화 도구를 통한 품질 점검 서비스를 지원하고 있습니다.

각 세그먼트별 자동화 도구를 통한 품질 점검 내용은 다음과 같습니다.

구간	단계	세그먼트	품질 점검 결과	점검 도구	도구 적용 방법
준비 구간 (PR)	착수 단계 (PR100)	총괄 준비 작업 (PR110)	품질 점검 결과 보고서(준비)	새품	-체크리스트
				새북	-총괄 준비 교육
		시스템 정의 작업 (PR120)		새품	-체크리스트
				새북	-시스템 정의 교육
		요구정의 작업 (PR130)		새품	-범위 무결성 점검 -요구 사항 추적성 점검
병렬 개발 구간 (PD)	분석 단계 (PD100)	사용자 작업 (PD110)	제n차 품질 점검 결과 보고서 (병렬 개발)	새품	-체크리스트
		프로세스 작업 (PD120)		새품	-체크리스트 -프로세스 모델 점검
				새북	-분석 프로세스 모델링 교육
				새벗	-융합프레임워크를 사용한 분석 모델링
		데이터 작업 (PD130)		새품	-논리 DB 설계 무결성 점검

구간	단계	세그먼트	품질 점검 결과	점검 도구	도구 적용 방법
병렬 개발 구간 (PD)	설계 단계 (PD200)	사용자 작업 (PD210)	제n차 품질 점검 결과 보고서 (병렬 개발)	새품	- 체크리스트
		프로세스 작업 (PD220)		새품	- 프로세스 모델 점검
				새벗	- 융합 프레임워크를 사용한 설계 모델링
				새틀	- 프로그램 로직 설계
				새빛	- 설계 프로세스 모델링
		데이터 작업 (PD230)		새품	- 물리 DB 설계 무결성 점검 - 논리 DB 설계 대 물리 DB 설계 간 정합성 점검 - 프로세스 모델 대 데이터 모델 간 정합성 점검
	구현 단계 (PD300)	사용자 작업 (PD310)		새품	- 체크리스트
		프로세스 작업 (PD320)		새품	- 프로그램 품질 측정
				새벗	- 융합 프레임워크를 사용한 구현
				새룰	- 프로그램 코딩 가이드라인 준수 점검
				새틀	- 프로그램 로직 자동 생성
				새빛	- 프로그램 복잡도 점검
		데이터 작업 (PD330)		새품	- 물리 DB 구현 무결성 점검 - 물리 DB 설계 대 물리 DB 구현 간 정합성 점검 - 물리 DB 종합 품질 점검 - 데이터 이관 품질 점검

구간	단계	세그먼트	품질 점검 결과	점검 도구	도구 적용 방법
병렬 개발 구간 (PD)	구현 단계 (PD300)	단위 시험 작업 (PD340)	제n차 품질 점검 결과 보고서 (병렬 개발)	새품	- 체크리스트
				새틀	- 컴파일러 연계 오류 점검
				새빛	- 컴파일러 연계 오류 점검
종료 구간 (CC)	시험 단계 (CC100)	통합 시험 작업 (CC110)	제n차 품질 점검 결과 보고서 (종료)	새품	- 체크리스트
				새벗	- 융합 프레임워크를 사용한 시험 환경 조성
				새틀	- 컴파일러 연계 오류 점검
				새빛	- 컴파일러 연계 오류 점검
		시스템 시험 작업 (CC120)		새품	- 체크리스트
	전개 단계 (CC200)	기본 전개 작업 (CC210)	최종 품질 점검 결과 보고서	새북	- 사용자 교육 - 운영자 교육
		인도 작업 (CC220)		새북	- 지적 재산권 교육

특히, (주)소프트웨어품질기술원에서는 정보시스템 감리 수검을 앞두고 있는 SW 개발 회사에 대한 품질 점검을 지원하고 있습니다.

자동화 도구의 지원을 기반으로, 저렴한 비용으로 최대의 효과를 얻을 수 있는 서비스입니다. 품질 보증 활동을 충분히 지원받길 원하는 SW 개발 회사의 적극적인 서비스 활용을 권고합니다.

K-Method 적용 패키지 안내

정보시스템 개발에 있어 방법론 적용은 사업의 성패를 좌우할 정도로 중요합니다.

완벽한 방법론의 적용을 위해서는 방법론에 대한 이해와 적절한 도구의 지원이 필요합니다.

이에 (주)소프트웨어품질기술원에서는 당사가 정립한 병렬형 SW 개발 방법론인 K-Method의 채택과 더불어 교육, 품질 점검, 도구 지원 등 다양한 서비스를 제공하고 있습니다.

품질 점검 서비스만 받으실 수도 있고, 2가지 이상의 복합적 서비스도 가능합니다.

* 당 사는 고객사의 프로젝트 성공을 위해 최상의 지원을 약속드립니다.

상담 안내 ■ 전 화 : 031-819-2900 ■ 이메일 : master@softqt.com

새빛(SEVIT) 소개

새빛(SEVIT: Software Engineering Visualized Integration Tool)은 JAVA 소스 코드로부터 분석 및 설계 모델을 추출하고 이해하는 것을 돕는 시각화 도구입니다.

프로그램 분석 및 설계 모델과 병행하여 파악할 수 있어, 개발자는 객체지향 JAVA 언어 개발에 좀 더 쉽게 접근할 수 있고 소규모 프로젝트의 경우 효과적으로 JAVA 언어를 이용하여 개발에 임할 수 있습니다. 새빛(SEVIT)은 GS 1등급 인증을 받은 제품입니다.

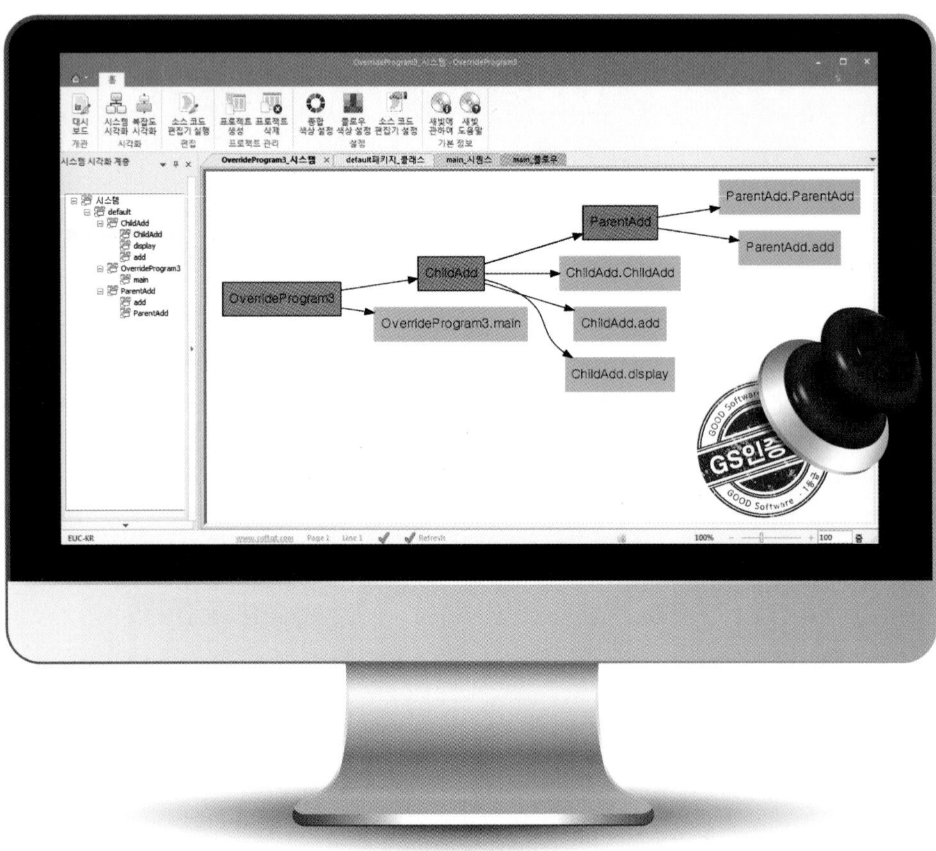

"JAVA 가시화 프로그래밍 도구"

새빛은?

1 개념 이해하기

예제와 함께 익히는
JAVA 객체지향 개념

JAVA를 지원하는 객체지향 개념과 JAVA 언어의 기초를 익힐 수 있는 다양한 프로그래밍 학습 콘텐츠를 준비하고 있습니다. 쉽게 설명한 강의 동영상과 간결한 예제의 실습을 통해 JAVA 언어와 객체지향 개념을 쉽게 익혀 적용할 수 있습니다.

2 모델로 익히기

프로젝트 내부를 통합적인
관점에서 시스템 시각화

작업하는 JAVA 프로젝트의 내부를 시스템, 패키지, 클래스, 시퀀스, 플로우 순으로 추상도를 낮춰가면서 통합적인 시각에서 추상화 및 구체화하는 시스템 시각화를 통해, 분석 및 설계 모델과 JAVA 소스코드에 대한 입체적 파악으로 단시간에 전문가 수준으로 프로그램에 대한 이해도를 높힐 수 있도록 지원합니다.

3 복잡도 제어하기

순환 복잡도 계산으로
복잡도 제어

작업하는 프로젝트의 소스 코드 전체를 플로우 다이어그램으로 일괄 시각화하고, 순환 복잡도를 계산하여 보고서를 출력하는 복잡도 시각화를 도모합니다. 이를 통해 같은 결과를 나타내는 프로그래밍 코드라도 비효율적으로 프로그래밍 작업이 이루어진 부분을 쉽게 파악할 수 있습니다. 따라서 개발 생산성을 높이고 향후 유지보수성 향상에도 기여할 수 있습니다.

새틀(SETL) 소개

새틀(SETL: Structured Efficienty TooL)은 '소프트웨어 논리 구조 표기 지침(Guidelines for Representing the Logic Structure of Software)'이라는 명칭으로 2015년 12월 16일자로 TTA 정보통신단체 표준(TTAK>KO-11.0196)으로 제정된 쏙(SOC : Structured Object Component)을 지원하는 소프트웨어 설계 자동화 도구입니다.

새틀(SETL)은 소프트웨어 제어 구조를 구성하는 부품을 표준화 규격화하여 자유롭게 조립 및 분해를 할 수 있는 시각적인 프레임 중심 도구입니다.

새틀은 '새로운 틀' 이라는 의미도 가지고 있습니다.

1 새틀(SETL)을 이용한 컴퓨팅 사고 연습

- 실 사회에서 해결해야 하는 다양한 문제를 모두 표현 가능
- 컴퓨팅 사고의 주요 6요소(추상화, 패턴인식, 분해, 알고리즘, 자동화, 병렬화) 모두 지원

2 새틀(SETL)을 이용한 설계와 코드의 자동 변환

- 쏙(SOC)으로 설계한 파일을 프로그램 소스 파일로 바꿔주는 순공학 기능
- 프로그램 소스 파일을 쏙(SOC) 설계 파일로 바꿔주는 역공학 기능
- 다양한 프로그래밍 언어 지원(ex. C, C++, ARDUINO(C의 변형), JAVA 등)
- 프로그램 제어 구조 자동 개선

3 새틀(SETL)과 IoT 제어 도구 융합으로 배우는 소프트 웨어

- 새틀(SETL)과 IoT 제어 도구와 연동하여 제어 프로그래밍
- 드론, 자율 주행 자동차, 로봇 등 다양한 IoT 프로그래밍에 적용 가능

새틀 프로그래밍

"정보 중심 SW 프로그래밍에서
IoT 융합 프로그래밍까지"

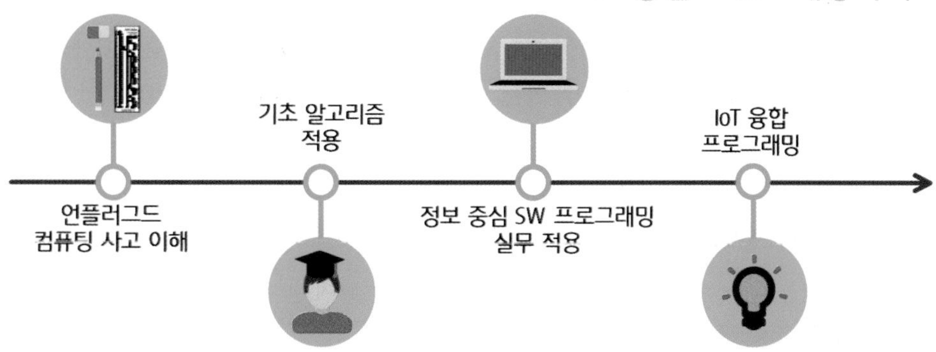

수준별 지원

㈜소프트웨어품질기술원에서는 최신의 가시화 소프트웨어 공학(VSE:Visualized Software Engineering) 기술을 바탕으로, 관련 소프트웨어 기술을 체계적으로 익힐 수 있도록 기초, 심화, 고급 등 수준별 교재를 지원합니다.

다양한 프로그램 언어 지원 도구 및 교재

실사회에서는 Algol 기반의 다양한 프로그래밍 언어가 세계 소프트웨어 시장을 점유하고 있습니다.
(주)소프트웨어품질기술원에서는 C, C++, ARDUINO(C의 변형), JAVA 등 Algol 계열의 전문 프로그래밍 언어를 가시화하여 지원하는 도구 및 교재를 함께 제공하고 있습니다.

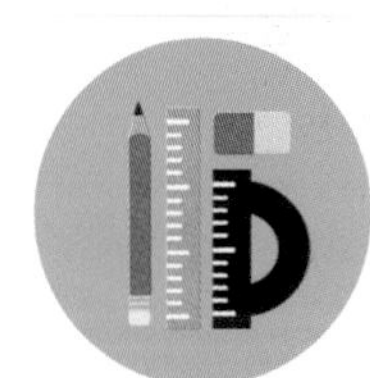

NCS 기반의 지원

소프트웨어 개발과 관련하여 국가 직무 능력 체계(NCS)를 바탕으로 기술을 지원하고 있습니다.

온·오프라인 연계

오프라인 지원과 함께 새롭고 효용성 있는 개발 기술 콘텐츠 제공을 위해 공식 홈페이지에 지속적으로 연관 자료를 업로드하고 있습니다.

새벗(SEVUT) 소개

새벗(SEVUT: Software Engineering Visualized Untification Tool)은 PC에 구축하여 개발과 학습을 병행할 수 있는 소프트웨어 융합 프레임 워크입니다.

개발과 학습을 개인별 눈높이에 맞춰 자유롭게 할 수 있도록 개발자 주도의 동기부여를 바탕으로 하는 작업 환경입니다.

새벗은 '새로운 벗'이라는 의미도 가지고 있습니다.

1 개발과 학습 병행

개발을 하면서 연관 학습의 병행

SW 융합 프레임 워크 환경에서 개발 영역과 학습 영역을 확보하여 SW 개발과 학습을 병행할 수 있습니다.

2 대화식 개발

SW 개발 도구 쌍방향 대화식 사용

SW 개발 작업 내용을 시각화한 SW 융합 프레임워크 환경에서 쌍방향으로 대화하는 형태로 확인하면서 개발을 진행할 수 있습니다.

3 개발 기술 축적

SW 개발 기술은 지속적을 등록 축적

SW 개발을 하는 과정에서 습득하거나 터득한 핵심 기술들을 학습자료화 하여 등록하고 기술 축적을 통해 자기 발전을 도모할 수 있습니다.

새룰(SERULE) 소개

새룰(SERULE: Software Engineering Rule)은 Java 소스 코드의 문제점을 점검해주는 자동화 도구입니다.

코딩 가이드라인(Coding Guideline) 준수를 기본으로 하고 있으며, 코드의 완전성 점검, 코드의 취약점 점검 등 부가적인 기능도 포함하고 있습니다.

"Java 코딩 표준을 지원하는 도구"

www.softqt.com

새룰의 주요기능

1 코딩 가이드 라인 점검

- Java 소스 코드를 구현할 때, 코딩 규칙을 표준화한 바람직한 형태로 준수하고 있는지를 점검합니다.
- 또한 표준에 따라 일관성 있는 코딩 규칙을 적용하고 있는지도 점검합니다.

2 코드의 완전성 점검

- 소스 코드를 불완전하게 작성하여 논리적인 오류가 발생할 가능성이 높거나, 기능이 불완전하게 동작할 가능성이 높은 부분을 찾아내어 보완할 수 있도록 합니다.

3 코드의 취약점 점검

- 소스 코드 내에 잠복하고 있는 예외 대처 기능의 문제점, 보안상의 문제점 등 코드가 보유한 취약점을 점검하여 보완 조치할 수 있도록 지원합니다.

새품(SEPUM) 소개

새품(SEPUM: Software Engineering Project-quality Unveiling Machine)은 소프트웨어의 전체 생명주기에 걸쳐 작업 품질을 점검해 주는 자동화 도구입니다. 분석 단계, 설계 단계, 구현 단계를 포함하는 종합 품질 점검 도구입니다.

1 분석 단계 품질 점검

- 요구사항 설정 및 추적성 품질 점검
- 분석 단계 공정 작업의 품질 점검
- 분석 모델링의 완전성 품질 검점

2 설계 단계 품질 점검

- 설계 단계 공정 작업의 품질 점검
- 설계 모델링의 완전성 품질 점검
- 설계 단계 데이터 프로파일링 점검

3 구현 단계 품질 점검

- 구현 단계 공정 작업의 품질 점검
- 실제 구현 품질 점검
- 설계 대비 구현 품질의 일관성 점검

새품 품질 점검

품질 점검 프레임 워크 적용

최고 6단계에 걸친
세부 SW 품질 점검 프레임 워크
수준을 적용하여
상세한 품질 점검을 행합니다.

개념·논리·물리의 통합 접근

개념적인 수준에서부터
물리적인 수준에 이르기까지의
Layer를 모두 커버하는
입체적인 접근을 통한
품질 점검을 행합니다.

철저한 대안 제시

단순히 점검만 하는 것이 아니라
과학적인 점검을 기반으로,
실현 가능한 대안을 제시합니다.

예방 통제에 중점을 둔 품질 관리

문제가 생긴 후의 사후 통제보다
문제가 발생되기 전에 인지하는
예방 통제 중심의
품질 관리를 행합니다.

새북(SEBOOK) 소개

새북(SEBOOK: Software Engineering Book)은 소프트웨어 공학 기술을 이용하여 새로운 형태의 책을 지향하는 소프트웨어입니다.

'새로운 책' 이라는 의미를 가지고 있는 새북은, 동영상과 참고 자료를 쌍방향으로 연결하여 볼 수 있도록 하는 도구입니다. 사용자 및 운영자 매뉴얼이나 각종 지침서 작성에 최적화하여 적용할 수 있습니다.

"쌍방향으로 연결하여 볼 수 있는 도구"

www.softqt.com

새북의 주요기능

1. 동시에 재생

● 동영상 강의에 연결한 매뉴얼 자료를 동시에 재생합니다.

2. 자유롭게 편집

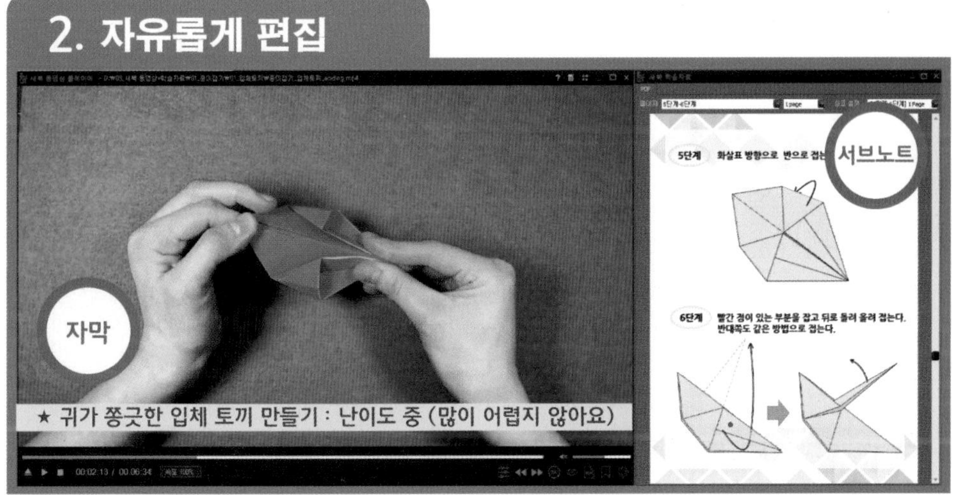

● 동영상에 자막을 넣고 자막의 배경 및 폰트의 색깔과 크기 조정도 가능합니다.

● 사용자가 매뉴얼 내용을 메모하고 편집한 서브 노트를 동영상에 연결할 수 있습니다.

새북의 주요기능

3. 북마크

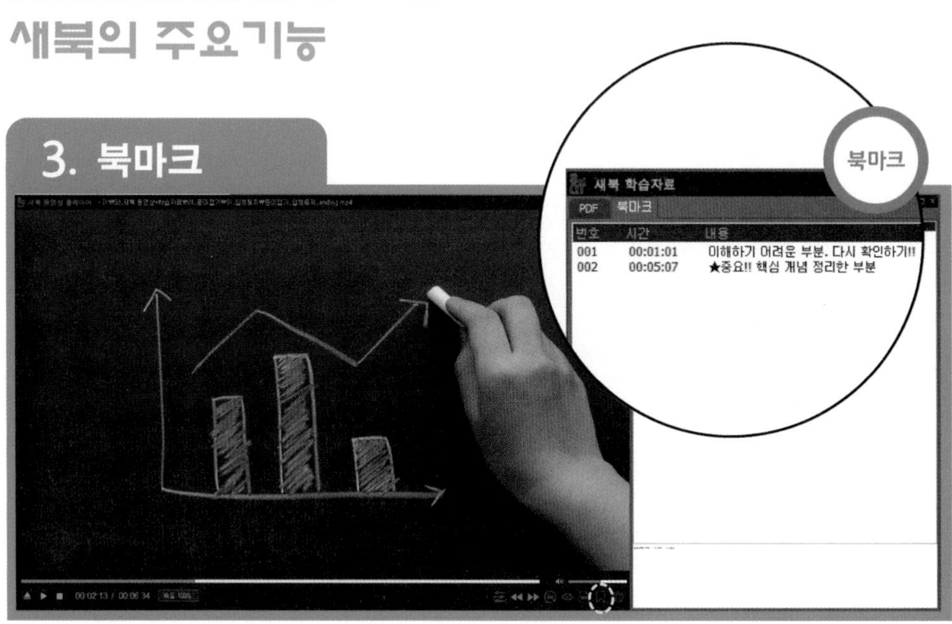

- 중요한 곳을 표시하는 기능으로, 다시 확인하고 싶은 곳에 북마크를 하면 이동하여 매뉴얼 자료와 연결한 동영상을 쉽게 확인할 수 있습니다.

4. 화면 비율 조정

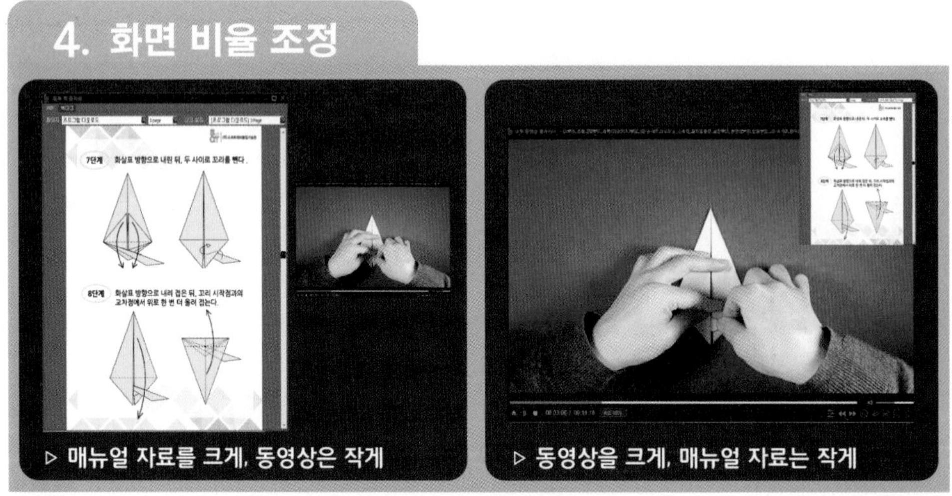

- 동영상과 매뉴얼 자료 화면의 위치와 비율을 자유롭게 조절 가능합니다.

새북 활용

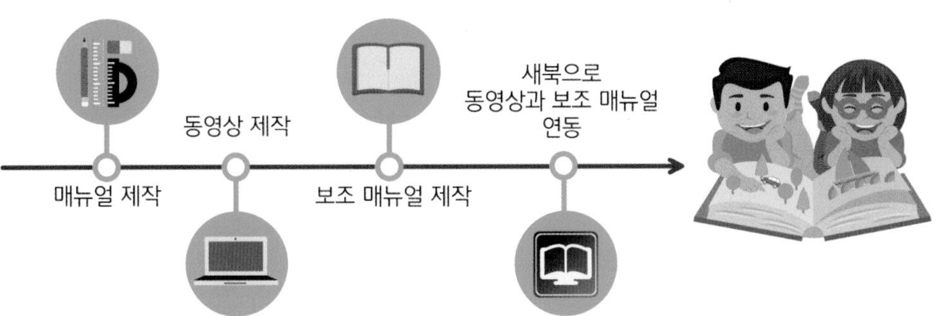

제휴 방법

구매를 통한 제휴

새북 자체를 해당 조직에서 구매하여 적용하는 제휴 방법입니다.

공동 서비스를 통합 제휴

새북을 이용한 콘텐츠 제작 및 배포 등 공동으로 참여하는 형식의 제휴입니다.

라이센스 제휴

새북의 라이센스를 일정기간 위탁받아 시행하는 형태의 제휴입니다.

기타 제휴

기타 여러 적용 가능한 형태로 합의하는 제휴 방법입니다.

병렬형 SW 개발 방법론 K-Method 원리

초판 1쇄 발행 2017년 8월 15일

저　　자 유 홍 준

편　　집 IoT 융합 서적 편집팀
디 자 인 김 류 경

발 행 자 (주)소프트웨어품질기술원
주　　소 경기도 고양시 일산동구 호수로 358-39, 101-614
전　　화 031-819-2900
팩　　스 031-819-2910
등　　록 2015년 2월 23일 제015-000042호

정가 20,000 원

ISBN 979-11-874730-2-2